Patrística
raízes da teologia

SÉRIE PRINCÍPIOS DE TEOLOGIA CATÓLICA

intersaberes

Patrística

raízes da teologia

Antônio Quirino de Oliveira
(Frei Eduardo O.P.)

intersaberes

Rua Clara Vendramin, 58 . Mossunguê
CEP 81200-170 . Curitiba . PR . Brasil
Fone: (41) 2106-4170
www.intersaberes.com
editora@intersaberes.com.br

Conselho editorial
Dr. Alexandre Coutinho Pagliarini
Drª Elena Godoy
Dr. Neri dos Santos
Dr. Ulf Gregor Baranow

Editora-chefe
Lindsay Azambuja

Gerente editorial
Ariadne Nunes Wenger

Assistente editorial
Daniela Viroli Pereira Pinto

Preparação de originais
Ghazal Edições e Revisões

Edição de texto
Letra & Língua Ltda.
Monique Francis Fagundes Gonçalves
Palavra do Editor

Capa e projeto gráfico
Iná Trigo (*design*)
Tatiana Kasyanova/Shutterstock (imagem)

Diagramação
Rafael Ramos Zanellato

Designer responsável
Iná Trigo

Iconografia
Regina Claudia Cruz Prestes

1ª edição, 2022.
Foi feito o depósito legal.

Informamos que é de inteira responsabilidade do autor a emissão de conceitos.

Nenhuma parte desta publicação poderá ser reproduzida por qualquer meio ou forma sem a prévia autorização da Editora InterSaberes.

A violação dos direitos autorais é crime estabelecido na Lei n. 9.610/1998 e punido pelo art. 184 do Código Penal.

Dados Internacionais de Catalogação na Publicação (CIP)
(Câmara Brasileira do Livro, SP, Brasil)

Oliveira, Antônio Quirino de
　　Patrística: raízes da teologia/Antônio Quirino de Oliveira. Curitiba, PR: InterSaberes, 2022. (Série Princípios de Teologia Católica)

　　Bibliografia.
　　ISBN 978-65-5517-217-1

　　1. Filosofia patrística 2. História eclesiástica – Igreja primitiva 3. Padres da Igreja 4. Teologia dogmática - História – Igreja primitiva I. Título. II. Série.

22-114885　　　　　　　　　　　　　　　　　　CDD-230

Índices para catálogo sistemático:
1. Padres da Igreja primitiva: Teologia cristã　230
Eliete Marques da Silva – Bibliotecária – CRB-8/9380

Sumário

Apresentação, 9
Como aproveitar ao máximo este livro, 13

1	Patrística: abordagens iniciais, 19	
1.1	Literaturas cristãs da Antiguidade, 22	
1.2	Padre da Igreja, 23	
1.3	Período patrístico, 25	
1.4	Importância da patrística, 32	
1.5	Paulo, apóstolo das nações, 34	
1.6	Pedro, apóstolo das comunidades aramaicas cristãs, 37	
1.7	Nascimento dos escritos cristãos, 38	
1.8	Os primeiros seguidores de Cristo e os mártires, 42	
1.9	Padres Apostólicos, 49	

2	Formação das escolas teológicas, 73
2.1	Apologistas gregos, 76
2.2	Apologistas latinos, 85
2.3	Características dos autores do período de formação das escolas teológicas, 90
2.4	Fundamentos da exegese bíblica, 94

3	Escola teológica de Antioquia, 131
3.1	São João Crisóstomo, 135
3.2	Capadócios, 142
3.3	Os quatro primeiros concílios ecumênicos, 221
3.4	João Damasceno, o último Padre da Igreja do Oriente, 235

4	Grandes Padres da Igreja Latina, 247
4.1	Ambrósio de Milão, 250
4.2	Santo Agostinho de Hipona, 266
4.3	São Jerônimo, 313
4.4	Gregório Magno, 322

Considerações finais, 333
Referências, 339
Bibliografia comentada, 341
Respostas, 343
Sobre o autor, 345

Dedico esta obra aos meus pais, José e Cândida, que sempre confiaram em mim e me educaram com base na simplicidade da fé cristã e na honestidade.

E, com amor e carinho, faço um agradecimento especial aos meus amigos Padre Genivaldo Ximendes da Silva, ex-aluno e dedicado sacerdote, e Michel Franceschini, grande amigo e colaborador, que me ajudou a solucionar os "problemas de informática" com os quais me deparei ao escrever este livro.

Apresentação

Nesta obra, nossa intenção é deixar evidente a força da fé e da graça divina na luta pelos valores cristãos no ambiente cultural de cada um. Tendo isso em vista, o ponto central aqui é estudar a teologia sob a perspectiva da patrística[1], ou seja, dos documentos que nos permitem investigar a marca histórica da fé cristã no transcorrer dos séculos.

Para isso, nossa abordagem volta-se aos Padres da Igreja, ou Pais da Igreja, que foram importantes teólogos, mestres cristãos e, em sua maioria, bispos. Esses Padres deixaram sua marca na história, foram homens que viveram a cultura e a política social de seu tempo e puseram seu saber e engajamento de fé em defesa do ser humano. Foram eles que, servindo-se de conhecimentos filosóficos e literários, iluminados pela fé, nos legaram o saber que chamamos de *teologia*.

---

1 Nesta obra, adotamos o uso do termo em caixa-baixa.

No Capítulo 1, analisamos o termo *patrística* e seus conceitos, uma vez que nos parece primordial abordar a diferença entre patrística e patrologia, em especial no que se refere ao objeto de estudo de ambas as áreas. Nossa análise abrange o período inicial do cristianismo, que foi do século I até Niceia (325), e o tumultuado período de defesa da fé, com os apologistas gregos e latinos, passando, é claro, pelos Padres da Igreja. Nesse contexto, explanamos também sobre os problemas iniciais entre a fé cristã e a sociedade ambiente, a chamada *época dos mártires*, bem como a respeito dos Padres Apostólicos e dos primeiros apologistas.

No Capítulo 2, investigamos a formação das escolas teológicas, desde a contextualização quanto ao período de surgimento até os autores que foram precursores dessas escolas. Iniciamos pelos apologistas gregos e latinos, cujas ações foram formadoras da consciência que resultou na escola teológica de Alexandria.

No Capítulo 3, examinamos de modo mais aprofundado a escola de Antioquia, com destaque para a redescoberta do método exegético alexandrino. Vale mencionar que, embora mais modesta que a escola de Alexandria, a escola de Antioquia teve grande importância nas disputas a respeito das heresias, além de teólogos fiéis às determinações de Niceia, destacando-se no manejo de uma exegese madura.

Por fim, no Capítulo 4, analisamos a vida e os fragmentos das obras dos grandes Padres da Igreja Latina: Ambrósio de Milão; Agostinho de Hipona; Jerônimo, o exegeta; e Gregório Magno.

Ressaltamos que o livro dos Atos dos Apóstolos[2] é o principal documento de que dispomos na contemporaneidade para conhecer os primeiros anos da Igreja e, por isso, tem grande valor histórico para aqueles que se dedicam a investigar os primeiros passos do cristianismo.

---

2 Nesta obra, *Atos dos Apóstolos* pode aparecer abreviado como *At*.

No entanto, há também um grande número de manuscritos que versam sobre esse primeiro período do cristianismo, como os do Mar Morto, que nos permitem conhecer com maior precisão uma parte do contexto judeu nas origens do cristianismo. Além disso, as descobertas de *Nag Hammadi*[3], em particular o Evangelho de Tomé, colocam-nos em contato com a tradição aramaica dos *logia* ("ditos", "sentenças") de Jesus.

Por fim, caro leitor, nossa esperança é que você possa ter uma leitura proveitosa desta obra e que ela contribua para seu conhecimento a respeito da trajetória da teologia católica investigada por meio das obras dos Padres da Igreja. Não temos, porém, a pretensão de que este estudo seja um fim em si mesmo. Nosso interesse é instigá-lo a se aprofundar cada vez mais nesse tema.

---

3 Coleção de textos gnósticos do cristianismo primitivo.

Como aproveitar ao máximo este livro

$\mathcal{E}$ mpregamos nesta obra recursos que visam enriquecer seu aprendizado, facilitar a compreensão dos conteúdos e tornar a leitura mais dinâmica. Conheça a seguir cada uma dessas ferramentas e saiba como estão distribuídas no decorrer deste livro para bem aproveitá-las.

Introdução do capítulo

Logo na abertura do capítulo, informamos os temas de estudo e os objetivos de aprendizagem que serão nele abrangidos, fazendo considerações preliminares sobre as temáticas em foco.

$\mathcal{N}$ este capítulo, nossa abordagem engloba a patrística e seus primeiros conceitos, que consideramos primordiais para a compreensão dos próximos capítulos. Iniciaremos com a diferença entre patrística e patrologia, especialmente no que se refere ao objeto estudado por ambas as áreas, utilizando literaturas cristãs antigas e considerações de Padres da Igreja acerca da sequência histórica da patrística.

Preste atenção!

Apresentamos informações complementares a respeito do assunto que está sendo tratado.

Para saber mais

Sugerimos a leitura de diferentes conteúdos digitais e impressos para que você aprofunde sua aprendizagem e siga buscando conhecimento.

Sobre a data da carta, há um trecho (4,4) de citação de uma passagem de Daniel (7,24) sobre o fim do mundo, mas isso dificilmente permite uma exata cronologia a servir de base para o cômputo (96-98). Por exemplo, caso o texto 16,3ss aluda à reconstrução do templo de Jerusalém (130) por Adriano, e não à edificação do templo espiritual da Igreja, a data da composição poderia ter sido pouco depois do ano 130. Supondo-se, porém, que o texto de 11,9 cite o apocalipse grego de Baruc (6,10,7), a data poderia ser entre os anos 115 e 116, épocas de mestres e pastores, que foi um tempo de formação das comunidades cristãs primitivas.

Síntese

Neste capítulo, esclarecemos que a patrística é a base documental que nos permite acompanhar a marcha dos acontecimentos que marcam a trajetória da implantação da fé cristã real. Analisamos os termos *patrologia* e *patrística* conforme a literatura cristã antiga, que indica abordagens diferentes de uma mesma realidade no estudo dos Padres da Igreja e de suas obras no decorrer da vida da Igreja. Também examinamos o período patrístico, que durou do início das comunidades cristãs, surgidas com resultado da atividade dos Apóstolos, após Pentecostes, até o século VI d.C., no tempo de São Gregório Magno, papa.

Ainda, destacamos que estudar os Padres da Igreja é importante para que possamos conhecer o caminho da fé cristã no transcurso do tempo e da Igreja cristã com seus problemas, bem como a busca de soluções a partir do legado de Cristo aos continuadores de sua obra. Do ponto de vista teológico, o acervo dos escritos dos Padres Antigos após as Escrituras tem importância fundamental para oferecer uma reflexão teológica precisa. A patrística viabiliza uma rota para o conhecimento dos fundamentos da teologia cristã.

⌐ Síntese

Ao final de cada capítulo, relacionamos as principais informações nele abordadas a fim de que você avalie as conclusões a que chegou, confirmando-as ou redefinindo-as.

Nos primórdios do cristianismo, os Padres da Igreja atuaram no ambiente palestino com a pregação apostólica, e a principal figura desse período foi Paulo de Tarso, fariseu convertido a caminho de Damasco que teve a prova de Jesus Ressuscitado e recebeu a missão de evangelizar as nações (At 9,1-9).

Analisamos, ainda, as primeiras comunidades de fé cristã, lideradas por um Apóstolo ou algum missionário das primeiras horas de expansão do Evangelho. Também evidenciamos como o cristianismo nasceu no seio de um "caldo cultural" existente ao redor do Mar Mediterrâneo, em que o Império Romano convivia com as culturas grega e latina e com o judaísmo da Diáspora.

Ao estudarmos os primeiros cristãos, abordamos os mártires e vimos que esse termo refere-se àquele que dá testemunho da fé cristã e por ela está disposto a morrer. A segurança dos mártires podia suscitar o interesse e a admiração dos pagãos, como informa Tertuliano, mas também podia suscitar indiferença ou desprezo.

Por fim, examinamos os documentos dos Padres Apostólicos: *Cartas de Clemente de Roma aos Coríntios*; *Didaqué*, que é uma espécie de catecismo cristão; Inácio de Antioquia, bispo que caminhou sereno para ser martirizado em Roma; Policarpo de Esmirna, contemporâneo de Inácio; Hermas e sua obra *O Pastor*; Papias de Hierápolis, bispo que conheceu João, o Evangelista; *Carta de Barnabé*, de autoria hipotética, atribuída ao Apóstolo de mesmo nome.

Indicações culturais

PEREIRA, T. Patrologia e patrística. Disponível em: <https://www.ecclesia.com.br/biblioteca/pais_da_igreja/patrologia_e_patristica_ambito_e_definicoes.html>. Acesso em: 6 jun. 2022.

O QUE é patrística? Disponível em: <https://www.youtube.com/watch?v=3cgvD7XoS5s>. Acesso em: 7 set. 2020.

⌐ Indicações culturais

Para ampliar seu repertório, indicamos conteúdos de diferentes naturezas que ensejam a reflexão sobre os assuntos estudados e contribuem para seu processo de aprendizagem.

MELA, R. Paulo: vida, cartas e pensamento. Instituto Humanitas Unisinos, 24 nov. 2018. Disponível em: <http://www.ihu.unisinos.br/584909-paulo-vida-cartas-pensamento>. Acesso em: 6 jun. 2022.

AULA sobre patrística – Prof. Ivanir Signorini. Disponível em: <https://www.youtube.com/watch?v=PhhwG_VBGjE>. Acesso em: 6 jun. 2022.

VERITATIS SPLENDOR. Introdução mínima aos Padres Apostólicos. 26 mar. 2010. Disponível em: <https://www.veritatis.com.br/os-padres-apostolicos/>. Acesso em: 6 jun. 2022.

DIDAQUÊ (Instrução dos Doze Apóstolos). Disponível em: <https://www.youtube.com/watch?v=yo1qROoOiFg>. Acesso em: 6 jun. 2022.

Atividades de autoavaliação

1. O termo *patrologia* começou a ser usado pela primeira vez no século XVII pelo teólogo alemão luterano Johannes Gerhard, na obra intitulada *Patrologia sive de primitivae Ecclesiae doctorum vita et lucubrationibus opus postumum* (Patrologia ou obra póstuma sobre a vida e o pensamento dos doutores da Igreja primitiva). Sobre esse assunto, assinale alternativa correta:
   a) A patrística se distingue da patrologia pelo método de abordagem de seu objeto principal: examinar os escritos dos autores cristãos antigos naquilo que concerne a suas ideias e seus pensamentos sob o ângulo da fé autêntica e ortodoxa. Procura-se ressaltar o pensamento teológico dos Padres da Igreja.
   b) A patrística se distingue da patrologia e examina os escritos dos autores cristãos antigos naquilo que concerne a suas ideias e seus pensamentos sob o ângulo da fé autêntica e ortodoxa.

Atividades de autoavaliação

Apresentamos estas questões objetivas para que você verifique o grau de assimilação dos conceitos examinados, motivando-se a progredir em seus estudos.

anos depois de sua descoberta, foi editado pela primeira vez por Mons. Bryennios em Constantinopla. Depois, em 1887, o documento foi levado para Jerusalém, deixado na biblioteca patriarcal, onde se encontra até hoje. Com o decorrer dos tempos, o documento foi editado várias vezes, estudado e pesquisado por muitos especialistas.

b) É um documento que foi encontrado, em 1882, por Inácio de Antioquia, na biblioteca do Santo Sepulcro, em Constantinopla (hoje Istambul). Em 1887, o documento foi levado para Jerusalém, deixado na biblioteca patriarcal, onde se encontra até hoje. Depois, com o decorrer dos tempos, o documento foi editado várias vezes, estudado e pesquisado por muitos especialistas.

c) São cartas escritas durante a longa viagem de Inácio de Antioquia, em 1873, pelo metropolita grego Mons. Filoteo Bryennios.

d) São cartas escritas durante a longa viagem de Inácio de Antioquia, em 1873, pelo metropolita grego Mons. Filoteo Bryennios da Síria até Roma. Antioquia era uma cidade muito importante, ao lado de Roma e de Alexandria. O caminho seguido era a via romana ao longo da costa mediterrânea.

Atividades de aprendizagem

Questões para reflexão

1. Como você avalia a contribuição dos Padres da Igreja para os dias atuais?

2. Comparando-se a defesa da fé cristã na época dos Padres Antigos da Igreja com os dias atuais, quais são os desafios que essa fé encontra no mundo contemporâneo?

Atividades de aprendizagem

Aqui apresentamos questões que aproximam conhecimentos teóricos e práticos a fim de que você analise criticamente determinado assunto.

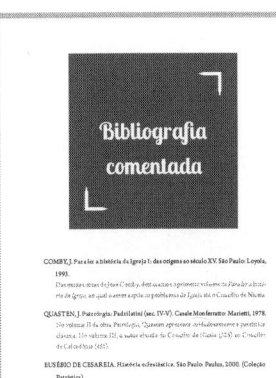

Bibliografia comentada

Nesta seção, comentamos algumas obras de referência para o estudo dos temas examinados ao longo do livro.

COMBY, J. **Para ler a história da Igreja 1: das origens ao século XV.** São Paulo: Loyola, 1993.

Dos muitos títulos de Jean Comby, destacamos o primeiro volume de *Para ler a história da Igreja*, no qual o autor aborda os problemas da Igreja até o Concílio de Nicéia.

QUASTEN, J. **Patrologia: Patrilatini (sec. IV-V).** Casale Monferrato: Marietti, 1978.

No volume II da obra *Patrologia*, Quasten apresenta detalhadamente o pontificado clássico. No volume III, o autor elenca do Concílio de Nicéia (325) ao Concílio de Calcedônia (451).

EUSÉBIO DE CESAREIA. **História eclesiástica.** São Paulo: Paulus, 2000. (Coleção Patrística).

Nesta coleção, a obra *História eclesiástica*, de Eusébio de Cesareia, é a primeira que aborda a história da Igreja desde a ascensão dos apóstolos até a vitória de Constantino Magno.

1
Patrística: abordagens iniciais

Neste capítulo, nossa abordagem engloba a patrística e seus primeiros conceitos, que consideramos primordiais para a compreensão dos próximos capítulos. Iniciaremos com a diferença entre patrística e patrologia, especialmente no que se refere ao objeto estudado por ambas as áreas, utilizando literaturas cristãs antigas e considerações de Padres da Igreja acerca da sequência histórica da patrística.

Discutiremos o período inicial do cristianismo, que foi do século I até Niceia (325), e o tumultuado período de defesa da fé, com os apologistas gregos e latinos. Além disso, apresentaremos os Padres da Igreja nos primórdios do cristianismo, como Paulo de Tarso, o iniciador da expansão da fé cristã no início do cristianismo.

Também evidenciaremos os problemas iniciais entre a fé cristã e a sociedade ambiente, a chamada *época dos mártires*. Por fim, abordaremos os Padres Apostólicos e os primeiros apologistas, começando pelo antiniceno, primeiro período da patrística, que abriu caminho para o Evangelho em um mundo que era hostil e desconhecedor da verdade.

1.1 Literaturas cristãs da Antiguidade

De acordo com Quasten (1980), o termo *patrologia* começou a ser usado no século XVII, por Johannes Gerhard (teólogo alemão) na obra intitulada *Patrologia sive de primitivae Ecclesiae doctorum vita et lucubrationibus opus postmum*, ou, em tradução para o português, *Patrologia ou obra póstuma sobre a vida e o pensamento dos doutores da Igreja primitiva*. A partir de então, o objeto de estudo da patrologia tem sido os escritos dos antigos padres e escritores dos primeiros séculos do cristianismo, ou seja, as obras dos autores cristãos.

Já segundo Padovese (1999), o termo *patrística* teve origem na palavra de origem sânscrita *pitar*, que significa "pai", e refere-se a uma área que se distingue da patrologia pelo método de abordagem de seu objeto principal: examinar os escritos dos autores cristãos antigos naquilo que concerne a suas ideias e seus pensamentos sob o ângulo da fé autêntica e ortodoxa. Procura-se ressaltar o pensamento teológico desses Padres da Igreja. Portanto, *patrística*, subentendendo-se *teologia*, é o estudo da teologia e da história das doutrinas dos Padres.

Voltemos, então, à origem do termo *padre*. Entre as línguas neolatinas, derivadas da mesma palavra encontramos formas como: *pater*, em latim; *padre*, em italiano; *pater*, em grego; *père*, em francês. Nas outras línguas europeias, o termo para designar *pai* tem a mesma raiz. Já em hebraico, em aramaico e em árabe, *pai* se diz *Ab*.

As comunidades cristãs de origem semita do Oriente Médio costumavam chamar seus chefes religiosos maiores, bispos ou apóstolos, de *abuna* ("nosso pai"). Igualmente, a palavra *pai* foi usada em textos religiosos e já aparece no Antigo Testamento. Adão, o primeiro homem, é também chamado *pai da humanidade* (Sb 10,1; Pr 1,8)[1], e Paulo, na Primeira Carta aos Coríntios, usa *pai* no sentido de uma pertença moral religiosa e com carga afetiva muito grande: "Ainda que tenhais dez mil mestres em Cristo, não tendes muitos pais, porque sou eu quem, pelo Evangelho, vos gerei em Cristo" (1 Cor 4,15; Mt 23,8-10). Nas culturas ocidentais antigas, sobretudo na civilização greco-romana, a figura do pai tinha grande importância como chefe e sustentáculo da família.

1.2 Padre da Igreja

Na literatura patrística, a palavra *padre* não aparece sempre, muito menos com o significado de "mestre". Em documentos muito antigos, como na *Carta do papa Clemente aos Coríntios*, escrita para dirimir uma querela comunitária, são os apóstolos que recebem o nome de *pai*. Vejamos algumas definições:

---

1 Nesta obra, todas as citações da Bíblia foram retiradas de Bíblia (1982).

- *Pais* são, em geral, os bispos, os quais, no mundo latino, às vezes, são chamados de *papas*.
- Os prelados reunidos em Niceia (325) são denominados *Padres da Igreja*, denominação que acabou tornando-se de uso corrente.
- A expressão *padre* inclui, ainda que não explicitamente, o significado de "doutor" ou "mestre" em assuntos de fé.
- *Pai espiritual*, no campo da vivência espiritual, ou na ascese, significa "orientador", "instrutor".
- Geralmente, o bispo é considerado mestre da fé, função inseparável (e, de fato, intimamente ligada) da função de responsável pela liturgia, ou liturgo.
- Os bispos recebem também o nome de *pai* com o significado de "testemunho da revelação", no sentido de "Padre da Igreja".
- *Padre* era um nome dado pelos judeus a quem ensinava a Escritura.
- Entre os cristãos, *padre* é aquele que gera para a fé.
- Entre os Padres do Deserto, aquele que formava um discípulo.
- *Padre da Igreja* passou a ser um termo aplicado comumente aos escritores da Antiguidade Cristã que se destacaram pelo brilho de sua doutrina.

Os teólogos não remotos estabelecem quatro condições para que determinado escritor antigo pudesse ser considerado como verdadeiro Padre da Igreja:

1. *sanctitas vitae*: santidade de vida;
2. *doctrina ortodoxa*: doutrina ortodoxa;
3. *approbatio Ecclesiae*: aprovação da Igreja;
4. *antiquitas*: antiguidade.

Com o tempo, essas condições passaram a ser entendidas como históricas apenas, pois obedeciam a intenções apologéticas, de defesa da fé, que já não têm em si a vigência de antes. Considera-se qualquer testemunho da tradição antiga que tenha valor, mesmo que não preencha uma ou outra das quatro condições exigidas, como a santidade de vida, que é uma qualidade da pessoa. Contudo, no que diz respeito à ortodoxia, não podemos deixar de lado o valor de um testemunho em determinados aspectos, ainda que não esteja tão claro, por pertencer a um tempo muito remoto. Mesmo que seja conscientemente, com o parecer comum ou católico da Igreja. A formulação dos dogmas católicos foi sendo elaborada no decorrer da história por meio dos sínodos ou concílios, assembleias em que eram discutidas, examinadas e decididas quais seriam as verdades de fé admitidas pela Igreja.

De acordo com Hamman (1995), o Padre da Igreja geralmente é um convertido na idade adulta, habitualmente com formação universitária e com experiência (pastor da igreja ou sacerdote).

No Ocidente, são considerados Padres da Igreja os escritores cristãos da Antiguidade até Santo Isidoro de Sevilha (636); no Oriente, os escritores cristãos, geralmente de língua grega, da Antiguidade até São João Damasceno (cerca de 675 a 749).

1.3 Período patrístico

Uma vez que definimos o objeto de estudo da patrística, cabe agora delimitar o chamado *período patrístico*, o que não é consensual entre os estudiosos. Aqui, tomaremos por base os autores que definem o período patrístico levando em conta uma "linha histórica" e, dessa forma, consideram que o primeiro período é aquele dos primórdios da literatura patrística, tempo do nascimento dos escritos cristãos. Os autores dos escritos desse primeiro período são, então, aqueles que conviveram com algum apóstolo, e os documentos são cartas ou instruções de cunho catequético e moral dirigidos a comunidades, com o intuito de preservar e explicar dados da fé cristã, sendo, por essa razão, documentos transmitidos e colecionados.

Esses primeiros escritos se assemelham muito a cartas apostólicas, e seu principal objetivo é apresentar ou defender as práticas da comunidade cristã, de modo a demonstrar a importância da salvação manifestada em Jesus Cristo, fortalecendo a adesão de fé dos fiéis e a esperança na volta do Senhor. Esses documentos insistem na obediência aos pastores das comunidades, considerados pais.

1.3.1 Das origens até o Concílio de Niceia (325)

São desse período os documentos atribuídos a Clemente de Roma, Inácio de Antioquia (cerca de 110), Policarpo de Esmirna (156) e Papias de Hierápolis, bem como a *Carta de Barnabé* e o *Pastor de Hermas*.

No início do século IV, a Igreja conheceu um tempo de paz, após as cruéis perseguições do imperador Diocleciano e de seus sucessores Galério e Maximiano (303-311) aos cristãos. Depois da conversão de Constantino (312), houve medidas pacificadoras tomadas por ele e por seu cunhado Licínio (313), tendo início, então, uma era de paz e prosperidade para a Igreja.

Nos tempos antigos, Alexandria, por exemplo, era um grande centro de helenismo, um núcleo de cultura grega, mas também de cultura cristã. Nesse mesmo período, os ensinamentos de grandes mestres da didascália[2], como Clemente, Orígenes, Dionísio (que se tornou bispo) e Pedro, que morreu mártir em 311, durante a grande perseguição, deram à teologia cristã um impulso durável.

---

2 Instruções aos atores de obras dramáticas.

Por volta de 320, o sacerdote Ario (homem maduro, austero, piedoso e sábio), ligado a uma comunidade da cidade chamada Baucalis, tinha adquirido significativa reputação e influência na elite cristã da cidade de Alexandria, sobretudo entre as virgens consagradas. No entanto, ele tinha recebido sua formação teológica em Antioquia, onde o sacerdote Luciano, mártir em 312, ensinava a Escritura. Sua escola devia dar à Igreja exegetas como João Crisóstomo ou Theodoro de Mopsuéstia, mas a teologia de Antioquia era menos segura do que a de Alexandria e estava fortemente influenciada pelo "subordinacionismo" (o Logos, o Verbo, está subordinado ao Pai, isto é, inferior ao Pai). Compreende-se o eco das fórmulas familiares a Ario: "O Verbo foi criado a partir do nada, houve um tempo em que ele não existia, ele foi gerado livremente pelo Pai, o único não gerado" (Di Beradino, 2002).

Imbuído pela dialética grega, Ario apoiou-se em passagens da Escritura, tais como: "Foi o Senhor quem me criou: eu sou o princípio dos seus caminhos" (Prov 8,22). Entretanto, isso era pura e simplesmente negar a divindade do Filho, sua eternidade, sua perfeita igualdade com o Pai. Era, pois, negar redondamente a fé cristã em sua base.

Essa postura chocou o bispo de Alexandria, Alexandre, de modo que este convocou, em 320, um sínodo dos bispos do Egito e da Líbia, pois essa maneira "colegiada" de tratar os problemas graves era corrente.

Alexandria recebeu, à época, centena de bispos que, em consenso. afirmaram que o Verbo era consubstancial e coeterno com o Pai e, diante da obstinação de Ario, eles o desligaram da comunhão. Então, não apenas com o aval desse colegiado, mas também com o consenso das autoridades civis, Ario foi expulso de Alexandria juntamente a dois bispos, Theodoro de Mopsuéstia e Segundo de Ptolomaida, sete Padres, diáconos e virgens discípulos.

Excomungado em Alexandria, Ario rumou para Cesareia da Palestina e lá foi acolhido por Eusébio, bispo, grande sábio, autor da *História eclesiástica*[3], biógrafo de Constantino e autor também obras importantes de exegese e de apologética; sua teologia era menos radical do que a de Ario. O caráter de Eusébio pendia para o compromisso e o fez escapar da condenação. Depois de deixar Cesareia, Ario rumou para Nicomédia, onde encontrou outro Eusébio, este adepto de sua concepção.

Constantino, por sua vez, após a vitória sobre Licínio, em 324, já tendo unificado o Império, mudou-se para Nicomédia, que foi transformada em capital. Eusébio de Cesareia, tendo conseguido a confiança do imperador, estimulado por Eusébio de Nicomédia, defensor de Ario, empreendeu uma campanha, escrevendo muitas cartas em favor de Ario.

Tendo voltado para Alexandria, Ario compôs cantos populares de grande sucesso, e suas composições eram cantadas pelo povo nas ruas e nos teatros. Tendo em vista as controvérsias teológicas que surgiram a partir de então, há relatos de historiadores da época de Constantino explicando que muitos sínodos e concílios foram convocados para dirimir questões teológicas e marcar os pontos fundamentais da fé.

Estava pronto o cenário dos problemas suscitados pelos fiéis da Igreja Apostólica e acrescidos das posições do imperador Constantino, na nova capital do Império no Oriente. Percebendo uma ameaça à paz religiosa, o imperador ligou a Igreja ao Império e, com isso, a questão sobre a divindade do Verbo se estendeu, depois, para questões sobre a Trindade e se espalhou por todo o Oriente.

Desse modo, o que sabemos é que o Concílio de Niceia, convocado pelo imperador, reuniu-se para decidir o dogma cristológico da

---

3 Nesta obra, todas as menções à *História eclesiástica* (HE) foram extraídas de Eusébio de Cesareia (2020) e podem, eventualmente, aparecer, por convenção, com uma numeração ao lado da sigla, a qual faz referência ao livro (Ex.: HE 6) ou, ainda, ao capítulo de determinado livro da HE (Ex.: HE 6,14).

divindade Cristo, que era negado por Ario. Ao final do concílio, ficou aprovado pelos bispos conciliares que Jesus Cristo é Filho do Pai, e ele foi proclamado como sendo da mesma substância do Pai, gerado e não criado. Essa verdade ficou expressa na palavra *Homooúsion* ("mesma substância", em grego *ousion*), e Ario, que negava essa fórmula, foi condenado. O arianismo continuou.

Posteriormente, o Primeiro Concílio de Constantinopla, de 381, reuniu-se para resolver as dúvidas e os problemas suscitados, elaborando uma revisão do Credo Niceno. Havia, nessa ocasião, um padre de Constantinopla que pregava uma nova doutrina, dizendo que o Espírito Santo era uma mera criatura. Depois de muitos debates e revoltas, os padres conciliares formularam uma nova declaração para definir a natureza do Espírito Santo: "Oremos no Espírito Santo, Senhor e dispensador da vida, procedente do Pai e do Filho, que falou através dos profetas e da Santa Igreja Católica Apostólica. Nós buscamos a ressurreição dos corpos e a vida do mundo que há de vir". Esse trecho foi acrescentado ao Credo Niceno. Em seguida, o concílio estudou o caso de Apolinário, bispo de Laodiceia, que ensinava que Jesus não tinha alma e, consequentemente, não era um homem, mas apenas um Deus.

Preste atenção!

Por que foi convocado o Concílio de Constantinopla?

Um dia após o encerramento do Concílio de Niceia, três bispos (o de Niceia, o de Nicomédia e o da Calcedônia) que tinham assinado o Credo Niceno abandonaram a ortodoxia para se juntar aos arianos. O imperador mandou prendê-los e ordenou que fossem exilados. Então, em 328, Alexandre, o bispo de Alexandria, morreu, e, apesar de ser da oposição, o jovem diácono Atanásio, que tinha sido auxiliar de Alexandre em Niceia, foi eleito para ser o sucessor.

> Atanásio tornou-se o líder da ortodoxia no Oriente. Em 328, por razões desconhecidas, o imperador mandou libertar os bispos de Niceia, Nicomedia e Calcedônia. Um deles, Eusébio de Calcedônia, foi promovido a bispo de Constantinopla. O arianismo estava triunfante. A maioria das sedes episcopais presenciou a nomeação de bispos arianos. Atanásio recebeu a notícia de que Ario havia sido formalmente admitido pela Igreja, cidade imperial. Mas, na verdade, ele recebeu uma ordem do imperador para ir a Constantinopla e dar as boas-vindas a Ario. Atanásio recusou, não cumpriu a ordem do imperador. Passou seu tempo junto de seus monges, fazendo uma tempestade para evitar tamanha calamidade.

A idade de ouro da patrística foi um tempo marcado por intensa atividade pastoral pelos grandes Padres Orientais e Ocidentais, de Niceia a Calcedônia. A patrística é a época dos grandes pensadores que puseram suas capacidades intelectuais e morais a serviço da fé cristã inserida no contexto em que viviam.

Cabe acrescentar que a sociedade na qual a nova fé deu seus primeiros passos foi o período de muita agitação nos campos político, social e religioso no decorrer dos primeiros séculos depois de Cristo. Foi nesse contexto que a fé cristã nasceu, sofreu e cresceu banhada de sangue e de generosidade dos seguidores de Cristo.

1.3.2 Apologistas gregos do século II

Os apologistas são aqueles autores que, no século II, tempo de novas circunstâncias históricas, políticas e sociais, escreveram para defender a fé cristã, dando um novo enfoque à própria literatura cristã. Foi grande o número de gentios que aderiram ao cristianismo e colocaram seu saber a serviço da defesa da fé. Entre esses novos membros da comunidade cristã, nos inícios da expansão da fé pelas colônias do Oriente Médio, havia pessoas cultas, com sólida formação intelectual, que escreviam para conservar e transmitir o conteúdo da nova crença anunciada pelos mensageiros do Evangelho deixado por Jesus a seus seguidores da primeira hora.

1.3.3 Sociedade ambiente do início do cristianismo

Por muitos séculos, a história do Oriente Médio, onde se situam os acontecimentos religiosos das comunidades aí existentes, foi agitada, sobretudo porque a região é ponto de passagem do Ocidente para o Oriente e vice-versa e, por isso, sempre foi alvo de invasões e massacres de populações autóctones, assim como, desde antes de Cristo, foi centro de guerras, conquistas, transmigrações de povos, mistura de religiões, línguas e costumes.

Quando Jesus nasceu, a Palestina, antiga Canaã, já havia passado pelas mãos dos conquistadores assírios, babilônios e gregos herdeiros políticos de Alexandre Magno (século IV a.C.). Uma breve independência conquistada pelos macabeus acabou precipitando a intervenção dos romanos e a mudança da velha Canaã para Palestina, principalmente por "pirraça" (por falta de outra palavra) dos romanos, que alteraram o nome para Filisteia, a fim de mostrar aos judeus que o sonho de um país chamado Israel ou Judeia não existia mais.

A sociedade do início do cristianismo, na Palestina e nos arredores do Mediterrâneo, estava ocupada por povos de culturas variadas e de religiões diferentes: predominava o judaísmo e havia alguma coisa da religião do Egito e dos romanos. O cristianismo surgiu no seio de uma comunidade judaica, desenvolveu-se a partir de Jerusalém e, posteriormente, expandiu-se até chegar ao Ocidente pela ação evangelizadora de Pedro e de Paulo.

Em geral, a sociedade do tempo dos Padres da Igreja estava composta de conquistadores militares, quase todos romanos. Havia pequenos agricultores, comerciantes, marinheiros, artesãos de todo tipo – poucos ricos e muitos pobres. Os judeus, por sua vez, estavam organizados em colônias, geralmente fora da Palestina. A cultura predominante no Oriente Médio e em parte da Europa Mediterrânea era a grega. Na parte ocidental do vasto Império Romano preponderava o latim, e a língua grega implantada pelo conquistador Alexandre Magno, no século IV a.C., não era o grego clássico, mas a *koiné*, grego popular, que era a língua das pessoas consideradas cultas da época. Havia grandes escolas de filósofos nas cidades de Atenas, Alexandria, Rodes e Tarso.

As primeiras manifestações da fé cristã foram expressas em aramaico, língua dos judeus após o cativeiro de Babilônia (século VI a.C.), mas o hebraico clássico sempre foi a língua litúrgica dos hebreus, com comentários em hebraico rabínico. Todavia, as comunidades judaicas fora da Palestina falavam o grego da *koiné*. Essas comunidades exerceram significativo papel na evangelização cristã, sobretudo nas atividades do apóstolo Paulo. A língua dessas colônias foi também o primeiro veículo da mensagem cristã e dos escritos mais antigos dos Padres.

1.4 Importância da patrística

Para os cristãos das primeiras épocas, os Padres da Igreja foram relevantes porque eram considerados homens de fé comprovada e cultos, muitos deles haviam estudado filosofia nas grandes escolas de Atenas, Tarso ou Alexandria. Foram eles as primeiras testemunhas da tradição cristã, de uma tradição fundada agora não unicamente na Sagrada Escritura (*ex sola Scriptura*), isto é, no Novo Testamento, já que a Igreja precedeu aos escritos neotestamentários.

A Igreja existiu antes do Novo Testamento; ela vivia da tradição "não escrita" (*parádosis*) e do testemunho dos Apóstolos, como Paulo atesta em 1Cor 11,23: "Eu recebi do Senhor o que vos transmiti", e em 1Cor 15,3-4: "Eu vos transmiti principalmente o que eu mesmo recebi: que Cristo morreu pelos nossos pecados segundo as Escrituras; que foi sepultado e ressuscitou ao terceiro dia, segundo as Escrituras".

A atividade dos Padres foi continuar a obra iniciada pelos Apóstolos, e a Escritura já não podia mais ser considerada letra morta. Foi, então, que se passou a valorizar a patrística como fonte da teologia, pois os congressos, as reuniões de estudo, as publicações dos textos patrísticos, os seminários, os grupos de estudo e as pesquisa sobre a literatura cristã permitiram a elaboração de trabalhos de inestimável valor para a vida da Igreja cristã no decorrer dos tempos.

Eusébio de Cesareia se havia proposto a apresentar, em sua *História eclesiástica* (HE), não somente os acontecimentos históricos da Igreja, mas também os grandes mestres e as heresias. Por isso, ele inseriu em sua obra, continuamente, notícias sobre escritores eclesiásticos e heréticos, enumerações de títulos de livros, índices e excertos.

Por sua vez, Jerônimo foi o primeiro a compor uma história da literatura antiga de modo independente da história da Igreja. A lista de escritores antigos sobre assuntos religiosos e os documentos das comunidades cristãs antigas servem, hoje, para que possamos estudar e conhecer não apenas sua história, mas também os dados importantes de suas vidas e crenças.

A patrística oferece material literário que nos permite acompanhar o caminho da fé e o esforço para se viver e testemunhar a fé ortodoxa da Igreja cristã. É nessas comunidades cristãs do início do cristianismo que encontramos os elementos que nos possibilitam analisar o nascimento da teologia cristã, bem como acompanhar a trajetória, nem sempre pacífica, de manutenção da autenticidade da fé e dar razão de sua firmeza.

1.5 Paulo, apóstolo das nações

Como vimos anteriormente, foi por meio das pregações de Paulo e de Pedro que o cristianismo cresceu e chegou até o Ocidente. Por isso, cabe aqui estudar mais a fundo quem foram esses dois apóstolos.

Especificamente no que se refere a Paulo, o título de *apóstolo das nações* resume a longa e rica história de um judeu, da classe dos fariseus, nascido e criado no mundo pagão de sua época, porém no ambiente de cultura grega e de controle político dos romanos.

O resultado das atividades missionárias de Paulo foi o surgimento de muitas comunidades cristãs na região compreendida hoje pela Turquia, pela Grécia e pela Macedônia.

Um retrato de Paulo é dado por Paillard (1969, p. 79, tradução nossa):

> Este homem de baixa estatura vivaz sabe que nada está conforme as aparências. Não é um puro acaso que ele, isto é, Paulo, e não, por exemplo, o bem ordenado Mateus, nota que os cristãos têm uma força desconcertante, uma alegria durável sem nenhuma relação com as circunstâncias exteriores. Ele estava predestinado a convidar seus discípulos, atentos à visão do caráter transitório do mundo, a dar prova de um desapego singular e como de uma dupla pertença: "Eu vos digo, irmãos: o tempo é curto. Resta, pois, que [...] aqueles que usam deste mundo vivam como se eles verdadeiramente não usassem. (1Cor 7,29-31)

Paulo estava preparado para perceber a situação paradoxal dos verdadeiros apóstolos:

> Ao contrário, em tudo nos recomendamos como ministros de Deus, com muita paciência nas tribulações, nas necessidades e nas angústias, nos açoites e nas prisões, nos tumultos e nas fadigas, nas vigílias e nos jejuns, pela pureza e pela ciência, pela magnanimidade e pela bondade, pelo Espírito Santo e pelo amor sem fingimento, pela palavra da verdade e pelo poder de Deus, pelas armas ofensivas e defensivas da justiça; na honra e na desonra, na má e na boa fama; tidos por impostores e, no entanto, verdadeiros; por agonizantes e, no entanto, eis-nos com vida; por tristes, nós que estamos sempre alegres; por pobres, nós que enriquecemos a muitos; por nada tendo e, no entanto, tudo possuindo. (2Cor 6,4-10)

Frequentemente desapegado do temporal, ele sabia viver com pouco: "Eu sei me privar como sei viver com abundância. Em todo tempo e de todas as maneiras, eu iniciei na saciedade como na fome, na abundância como no despojamento" (Fl 4,12). Em Éfeso, durante três anos, ele viveu do "estritamente necessário" que ele providenciava com seu trabalho. Em Filipos, ele esteve alegre tanto na casa da rica Lídia quanto na prisão da cidade, na qual ele cantava, à noite, malgrado suas feridas que sangravam.

Ele devia, ao mesmo tempo, dar testemunho "aos Gregos e aos bárbaros, aos sábios e aos ignorantes". Ele o fez "diante dos pequenos e grandes". Ele soube cativar ouvintes tão diversos quanto os habitantes das montanhas da Licaônia e da Frígia, a burguesia de Filipos, a colônia judaica da Bereia, os mercadores de Corinto e de Éfeso. Culto e espontâneo, sabendo viver e natural, ele transitava tão facilmente na alta sociedade quanto entre a gente simples. Falava com a mesma facilidade diante de marinheiros, filósofos e reis. Com os Coríntios – gente simples –, empregava uma linguagem simples, sem ter medo de usar palavras severas. Quando, mais tarde, nas epístolas do cativeiro (as cartas escritas na prisão foram Aos Filipenses, Aos Colossenses, A Filemon e Efésios), teve de se haver com as especulações dos gnósticos, falava como filósofo. Ele especulava e desenvolvia o que ele chamava de "uma sabedoria perfeita" (cf. 1Col 1,24.30; Heb 1,3; Sab 7,26). No conjunto, sua linguagem assumia um estilo solene, muitas vezes se aproximando daquela linguagem dos hinos litúrgicos, e até de uma linguagem popular, inclusive com sarcasmos grosseiros.

O discurso de Atenas e várias cartas deixam transparecer uma extraordinária presença de espírito. Uma vez pelo menos este lhe salvou a vida, e o relato de Lucas não deixa de ter humor. Na véspera, Paulo teria sido linchado no templo de Jerusalém se a guarda romana não tivesse intervindo com prontidão e firmeza. E eis agora diante do Sinédrio. A situação era crítica.

Paulo sabia que ele tinha, de um lado, o partido dos saduceus e, do outro lado, aquele dos fariseus: "Irmãos, sou Fariseu, eu mesmo, filho de Fariseus. É deva a nossa esperança, a ressurreição dos mortos, que eu estou sendo julgado" (Rm 11,1; Fl 3,5).

Apenas tendo terminado de dizer isso, surgiu um conflito entre fariseus e saduceus, e a assembleia se dividiu. Os saduceus diziam que não há ressurreição, nem anjos, nem espírito, ao passo que os fariseus professavam uma coisa e outra.

Surgiu, então, um grande clamor. Alguns escribas do partido dos fariseus se levantaram e protestaram energicamente: "Não encontramos nada de mal neste homem. E se um espírito lhe falou? Ou um anjo?" (At 23,9).

A disputa se tornou mais acirrada. O tribuno, temendo que estraçalhassem Paulo, fez com que os guardas o retirassem para um lugar seguro (At 23,1-10): "Foi assim que Paulo foi salvo. Assim o renegado escapou da morte uma vez mais, graças à sua presença de Espírito" (Paillard, 1969, p. 79-80, tradução nossa).

1.6 Pedro, apóstolo das comunidades aramaicas cristãs

Quanto a São Pedro, há poucas informações. Alguma coisa nos dizem os Atos dos Apóstolos; duas cartas atribuídas a Pedro; a menção a Pedro em 1 Coríntios de Clemente de Roma, 5-6 (ano 95-960); Tácio, em *Anais* 15-44 (ano entre 98-117); Inácio de Antioquia, na *Carta aos Romanos* (27 de agosto de 107); Suetônio, em *Vida de Cláudio* 25,4; Dionísio de Corinto, em HE.

A primeira ruptura entre o cristianismo e o judaísmo foi a abertura da mensagem evangélica, que deixava de ser presa a Jerusalém. Aos judeus de cultura aramaica se uniram os judeus helenistas, o que fez com que passassem a existir desavenças entre as comunidades de cultura aramaica e de cultura grega, os helenistas. Para auxiliar na solução dos problemas práticos, surgidos na comunidade, sete homens foram designados para assumir a responsabilidade pelos helenistas (At 6). Assim, a comunidade dos cristãos de Jerusalém se abriu para as comunidades dos judeus que viviam fora do ambiente palestino. Estêvão foi o chefe dos sete escolhidos para o serviço comunitário e lançou um requisitório contra o judaísmo de Jerusalém.

Pedro foi o protagonista de uma ruptura com o judaísmo (At 10), compreendendo que o Evangelho se destina a todos os homens. Trata-se do caso de Cornélio, centurião romano, piedoso, caritativo, porém não judeu. Certo dia, ele teve a visão de um anjo, que revelou a ele que Pedro estava em Jope. Era preciso mandar buscá-lo, "porque Deus tinha ouvido suas orações" (At 10,1-4). Pedro também teve uma visão alertando-o de que mensageiros do centurião estavam à sua procura em Jope para levá-lo ao centurião em Cesareia. Pedro foi até Cesareia, batizou o centurião, acolheu a Igreja mediante o batismo e admitiu o princípio de que não é necessário passar pelo judaísmo para chegar à fé (At 10,24-33).

A vida de Pedro, a partir do ano 100, foi objeto de muitas legendas. Surgiram anônimos ou nomes supostos, apareceram textos que tinham a pretensão de completar os escritos canônicos, mediante a narração da doutrina, das ações e das adversidades do apóstolo Pedro, tais como a *Doutrina de Pedro*, do início do século II, e *Kerigma de Pedro*, também do século II. Esses dois documentos se limitam à ação de Pedro no Oriente e não referem relação alguma com Roma. Além disso, há o documento *Atos de Pedro*, cuja forma original só é conhecida por meio de fragmentos e de algumas citações, os quais fazem supor que o texto remonte ao ano 200 aproximadamente. A primeira parte diz respeito aos atos de Pedro em Jerusalém, e a segunda parte trata da luta de Pedro com Simão Mago e da crucificação de Pedro de cabeça para baixo.

1.7 Nascimento dos escritos cristãos

Como vimos, no ambiente sociocultural dos povos que viviam ao redor do Mediterrâneo, surgiram comunidades cristãs fundadas, em boa parte, pela atividade de Apóstolos, sobretudo de Paulo. Nesses ambientes, existiam comunidades das mais variadas culturas dos vários povos que habitavam as regiões ao redor daquele mar. Agora, aprofundaremos a análise acerca do nascimento dos escritos cristãos naquela região.

O cristianismo despontou no seio de um "caldo cultural" muito variado, de um mundo composto por parte da Europa, da Ásia e da África. Havia grande variedade de culturas e de religiões, com influências recíprocas, e a política era de domínio do Império Romano. As autoridades romanas eram muito tolerantes: desde que a autoridade imperial não fosse questionada, era permitida a coexistência das várias culturas, com suas línguas e suas religiões. Essa tolerância dos romanos permitiu, até certo ponto, que o cristianismo evoluísse no contexto sociocultural greco-latino. Esse ambiente propiciou que as primeiras comunidades cristãs surgissem seguindo o modelo das sinagogas, e o ambiente rico e complexo persistiu durante o primeiro século da Era Cristã.

O anúncio do Evangelho deu origem a muitas comunidades cristãs inseridas no contexto greco-romano. Ainda, é preciso considerar as influências do judaísmo, com sua fé monoteísta e sua moral rigorosa e minuciosa.

A passagem da tradição oral para a fixação das práticas e recordações da vida cristã aconteceu logo cedo e de maneira a utilizar os recursos das línguas faladas na época. Na realidade do Império Romano, as línguas mais usadas eram o grego da *koiné* e o latim. Nesse ambiente, as necessidades de fixação por escrito certamente nasceram por três motivos:

1. manutenção das verdades da fé, tanto da judaica quanto da cristã nascente;
2. necessidade de uma catequese nova, geralmente realizada nos moldes daquela usada pelas comunidades judaicas;
3. necessidade de incutir valores morais pela prática de virtudes.

A partir daí, surgiram vários meios de transmissão do cristianismo. A seguir, vamos analisar alguns deles (Drobner, 1994).

- A parênese, que se refere a advertências e instruções para uma vida cristã, constitui-se de listas de virtudes e de vícios (Gl 5,19-23), bem como de indicações de conduta doméstica (Cl 3,18-4,2). Trata-se da catequese dos dois caminhos, como está relatada na *Epístola de Barnabé* e na *Didaqué*[4], que veremos mais adiante. Os cristãos são colocados diante da decisão de seguir o caminho do bem ou do mal, o caminho de luz ou de trevas. A parênese escrita tem sua origem tanto na tradição sapiencial popular quanto na filosofia helenista. Servia como repetição ou recordação da parênese oral.

- Foram fixados cantos, orações e aclamações, como "amém, aleluia, hosana" e o *Pai nosso* (Mt 6,9-13), o *Magnificat* (Lc 1,46-55) e o *Benedictus* (Lc 1,68-76).
- Na catequese, que era necessária para transmitir a fé no interior da comunidade, na instrução dos neófitos, tendo em vista a preparação para a recepção do batismo, surgiram as primeiras fórmulas curtas do *Credo* (At 8,37) e a fórmula batismal (Mt 28,19).
- Na pregação missionária, surgiram fórmulas sobre o conteúdo do anúncio, que resumiam a pregação missionária (1Ts 1,9s) ou traçavam os limites do monoteísmo cristão de maneira polêmica e proclamatória nos confrontos com o politeísmo (cf. 1Cor 8,6, aclamações).

Com isso, é claro, despontaram também as primeiras polêmicas e confrontos religiosos, sobretudo em razão do encontro da nova fé, a cristã, com a dos judeus.

Durante os três primeiros séculos, o Estado Romano era pagão, mas, após o ano 313, o Estado se converteu (primeiramente, de fato, com Constantino e, depois, de direito, com Teodósio) e, em consequência disso, houve um edito de liberdade para os cristãos.

A situação geral dos três primeiros séculos é chamada de *era das perseguições*, primeiramente em virtude dos atritos dos cristãos com os judeus e, logo a seguir, com as autoridades romanas. Nesse quadro se situam Jesus, os Apóstolos e a Igreja pós-apostólica. Jesus foi

---

4 Catecismo de uma comunidade cristã do século I. O termo *Didaqué* pode ser abreviado como *Did*.

condenado à morte e crucificado pelo poder romano por incitação dos chefes judeus, dos sacerdotes e dos escribas e, em particular, por gente dos partidos dos saduceus e dos fariseus. Pilatos, que nutria uma grande antipatia pelos judeus, para deixar clara sua posição, mandou colocar na cruz uma tabuleta com a inscrição em latim, grego e hebraico que dizia *Jesus Nazareno Rei dos Judeus*, hoje resumida nas letras INRI (*Jesus Nazarenus Rex Judeorum*) (Jo 19,19), a fim de que não houvesse dúvida de que todos podiam entender o que estava escrito.

A "plateia" daquele momento era composta por pessoas que conheciam uma das três línguas, e os mais cultos dominavam todas as três. Com essa atitude, Pilatos intencionou deixar bem claro com sua inscrição que Jesus estava sendo judicialmente condenado com pena capital por se apresentar na província da Judeia como competidor de Cesar, portanto como "zelote". No entanto, os escritos revelam que Jesus nunca teve pretensões de ser o Messias político (Mt 4,1-11). Os judeus falsearam os fatos e procuraram colocar Pilatos em uma situação constrangedora: absolver Jesus corresponderia, de um lado, a agir contra Cesar e, de outro, a evidenciar o messianismo político de Jesus.

Os Apóstolos, segundo o livro dos Atos, não foram perseguidos pelos romanos, mas pelos membros do Sinédrio. Ainda no livro dos Atos, fica claro que Lucas pretende demonstrar que o Império não considerava os cristãos perigosos para o Estado e que, ao contrário, essas acusações eram provindas de judeus, romanos ou outros (cf. At 16,20-21; 18,13-15; 19,25-27; 21,38; 23,26-30; 24,5.22-23; 25,12; 26,32).

A resposta dada pelos Apóstolos, preocupados em pregar a Ressurreição, foi a seguinte: "importa mais obedecer a Deus do que aos homens" (At 5,29). A resposta dada por Pedro e João foi clara, porque, tendo sido chamados pelo Sinédrio, receberam a proibição formal de falar e ensinar em nome de Jesus, porém "Pedro e João retorquiram: Julgai vós mesmos se é justo, diante de Deus, obedecer a vós primeiro do que a Deus. Quanto a nós, não podemos deixar de afirmar o que vimos e ouvimos" (At 4,19).

Mas será que os cristãos eram considerados inimigos da civilização greco-romana? Além do que se diz no livro dos Atos dos Apóstolos, como acabamos de ver, no período dos anos 30 a 60, a atitude romana em face da Igreja mudou. Deixando de lado os poucos testemunhos de Tibério (14-18) e de Cláudio (41-54), o primeiro perseguidor violento da Igreja foi Nero (54-68).

A causa principal, ou o pretexto, que levou Nero a perseguir duramente os cristãos foi o incêndio de Roma (ano 64). Aproveitando da antipatia popular do povo, em meio ao qual circulava muita conversa, fruto da imaginação a respeito do que acontecia nos ritos dos cristãos, celebrados nas catacumbas, Nero taxou os cristãos como inimigos da civilização greco-romana, processou e condenou muitos cristãos à pena capital. As execuções podiam ser por crucificação, por decapitação ou, ainda, podia-se morrer queimado na fogueira. Caso fosse cidadão romano, era condenado a ser devorado pelas feras no circo do Coliseu. Entre as vítimas da sanha de Nero estão Pedro e Paulo (no ano 67). Tertuliano, no *Apologeticum* (167), afirma que Nero foi o autor da primeira lei anticristã, que prescrevia: "Não é permitida a existência de cristãos no Estado Romano". Entretanto, apesar da repressão, as comunidades cristãs nunca deixaram de crescer.

1.8 Os primeiros seguidores de Cristo e os mártires

Não há muitas informações sobre como eram as comunidades cristãs formadas pelos primeiros seguidores de Jesus. A fonte principal é o livro dos Atos dos Apóstolos, que foi o primeiro escrito do Novo Testamento. As cartas de Paulo e de Pedro, bem como alguns escritos dos Padres Apostólicos, contêm informações sobre essas comunidades cristãs inseridas em um meio cultural variado: culturas hebraica, aramaica e helenística. Nesses escritos, também fica claro que, no início do cristianismo, havia comunidades oriundas do judeu-cristianismo por todo o Oriente Médio, sobretudo ao redor do Mediterrâneo.

Para resumir as informações sobre a fundação da Igreja, a partir do Pentecostes, cabe citar:

> É impossível escrever a história da Igreja sem começar pela vinda do Espírito Santo no dia de Pentecostes do ano 30, como escrever a história de Cristo sem partir da Encarnação do Verbo no dia da Anunciação. Num como noutro caso, estamos em presença de acontecimentos que pertencem à história da salvação e se situam ao mesmo tempo na trama da história. Seria desnaturá-los por completo se os considerássemos apenas sob o segundo aspecto das biografias de Jesus. [...] A mesma coisa se diga das histórias da Igreja, que quisessem abstrair de sua dimensão divina. (Daniélou; Marrou, 1985, p. 28)

Ao analisarmos a história da Igreja do início do cristianismo, podemos situar certos eventos no contexto histórico do Império Romano enriquecido pela cultura grega helenística. Dizem os historiadores que, até o século VI, em todas as grandes cidades romanas, além do latim, que era língua oficial e jurídica da administração romana, falava-se e escrevia-se em grego helenístico. Ademias, fora do judaísmo, ainda que dividido internamente entre fariseus e saduceus, o ambiente geral do mundo romano estava povoado de deuses, e a religião oficial estava voltada para o serviço do imperador, que se considerava um deus.

Podemos considerar os três primeiros séculos (30 a 324) como a época dos mártires, período em que o cristianismo era tido como uma religião não permitida (*religio illicita*) no Estado romano. Os primeiros cristãos eram perseguidos e mortos por crucificação, degola ou cremação em fogueiras públicas.

No ano 177, um acontecimento marcou a história da Igreja em Lião: o episódio conhecido como *mártires de Lião*, no qual uma amotinação popular prendeu cristãos condenados com a concordância do imperador Marco Aurélio. Eusébio nos conservou a *Carta das Igrejas de Lião e de Viena às Igrejas da Ásia e da Frígia* (possivelmente de Irineu), em que se relatam os fatos. Por volta do ano 203, houve perseguições a cristãos também no Egito e na África.

O trecho a seguir serve muito bem para entendermos a força da fé e a teologia do martírio que o referido documento permite compreender:

> Carta das Igrejas de Lião e Viena às Igrejas da Ásia e da Frígia
>
> Os servos de Cristo que habitam em Viena e em Lião, na Gália, aos irmãos da Ásia e da Frígia, que, como nós, têm fé e esperam a redenção: paz, graça e honra em nome de Deus, o Pai, e de Jesus Cristo, nosso Senhor. [...]
>
> 20) A todas as perguntas Sanctus respondia em latim: "*christianus sum*"; fazia para eles as vezes do nome; os pagãos não ouviam dele outra palavra [...]. Para terminar, eles lhe aplicavam lâminas de ferro incandescentes nas partes mais delicadas do corpo. Elas o queimavam, mas continuava inflexível e inquebrantável, firme na confissão de sua fé e recebendo da fonte celeste como que um orvalho fortalecedor da água viva que saía do lado de Cristo. Seu pobre corpo testemunhava o que se tinha passado: todo ele era contusões e chagas; encolhido em si mesmo, ele não tinha mais aparência humana. Mas era Cristo que sofria nele e realizava uma obra grande e gloriosa: tornava impotente o adversário e mostrava aos outros, como exemplo, que nada é temível onde o amor do Pai, que nada é doloroso onde está a glória de Cristo [...].
>
> 24) Alguns dias mais tarde, os carrascos torturaram novamente o mártir; pensavam que o submeteriam, aplicando-lhe as mesmas

torturas, já que ele não podia suportar nem o simples contato das mãos. Na pior das hipóteses, ele morreria nos tormentos, e esse exemplo encheria os outros de medo. Mas não foi assim; contra toda a expectativa, o corpo do mártir se refez, se fortaleceu nas novas torturas e recobrou sua forma anterior, o uso de seus membros. Em vez de ser um sofrimento, o novo suplício foi para Sanctus uma cura pela graça de Cristo. [...]

28) Outros tinham sido tão cruelmente torturados que pareciam não poder sobreviver, apesar de todos os cuidados; não obstante, eles resistiram na prisão: privados de todo o socorro humano, mas reconfortados por Deus, recobraram as forças do corpo e da alma, encorajavam e sustentavam seus companheiros.

29) O bem-aventurado Fotino, ao qual tinha sido confiado o ministério do episcopado em Lião, tinha então mais de noventa anos. Ele se achava em extrema fraqueza física, respirando com dificuldade, mas, sob a influência do Espírito e desejando ardentemente o martírio, reencontrava as suas forças. Também ele foi arrastado ao tribunal; seu corpo velho e doente o abandonava, mas nele velava a sua alma, para que por ela Cristo fosse glorificado. Conduzido pelos soldados ao tribunal, era seguido pelos magistrados da cidade e por todo o povo. Que levantava contra ele toda a sorte de gritos como se ele fosse o Cristo; ele deu um belo testemunho. Interrogado pelo Legado sobre o Deus dos cristãos, respondeu; "Conhecê-lo-ás se fores digno" [...].

41) Blandina, suspensa num poste, estava exposta como alimento para as feras soltas sobre ela. Vendo-a suspensa nessa espécie de cruz e ouvindo-a rezar em voz alta, os combatentes sentiam crescer sua coragem; no meio de seu combate, eles viam, com seus olhos de carne, através de sua irmã, aquele que foi crucificado por eles, a fim de mostrar aos seus fiéis que todos aqueles que sofrem para glorificar o Cristo conservam sempre a união com o Deus vivo [...].

55) A bem-aventurada Blandina, a última de todos – como uma nobre mãe que, depois de ter encorajado seus filhos, os enviou na

frente, vitoriosos, até o rei –, sofria, por sua vez o rigor de todos os combates sustentados por seus filhos. Agora ela se apressava em ir juntar-se a eles, feliz e radiante de alegria, por causa dessa partida, como se fosse convidada para um banquete de núpcias, e não entregue às feras. Depois dos golpes, depois das feras, depois da grelha, colocaram-na dentro de uma rede e a expuseram assim a um touro. Atirada muitas vezes ao ar por esse animal, ela nem percebia mais o que lhe acontecia, absorvida como estava na esperança e na expectativa de sua fé e no seu entretenimento com Cristo. Ela também foi degolada, e os próprios pagãos reconheciam que entre eles jamais uma mulher tinha suportado tantos tormentos [...]. (Hamman, 1995, p. 45-46)

Depois que Constantino, convertido, tomou o poder imperial vencendo seu contendente Licínio, em 324, houve uma grande mudança. O cristianismo já estava mais ou menos liberado após o Édito de Milão, que viabilizava aos cristãos a mesma liberdade que era dada às religiões pagãs. Com Constantino no poder, a situação mudou radicalmente. Assim se traduzia na terra a monarquia universal nos campos teológico e político, a monarquia celeste do único e verdadeiro Deus. Foi também a vitória do cristianismo.

Preste atenção!

Martys significa "testemunho". A partir do século II, o termo *martys* (Di Beradino, 2002), "testemunha", começou a ser usado na linguagem cristã exclusivamente para designar o crente que sofre e morre por causa de sua fé; a simples "testemunha" que sofreu tormentos, mas não morreu, era chamada de *confessor*. Na carta sobre os mártires de Lião, de 177, aparece pela primeira vez a distinção entre aquele que morreu pela fé (mártir) e aquele que ainda não selou com a morte seu testemunho (HE 5,2-3).

Mas será que, após Constantino, não houve mártires nem perseguição aos cristãos? Sim, houve martírio de hereges ou de cristãos em países fora do Estado Romano, nas perseguições da Pérsia no período de 309 a 338. O primeiro foi Prisciliano de Ávila. Na era constantiniana, o martírio passou a ter uma interpretação espiritual, sobretudo nos ambientes monásticos: todo sofrimento físico e psíquico de um fiel cristão foi acolhido e considerado como martírio. O testemunho dos mártires cristãos foi acolhido no mundo pagão sob um duplo aspecto: com indiferença e desprezo ou, então, com franca admiração, que podia até conduzir à conversão.

Para o historiador romano Tácito, os cristãos estão "cheios de ódio contra o gênero humano" (*Anais* XV, 44,6), ao passo que Plínio, o Jovem, vê neles "teimosia e invencível obstinação" (Ep X.96,3) e Marco Aurélio vê uma "vulgar desfaçatez" com que afrontam a morte (*Pensamentos* XI.3,3).

É possível que essas reações negativas fossem causadas, às vezes, pelos próprios cristãos com suas atitudes. De fato, algumas narrativas de martírios trazem também palavras ofensivas com relação aos perseguidores (*Mart. Polyc.* 11,2; *Acta Carpi* 40: *Passio Perp. et Fel.* 17; 18,4; *Mart. Pionii* 4), atitudes contrastantes com a de Jesus na cruz (Lc 23,34; palavras repetidas por Estêvão, At 76,60, e por Tiago, o irmão do Senhor; cf. Euséb., HE 2,23,16). Além disso, às vezes, alguns cristãos, desejosos de mostrar a grandeza de sua fé e de alcançar as recompensas celestes, manifestavam um desejo excessivo da morte. Isso não acontecia somente no âmbito montanista, mas também entre os membros da fé católica ortodoxa.

Todavia, a segurança dos mártires podia também suscitar o interesse e a admiração de pagãos, como informa Tertuliano: "Quem, com efeito, diante do espetáculo dado pelos mártires, não é incitado a perguntar-se que é que está por baixo? E quem, uma vez que procurou, não aderiu, e uma vez aderido, não desejou sofrer?" (*Apologia* 10,15; talvez aqui Tertuliano ofereça os motivos de sua conversão). Justino confessa (*Trt Apl*. 1015) ter-se convertido ao ver a coragem dos mártires: "vendo-os intrépidos diante da morte... pensei ser impossível que eles vivessem no vício e no amor dos prazeres" (*2 Apologia* 12).

Então, é bem verdade que o martírio dos cristãos teve, nos primeiros séculos, um efeito missionário, como, aliás, Tertuliano expressou em célebre frase: *"plures efficimur a vobis: sêmen est sanguis Christianorum"* ("fazemos muitas coisas para vós: o sangue é a semente dos Cristãos") (*Apologia* 50,13; cf. *Ad Diognetum* 7,7-9).

Para finalizar este tópico, apresentamos, a seguir, um trecho de autor desconhecido que faz referência aos primeiros cristãos.

> Os cristãos não se distinguem dos outros homens nem pelo país, nem pela linguagem, nem pelo vestuário. Eles não habitam cidades que lhes sejam específicas, não fazem uso de um dialeto extraordinário e seu modo de vida nada tem de singular [...]. Eles se distribuem pelas cidades gregas e bárbaras, aceitando a parte que lhes cabe; amoldando-se aos usos locais no que se refere às vestes, à alimentação e à maneira de viver; embora manifesta as leis extraordinárias e verdadeiramente paradoxais de sua república espiritual.
>
> Cada um deles reside em sua própria pátria, mas como estrangeiro domiciliado. Eles cumprem todos os seus deveres de cidadãos e aceitam todos os encargos como estrangeiros. Toda terra estrangeira é sua pátria, uma terra estrangeira. Eles se casam como todo mundo, têm filhos, mas abandonam seus recém-nascidos[5]. Partilham todos a mesma mesa, mas não o mesmo leito.
>
> Eles estão na carne, mas não vivem segundo a carne. Passam sua vida na terra, mas são cidadãos do céu. Obedecem às leis estabelecidas e sua maneira de viver supera, em perfeição, essas leis.

---

5 Não há uma explicação histórica concreta. Cogita-se que os hábitos pagãos ainda estavam enraizados. É possível que se tratasse de situações de pobreza ou de nascituros indesejados.

> Eles amam todos os homens e todos os perseguem. São desprezados e condenados; são mortos e, com isso, ganham a vida. Eles são pobres e enriquecem grande número de pessoas. Falta-lhes tudo, mas têm todas as coisas em abundância. São menosprezados, e nesse menosprezo, encontram sua glória. São caluniados e se justificam. São insultados e bendizem [...].
>
> Numa palavra, o que a alma é no interior do corpo os cristãos o são no mundo. A alma se difunde por todos os membros do corpo, como os cristãos nas cidades do mundo. A alma habita o corpo e, no entanto, não é do corpo, como os cristãos habitam o mundo, mas não são do mundo [...] A alma se torna melhor ao se mortificar pela fome e pela sede: perseguidos, os cristãos dia a dia se multiplicam sempre mais. Tão nobre é posto que Deus lhes concedeu que não lhes é permitido desertar. (Comby, 1984, p. 38)

Embora não se saiba com certeza, possivelmente esse trecho foi escrito em Alexandria, por volta do ano 200, para um destinatário pagão chamado Diogneto.

1.9 Padres Apostólicos

Com a denominação convencional de *Padres Apostólicos* costuma-se designar um grupo de autores cristãos muito antigos que se apresentam como os continuadores diretos da obra dos Apóstolos. Esses autores se revestem de significativa importância porque nos oferecem um quadro autêntico e imediato da vida, dos sentimentos, das aspirações e das ideias das primeiras comunidades cristãs espalhadas pelas regiões da parte oriental do Mediterrâneo, no período compreendido entre os séculos I e II da Era Cristã.

A seguir, faremos uma síntese crítica dos escritos cristãos mais antigos dos Padres Apostólicos, abordando sete desses escritos e algumas informações sobre seus autores.

1.9.1 Clemente de Roma: Carta aos Coríntios

A carta escrita por Clemente de Roma à comunidade de Corinto, na Grécia, por volta do ano 96-98, habitualmente é considerada o documento patrístico mais antigo. Trata-se de uma intervenção, com autoridade, da Igreja de Roma nos assuntos internos da Igreja de Corinto, na qual os presbíteros, isto é, os anciãos da comunidade, tinham sido depostos pela rebelião de alguns não muito bem identificados jovens rebeldes. Vejamos um trecho dessa carta:

> A igreja de Deus que tem sua residência transitória em Roma à Igreja de Deus com residência transitória em Corinto aos eleitos, santificados na vontade de Deus, por intermédio de Nosso Senhor Jesus Cristo. Que graça e a paz vos sejam concedidas em plenitude da parte do Deus todo-poderoso por intermédio de Jesus Cristo.
>
> 1) Por causa das graças e das calamidades que se precipitaram repentina e sucessivamente sobre nós, talvez estejamos a ocupar-nos com atraso dos acontecimentos que se deram entre nós, caríssimos, e daquela sedição estranha a eleitos de Deus, sórdida e ímpia que um punhado de gente irrefletida e audaciosa iniciou, e tal ponto de loucura incendiou, que o vosso nome, aliás acatado, por todos estimadíssimo, fosse seriamente denegrido. Pois, quem é que se demorou entre vós e não enalteceu vossa fé extraordinária e firme? Não admirou vossa piedade constante e suave em Cristo? Não encomiou a tradição de vossa hospitalidade generosa? Ou não vos felicitou por vossa doutrina perfeita e

segura? Tudo realizáveis sem acepção de pessoas e andáveis nos preceitos de Deus, sujeitando-vos aos vossos guias e tributando aos vossos anciãos o respeito que lhes é devido. Aos jovens transmitíeis conceitos comedidos e honrosos; às mulheres recomendáveis cumprissem os deveres todos em consciência irrepreensível, santa e pura, amando os maridos como convém; ensinando-lhes ainda a administrar a vida doméstica dentro das normas da obediência e da mais absoluta discrição. (Arns, 1971. p. 19-20)

Temos, com essa carta, a primeira manifestação histórica da consciência do "primado romano" com base na autoridade dos Apóstolos fundadores, Pedro e Paulo. É possível que os primeiros cristãos da comunidade romana não tenham sido discípulos imediatos de Pedro. Todavia, Pedro liderou a comunidade romana depois de ter fugido de Antioquia, na Síria. Há uma grande possibilidade histórica de que os primeiros cristãos de Roma tenham sido escravos fugitivos da Palestina. Contudo, é certo que Pedro fez parte dessa comunidade, pois foi em Roma que Pedro morreu.

Clemente escreve aos Coríntios fazendo um apelo ao arrependimento e à penitência, à atitude de dobrar "os joelhos do coração". Clemente pretende restaurar a autoridade violada da hierarquia local que constitui o fundamento e a garantia da paz e da harmonia dos membros que formam a Igreja, verdadeiro Corpo de Cristo. O uso intenso das Sagradas Escrituras deve demonstrar quanto o ódio prejudica a humanidade e quantos bens, ao invés, a concórdia querida por Deus produz.

O texto dessa carta deixa claro que Clemente era culto, pois expressa não só as referências às Escrituras Sagradas, mas também à filosofia helenística da época.

Sob o nome de Clemente foi também transmitida uma homilia de tom satírico, uma pregação que, na realidade, deve ser atribuída a um autor desconhecido. Essa homilia remonta ao ano 150, mais ou menos, e é, pois, considerada a mais antiga homilia cristã que chegou até nós. Nela está contida uma exortação ao exercício da castidade, dirigida aos neoconvertidos, no quadro da liturgia batismal. O que sabemos, por meio dos escritos de Dionísio, bispo de Corinto pelos anos 170, é que a *Carta de São Clemente* tanto alcançou o objetivo quanto se tornou patrimônio espiritual dessa comunidade e de outras.

Quanto ao conteúdo desse documento, além do Prólogo (1 a 6) e da belíssima conclusão, há duas partes com distinção nítida.

Na primeira parte, prepara-se o ambiente e, na segunda, apresenta-se uma exortação. Com a habilidade de psicólogo – que conhece a formação bíblica de seus leitores e o mundo helênico em que vive –, Clemente descreve as virtudes necessárias para o cristão. Entre elas, as principais são a conversão contínua (97-8), a obediência como em Abraão (9-10), a hospitalidade como em Lot e Raab (11-12) e, finalmente, a humildade, que é fonte de paz e doçura (13-15).

A delicada e competente percepção psicológica de Clemente se destaca no conteúdo dos Capítulos 16-36, em que ele apela para os exemplos de Cristo, dos Profetas e Patriarcas; para a ordem e a paz que devem reinar no mundo (quanto os gregos não hão de ter saboreado os Capítulos 20-23); apela para as promessas da vida futura: ressurreição e predestinação (24-30); termina apontando as bênçãos divinas prometidas para hoje, não somente para amanhã (31-36). Tendo em vista que a primeira parte é dirigida a ouvintes greco-romanos, é natural que termine convidando a manter a ordem estabelecida por Deus, ordem esta que o espírito militar romano apresenta em forma externa impecável e que o Corpo Místico de Cristo realiza de modo interno e durável (37-38).

A segunda parte é uma continuação da primeira. Os Capítulos 39 e 44 têm grande valor teológico, pois indicam a fonte da organização eclesial. Há um só Deus, um só Cristo, um só Espírito. A hierarquia prefigurada na Antiga Lei realiza-se em uma cadeia ininterrupta do Pai para Cristo, de Cristo para os Apóstolos, dos Apóstolos para "outros personagens eminentes", escolhidos com o assentimento da Igreja.

Nessa nova condição, não há lugar para as sedições, mas para a caridade, que está acima de todo o elogio (50,1).

Nos Capítulos 51 e seguintes, são apresentadas as aplicações realistas; os responsáveis pela desordem na comunidade de Corinto hão de fazer penitência (51), deverão afastar-se mesmo da comunidade, para restituir-lhe clima de concórdia (54-55), hão de ceder à vontade de Deus (56), para não incorrer em falta grave.

É exatamente após essa aplicação realista que Clemente prorrompe em uma oração, que talvez seja a mais bela e perfeita oração comum de toda a Antiguidade (59-61).

1.9.2 *Didaqué*

Em 1873, foi encontrado pelo metropolita grego Mons. Filoteo Bryennios, na biblioteca do Santo Sepulcro, em Constantinopla (hoje Istambul), um rolo de manuscritos em grego datado de 1056. Entre os vários manuscritos, encontrava-se um dos documentos mais importantes da era pós-apostólica com o título *Didaqué* ou *Ensino dos Doze Apóstolos*. Vamos analisar um trecho:

> 1) Existem dois caminhos: um é o caminho da vida, e o outro, da morte. A diferença entre os dois caminhos é grande.
>
> 2) O caminho da vida é este: Em primeiro lugar, ame a Deus, que criou você. Em segundo lugar, ame a seu próximo como a si mesmo. Não faças a outro nada daquilo que você não quer que façam a você.
>
> 3) O ensinamento que deriva dessas palavras é o seguinte: Bendigam aqueles que os amaldiçoam e rezem por seus inimigos,

e ainda jejuem por aqueles que os perseguem. Com efeito, se vocês amam aqueles que os amam, que graça vocês merecem? Os pagãos não fazem o mesmo? Quanto a vocês, amem aqueles que os odeiam, e vocês não terão nenhum inimigo.

4) Não se deixem levar pelos impulsos instintivos. Se alguém lhe dá uma bofetada na face direita, ofereça-lhe também a outra face, e você será perfeito. Se alguém o força a acompanhá-lo pelo espaço de um quilômetro, acompanhe-o por dois; se alguém tira o seu manto, entrega-lhe também a túnica. Se toma alguma coisa que pertence a você, não a peça de volta, pois você não poderá fazer isso.

5) Dê a quem pede a você e não peça para devolver, pois o Pai quer que os seus bens sejam dados a todos. Feliz aquele que dá conforme o mandamento, porque será considerado inocente. Ai de quem recebe: se recebe por estar necessitado, será considerado inocente; mas se recebe sem ter necessidade, deverá prestar contas do motivo e da finalidade pelos quais recebeu. Será posto na prisão e interrogado sobre o que fez; e daí não sairá até que tenha devolvido o último centavo.

6) A esse respeito, também foi dito: Que a sua esmola fique suando nas mãos, até que você saiba para quem a está dando. (Didaqué, 1970, p. 9-10)

Em 1883, dez anos depois de sua descoberta, foi editado pela primeira vez por Mons. Bryennios, em Constantinopla. Depois, em 1887, o documento foi levado para Jerusalém, deixado na biblioteca patriarcal, onde se encontra até hoje. Com o passar do tempo, o documento foi editado várias vezes, estudado e pesquisado por muitos especialistas.

Há numerosas menções de passagens da *Didaqué* nos escritos dos primeiros séculos cristãos, pois esse documento teve papel relevante, sobretudo no Oriente, onde foi considerado por alguns como inspirado. Essa é a razão pela qual Eusébio de Cesareia colocou-o entre os apócrifos, reconhecendo que não é obra de nenhum dos Apóstolos (HE III 25,4). De fato, o documento nada contém da pregação evangélica ou que lembre a pregação dos Apóstolos, mas é muito precioso porque contempla um retrato fiel de uma comunidade cristã da época imediatamente posterior aos Apóstolos. Esse documento é uma espécie de catecismo, ou seja, um compêndio de preceitos morais, de instrução sobre a organização das comunidades, sobre a oração, o jejum, a administração do batismo e a celebração da eucaristia.

Quanto à origem, à data e ao lugar, nada sabemos. Há hipóteses baseadas no uso desse documento feito na Antiguidade Cristã. Usada com os livros do AT de Tobias, Judite, Ester, Sabedoria de Salomão e Eclesiástico, a *Didaqué* servia na catequese ou na instrução aos convertidos, bem como estava muito em voga no Egito, como provam os papiros e Santo Atanásio. Acrescentam-se, ainda, as Constituições Apostólicas, os Cânones Eclesiásticos, a *Doutrina Apostolorum*, a *Carta de Barnabé* e citações esporádicas dos Santos Padres. Somam-se a estes também o *Papyrus Oxyrhynchus*, de 1782, e as traduções nas línguas copta, etiópica e georgiana.

A respeito do lugar de origem da *Didaqué*, há indícios de que seja um ordenamento da comunidade provavelmente da Síria, Palestina (ou Egito?), no começo do século II. O texto divide-se em cinco partes (16 capítulos), e o conteúdo doutrinal é o seguinte: ensinamento para o comportamento da comunidade relativo à ética (1-6), à liturgia (7-10), às relações com os profetas itinerantes e cristãos andarilhos (11-13), à vida da comunidade (14-15) e à escatologia (16). Como na *Carta de Barnabé* (18-20), os Capítulos 1-6 contêm a doutrina dos dois caminhos, método usado nas sinagogas da diáspora judaica. É possível que ambas tenham aproveitado uma fonte comum de cunho marcadamente como vida e morte; na *Carta de Barnabé*, fala-se em luz e trevas.

1.9.3 Inácio de Antioquia

Sobre Inácio de Antioquia, sabe-se que ele era pagão convertido ao cristianismo (HE, 3,36) e que foi o terceiro bispo de Antioquia, portanto sucessor de Pedro. Durante a perseguição movida por Trajano, foi preso e levado a Roma para ser devorado pelas feras e, durante a longa viagem – trajeto de Antioquia, na Síria, até Roma –, escreveu sete cartas às Igrejas que ficavam no caminho.

Na época, Antioquia era uma cidade muito importante, igualada a Roma e a Alexandria. O caminho seguido era a via romana, ao longo da costa mediterrânea. No momento em que Inácio escreveu as três cartas, estando ele em Trôade, é possível descobrir os traços de sua personalidade em poucas linhas, como fez São Jerônimo em seu *De viris illustribus*:

> Inácio, terceiro bispo, depois o Apóstolo Pedro, da Igreja de Antioquia, foi enviado preso a Roma, condenado às feras durante a perseguição movida por Trajano. Chegando por mar a Esmirna, onde Policarpo, o ouvinte de João, era bispo, escreveu uma carta aos Efésios, outra aos magnésios, e uma terceira aos tralianos e a quarta aos romanos. Partindo daí escreveu aos filadélfios, aos esmirnenses e em particular ainda a Policarpo, recomendando-lhe a Igreja de Antioquia. (Arns, 1970, p. 11)

Esse relato de São Jerônimo foi tomado de empréstimo a Eusébio (IE, 33,36) e só pode ser completado a partir de informações gerais de que dispomos sobre a história da Antiguidade (Arns, 1970).

No que se refere especificamente à doutrina, a seguir, apresentamos um breve resumo das cartas de Inácio de Antioquia:

- Cristo é chamado por ele simultaneamente de *gerado* e *não gerado de Maria e de Deus* (Ef 7,2) e de *atemporal, o invisível* (Ad Polyc 3,2).
- A espera dos Profetas se fez plena realidade: Cristo se tornou para eles (*in descensos ad ínferos?*) estando presente (Filad 5,2; 9,1; Magn 9,2).

- A eucaristia é, para Inácio, carne de Jesus, carne que padeceu por nós todos, "remédio de imortalidade e antídoto contra a morte" (Ef 20,2).
- Inácio chama a Igreja de *altar do sacrifício (e do incenso)* (Ef 5,2; Tral 7,2; Fil 4), lembrando, assim, o termo *thusia* da *Didaqué*.
- As cartas de Inácio pressupõem a existência de bispo à frente de cada comunidade e consideram o episcopado monárquico uma instituição espontânea, segundo a natureza das coisas.
- Em síntese, os fiéis, os presbíteros, os diáconos e os bispos seriam como um componente uno, formando uma unidade que desempenha a função do altar do sacrifício e do incenso de louvor.
- A comunidade é o lugar de Deus e o Corpo de Cristo. Inácio fala de "bispos estabelecidos até nas regiões mais longínquas" (Ef 3,2).
- Em todas as cartas, com exceção da carta aos romanos, Inácio exorta à unidade no seio da Igreja, que consiste na estreita união com a hierarquia, quer dizer, com o bispo, os presbíteros e os diáconos. Cristo, o bispo e a Igreja vinculam-se para ele na mais perfeita união (Smyrn 8).
- Nas cartas de Inácio, pela primeira vez, é utilizada a nomenclatura *Igreja Católica* (Smyrn 8,2).
- Nas cartas, a comunidade de Roma é distinguida entre as demais com um cabeçalho particularmente solene, composto de extraordinário número de *"epitheta ornantia"*. Inácio declara, provavelmente em dependência de Rom 1,8 e 1Clem 5s, que a comunidade de Roma ocupa um lugar proeminente na fé e na caridade, salientando a fé ainda mais que a caridade, ao dizer: "aquela que também preside na região da terra dos romanos, digna da caridade".
- Em Rom 3,1, alude com verossimilhança à *1ª Carta de Clemente*, ao falar do magistério da Igreja de Roma em relação às outras Igrejas: "jamais tiveste inveja de alguém, instruístes a outrem" (Rom 3,1). Já se percebem nitidamente a superioridade e as efetivas primazias da

Igreja de Roma. Todavia, a reiterada e comum tradução de *prokatheumene tês agapés* como "Igreja que preside na caridade" (= Igreja universal) não é exata (Altaner; Stuiber, 1972), considerando-se o contexto e as concepções habituais de Santo Inácio. Seria mais acertado traduzir: a que tem a precedência também na caridade, entendendo por *agapé* a suma vida nova, que, com o amor de Cristo, penetrou no mundo e constitui a essência do cristianismo (Altaner; Stuiber, 1972). As antigas versões latinas, siríacas e armênias e, antes de tudo, a passagem de Rom 9,3 opõem-se à primeira interpretação.

- Em sua carta à Igreja de Roma 4,3, são mencionados São Pedro e São Paulo, destacando-se sua autoridade entre os romanos, o que constitui indiretamente um valioso testemunho da estada de ambos em Roma.
- Inácio recomenda a virgindade, no sentido paulino; o matrimônio deve ser contraído "com o consentimento do bispo" (Polyc 5,2).

1.9.4 Policarpo de Esmirna

Segundo a tradição da história, Policarpo, bispo de Esmirna, escreveu apenas uma carta, em 14 capítulos, endereçada aos filipenses. Não obstante, Irineu de Lião menciona ainda outras. O que sabemos é que o Capítulo 9 dessa carta pressupõe a morte de Inácio, ao passo que o Capítulo 13 pede aos filipenses novas notícias sobre seu destino. Desse modo, podemos concluir que se trata de uma fusão de duas cartas, e o Capítulo 13 – caso se considere com 1Filp – é o breve escrito que acompanha as cartas de Inácio, que Policarpo enviou à comunidade de Filipos a pedido desta.

Segundo Fischer (1976), o que deve ter acontecido foi que, em sua passagem por Filipos, Inácio pediu aos filipenses que escrevessem a Antioquia. Estes o fizeram imediatamente, enviando a carta a Policarpo em Esmirna, para que a fizesse chegar ao seu destino e, ao mesmo tempo, pedindo para que lhes remetesse as cartas de Inácio que estavam em seu poder. Essa sequência situaria a 1Filp em proximidade cronológica imediata com a viagem de Inácio para a morte.

Resumindo o conteúdo de 2Filp, de Policarpo, temos:

- Saudação: Policarpo e os presbíteros que estão com ele, à Igreja de Deus como estrangeira em Filipos. A misericórdia e a paz sejam dadas em plenitude pelo Deus Todo-Poderoso e por Jesus Cristo Nosso Salvador.
- Capítulo 1: fé dos filipenses.
- Capítulo 2: convite a crer em Cristo ressuscitado.
- Capítulo 3: explicação do motivo pelo qual Policarpo está escrevendo a carta.
- Capítulo 4: amor ao dinheiro, raiz de todos os males; dever dos esposos; dever das viúvas.
- Capítulo 5: dever dos diáconos; dever dos jovens.
- Capítulo 6: dever dos presbíteros.
- Capítulos 7, 8 e 9: imitar a perseverança de Cristo dos mártires.
- Capítulo 10: amor fraternal.
- Capítulos 11 e 12: o caso Valente.
- Capítulo 13: breve escrito de Policarpo à comunidade de Filipos.
- Lacuna do Capítulo 14.
- Capítulo 15: recomendações e saudações finais.

1.9.5 Hermas e sua obra *O Pastor*

De acordo com estudiosos das obras da literatura antiga, como Hamman (1995) e Quasten (1980), *O Pastor*, de Hermas (Altaner; Stuiber, 1972), ainda não entregou seus segredos. De fato, é uma obra enigmática, na qual se entrecruzam elementos apocalípticos, alegóricos e autobiográficos. Ainda que tradicionalmente se tenha recorrido a essa obra para ilustrar as origens da segunda penitência, isto é, a remissão dos pecados cometidos após o batismo, a obra contempla também sua escatologia, seu intento de expressar a transcendência e a missão do Filho. Constam ainda ensinamentos morais e espirituais.

A obra O *Pastor* gozou de grande prestígio e influências nos primeiros séculos de nossa era, a ponto de ser considerada canônica, e muitos autores reconheceram amplamente sua parte moral.

O livro contém três partes: as visões, os preceitos e as parábolas (também chamadas de *similitudes*). Trata-se de uma compilação de dois livros anteriores ao século II, um deles (correspondente às Visões I-IV) obra de um certo Hermas e o outro (correspondente à Visão V) constituído por preceitos e parábolas, de autor anônimo.

Ao que parece, também essas duas obras tiveram fontes hebraicas. A primeira parte (Visões I-IV) apresenta-se sob um aspecto semiautobiográfico, semirromanesco: uma anciã (símbolo da Igreja) aparece a Hermas, tranquiliza-o sobre a gravidade dos pecados de que ele se acusa (Visão I) e confia-lhe uma missão: deve dar a conhecer o texto de um livro que ela lhe entrega e anuncia um dia de perdão para os cristãos que pecaram depois do batismo, com a condição de que se arrependam (Visão II). Na visão III, Hermas vê uma torre construída com todo tipo de pedras, umas belas, outras rachadas; a anciã explica a ele que essa torre é a imagem da Igreja, que tem em si santos e pecadores arrependidos; é preciso apressar-se em fazer penitência, pois, uma vez construída a torre, será tarde demais.

Em seguida, Hermas vê um monstro; uma jovem (na qual se reconhece a Igreja) rejuvenescida lhe diz ser símbolo da grande provação que está por vir (Visão IV).

Na Visão V, aparece o Pastor, que ordena a Hermes transcrever seus preceitos e suas parábolas. Os preceitos anunciam os Doze Mandamentos em relação a Deus e ao próximo:

1. fé em Deus Criador;
2. caridade e simplicidade;
3. amor da verdade;
4. castidade, matrimônio, segundo matrimônio;
5. paciência e cólera;
6. as duas vias;
7. temor de Deus, mas não do diabo;
8. ações de que se deve abster;
9. oração;
10. tristeza e alegria;
11. verdadeiros e falsos profetas;
12. maus desejos.

Por sua vez, as parábolas se apresentam como quadros, que servem para pôr em relevo pontos doutrinais ou morais. O Pastor explica a Hermas a parábola do olmo e da vinha, figuras do rico e do pobre: o olmo sustenta a vinha, que adorna o olmo (I); depois, a parábola das árvores secas e das verdejantes, símbolo dos pecadores e dos justos (II); a luta entre o bem e o mal na alma humana (III-IV); a parábola dos vinhateiros, do senhor e do escravo zeloso (V); a parábola dos dois pastores: um representando o anjo da volúpia, o outro o da penitência (VI-VII); as parábolas VIII a IX fazem de novo aparecer a Igreja sob dois símbolos: a árvore e a torre. A última parábola serve como conclusão à obra: Hermas deve fazer penitência e perseverar, deve ainda ensinar aos outros a salvação; enquanto a torre não estiver concluída, é tempo de fazer penitência.

Essa obra, que se apresenta como revelação, exerceu grande influência na literatura cristã e contribuiu, entre outras coisas, para afirmar a ideia de que os pecados cometidos depois do batismo poderiam ser perdoados, mas uma única vez, limite este que foi mantido nos séculos seguintes para penitência pública.

1.9.6 Papias de Hierápolis, testemunho dos Apóstolos

Conforme a tradição patrística, Papias de Hierápolis foi discípulo de São João, companheiro de Policarpo (Iren Haer. 5,33,4) e bispo de Hierápolis (HE 3,36,2; 2,15,20). Para que possamos nos situar no espaço, é válido saber que, atualmente, o sítio arqueológico de Hierápolis está no local chamado Pamukkale (Castelo de algodão), no território da Turquia.

Papias de Hierápolis foi autor de um livro chamado *Explicação das sentenças do Senhor*, publicado por volta dos anos 130/140. Essa obra exerceu muita influência em Irineu, em Hipólito e em Vitorino de Petau. No entanto, restam apenas 13 fragmentos da obra, que foram conservados por Irineu (Adv. Haer 15,13,40) e por Eusébio (HE II.15,2; III.36,2; 39,1-17).

Papias dedicou sua obra à exegese das palavras e atos do Senhor, à introdução do escrito. Segundo Eusébio (HE III 39,15s),

> O Presbítero dizia o seguinte: Marcos, intérprete de Pedro, escreveu cuidadosa, não, porém, ordenadamente, as recordações das palavras ou ações do Senhor. Mas, conforme disse, efetivamente, ele jamais ouvira, ou seguira o Senhor. Mas, conforme disse mais

tarde, ele conviveu com Pedro, que pregava segundo a necessidade dos ouvintes, mas não elaborou uma síntese das palavras do Senhor. Assim ao escrever Marcos de acordo com as suas lembranças, não cometeu erro. Tivera o único propósito de nada omitir do que ouvira, sem impingir algo de falso.

É isso o que Papias narra acerca de Marcos. Infelizmente, não tivemos acesso diretamente aos fragmentos dos escritos de Papias.

1.9.7 *Carta de Barnabé*

Clemente de Alexandria, Orígenes e a tradição escrita, em geral, atribuem a *Carta de Barnabé* ao Apóstolo de mesmo nome. Eusébio (HE 3,25,4) e Jerônimo (Vr ill.6), ao contrário, rejeitam-na como apócrifa.

> Entre os apócrifos, ponham-se o livro dos *Atos de Paulo*, a obra intitulada *O Pastor*, o *Apocalipse de Pedro*, além disso a *Carta atribuída a Barnabé*, o escrito chamado *A Doutrina dos Apóstolos*, depois, como já dissemos, o *Apocalipse de João*, se parecer. Alguns, conforme já declarei, o rejeitam, mas outros o inserem entre os livros recebidos. (HE 3,25)

A seguir, apresentamos uma síntese do conteúdo da carta:

- 1ª parte (dogmática), 1-7: trata do valor e significado do Antigo Testamento (AT). Os preceitos de Deus relativos aos sacrifícios, à circuncisão e aos alimentos hão de ser compreendidos em um sentido mais elevado e espiritual; em lugar de sacrifícios exteriores, Deus exigiria um coração contrito; em vez da circuncisão da carne, a circuncisão do ouvido e do coração. Os judeus, seduzidos pelos anjos maus, forçaram o sentido da vontade de Deus, interpretando e cumprindo a Lei segundo a letra. O único meio para entender essa carta é o recurso à Sagrada Escritura e descobrir os sentidos escondidos nos escritos do AT. Na introdução, o autor afirma "não querer escrever como mestre" (Cap. 1).

- Barnabé proclama a preexistência de Cristo, que estava com Deus na criação do mundo – interpretação que o autor dá ao texto de Gn 1,26-27: "façamos o Homem à nossa imagem, como semelhança" (Barn 5,5). Ele se serviu da imagem do sol usada pelos poetas clássicos. A encarnação foi necessária por dois motivos: "O Filho de Deus se encarnou para por fim aos pecados daqueles que perseguiram os profetas. Por isso, aceitou sofrer. Em segundo lugar, ele decidiu sofrer por nós" (Barn 5,11-13).
- Os Capítulos 6 e 11 descrevem magnificamente como o batismo confere ao ser humano a adoção filial e imprime na alma a imagem e a semelhança divina (Barn 6,11-12).
- Interpretando o Salmo 1 e Ex 2,6, o autor afirma que o Batismo transforma o ser humano criado por Deus em templo do Espírito Santo (Barn 11).
- A cruz salvífica está simbolizada na oração de Moisés, orando de braços abertos, em Ex 17 e no episódio da serpente de bronze, como está narrado em Nm 21 (Barn 12,1-17).
- Jesus foi apresentado como filho de Deus, e não como filho do homem (Barn 12,8).
- A superioridade do povo mais jovem (os cristãos) sobre os mais antigos (os judeus) foi prefigurada na superioridade de Jacó sobre Esaú (Barn 13).

Por sua refutação radicalmente hostil do judaísmo, a carta representa um dos escritos mais singulares da literatura cristã antiga. A exegese alegórica da Escritura faz entrever a influência de Fílon, insinuando que talvez Alexandria seja a pátria do autor.

Sobre a data da carta, há um trecho (4,4) de citação de uma passagem de Daniel (7,24) sobre o fim do mundo, mas isso dificilmente permite uma exata cronologia a servir de base para o cômputo (96-98). Por exemplo, caso o texto 16,3ss aluda à reconstrução do templo de Jerusalém (130) por Adriano, e não à edificação do templo espiritual da Igreja, a data da composição poderia ter sido pouco depois do ano 130. Supondo-se, porém, que o texto de 11,9 cite o apocalipse grego de Baruc (6,10,7), a data poderia ser entre os anos 115 e 116, época de mestres e pastores, que foi um tempo de formação das comunidades cristãs primitivas.

Síntese

Neste capítulo, esclarecemos que a patrística é a base documental que nos permite acompanhar a marcha dos acontecimentos que marcam a trajetória da implantação da fé cristã real. Analisamos os termos *patrologia* e *patrística* conforme a literatura cristã antiga, que indica abordagens diferentes de uma mesma realidade no estudo dos Padres da Igreja e de suas obras no decorrer da vida da Igreja. Também examinamos o período patrístico, que durou do início das comunidades cristãs, surgidas com resultado da atividade dos Apóstolos, após Pentecostes, até o século VI d.C., no tempo de São Gregório Magno, papa.

Ainda, destacamos que estudar os Padres da Igreja é importante para que possamos conhecer o caminho da fé cristã no transcurso do tempo e da Igreja cristã com seus problemas, bem como a busca de soluções a partir do legado de Cristo aos continuadores de sua obra. Do ponto de vista teológico, o acervo dos escritos dos Padres Antigos após as Escrituras tem importância fundamental para oferecer uma reflexão teológica precisa. A patrística viabiliza uma rota para o conhecimento dos fundamentos da teologia cristã.

Nos primórdios do cristianismo, os Padres da Igreja atuaram no ambiente palestino com a pregação apostólica, e a principal figura desse período foi Paulo de Tarso, fariseu convertido a caminho de Damasco que teve a prova de Jesus Ressuscitado e recebeu a missão de evangelizar as nações (At 9,1-9).

Analisamos, ainda, as primeiras comunidades de fé cristã, lideradas por um Apóstolo ou algum missionário das primeiras horas de expansão do Evangelho. Também evidenciamos como o cristianismo nasceu no seio de um "caldo cultural" existente ao redor do Mar Mediterrâneo, em que o Império Romano convivia com as culturas grega e latina e com o judaísmo da Diáspora.

Ao estudarmos os primeiros cristãos, abordamos os mártires e vimos que esse termo refere-se àquele que dá testemunho da fé cristã e por ela está disposto a morrer. A segurança dos mártires podia suscitar o interesse e a admiração dos pagãos, como informa Tertuliano, mas também podia suscitar indiferença ou desprezo.

Por fim, examinamos os documentos dos Padres Apostólicos: *Cartas de Clemente de Roma aos Coríntios*; *Didaqué*, que é uma espécie de catecismo cristão; Inácio de Antioquia, bispo que caminhou sereno para ser martirizado em Roma; Policarpo de Esmirna, contemporâneo de Inácio; Hermas e sua obra *O Pastor*; Papias de Hierápolis, bispo que conheceu João, o Evangelista; *Carta de Barnabé*, de autoria hipotética, atribuída ao Apóstolo de mesmo nome.

Indicações culturais

PEREIRA, T. **Patrologia e patrística**. Disponível em: <https://www.ecclesia.com.br/biblioteca/pais_da_igreja/patrologia_e_patristica_ambito_e_definicoes.html>. Acesso em: 6 jun. 2022.

O QUE é patrística? Disponível em: <https://www.youtube.com/watch?v=3cgvD7XoS5s>. Acesso em: 7 set. 2020.

MELA, R. Paulo: vida, cartas e pensamento. **Instituto Humanitas Unisinos**, 24 nov. 2018. Disponível em: <http://www.ihu.unisinos.br/584909-paulo-vida-cartas-pensamento>. Acesso em: 6 jun. 2022.

AULA sobre patrística – Prof. Ivanir Signorini. Disponível em: <https://www.youtube.com/watch?v=PhhwG_VBGjE>. Acesso em: 6 jun. 2022.

VERITATIS SPLENDOR. **Introdução mínima aos Padres Apostólicos**. 26 mar. 2010. Disponível em: <https://www.veritatis.com.br/os-padres-apostolicos/>. Acesso em: 6 jun. 2022.

DIDAQUÉ (Instrução dos Doze Apóstolos). Disponível em: <https://www.youtube.com/watch?v=yoIqR0oOiFg>. Acesso em: 6 jun. 2022.

Atividades de autoavaliação

1. O termo *patrologia* começou a ser usado pela primeira vez no século XVII pelo teólogo alemão luterano Johannes Gerhard, na obra intitulada *Patrologia sive de primitivae Ecclesiae doctorum vita et lucrubrationibus opus postmum* (*Patrologia ou obra póstuma sobre a vida e o pensamento dos doutores da Igreja primitiva*). Sobre esse assunto, assinale alternativa correta:

    a) A patrística se distingue da patrologia pelo método de abordagem de seu objeto principal: examinar os escritos dos autores cristãos antigos naquilo que concerne a suas ideias e seus pensamentos sob o ângulo da fé autêntica e ortodoxa. Procura-se ressaltar o pensamento teológico dos Padres da Igreja.

    b) A patrística se distingue da patrologia e examina os escritos dos autores cristãos antigos naquilo que concerne a suas ideias e seus pensamentos sob o ângulo da fé autêntica e ortodoxa.

c) A patrística se distingue da patrologia pelo método de abordagem de seu objeto principal: examinar os escritos dos autores cristãos antigos naquilo que concerne a suas ideias e seus pensamentos sob o ângulo da fé autêntica. Procura-se ressaltar o pensamento filosófico desses Padres da Igreja.

d) A patrística é a mesma coisa que patrologia, e o método de abordagem de seu objeto principal é examinar os escritos dos autores cristãos antigos naquilo que concerne a suas ideias e seus pensamentos sob o ângulo da fé autêntica, não se preocupando com desvios heréticos.

2. A sociedade do início do cristianismo, na Palestina e nos arredores do Mediterrâneo, era composta de vários povos. Do ponto de vista religioso, predominava o judaísmo e havia alguma coisa da religião do Egito e dos romanos. Havia comunidades judaicas por toda a bacia do Mediterrâneo. Jesus nasceu em Belém de Judá. Sobre esse assunto, assinale a alternativa que expressa corretamente como foi o surgimento do cristianismo:

a) O cristianismo surgiu no seio de uma comunidade hebraica e desenvolveu-se a partir de Jerusalém, expandindo-se até chegar ao Oriente, por meio das missões de Pedro.

b) O cristianismo surgiu no seio de uma comunidade judaica, expandindo-se até chegar ao Ocidente, por meio das missões de Mateus e Lucas.

c) O cristianismo surgiu no seio de uma comunidade aramaica e desenvolveu-se a partir de Jerusalém até Roma.

d) O cristianismo surgiu no seio de uma comunidade judaica e desenvolveu-se a partir de Jerusalém, expandindo-se até chegar ao Ocidente, por meio das missões de Pedro e de Paulo.

3. No ambiente sociocultural dos povos que viviam ao redor do Mediterrâneo, surgiram comunidades cristãs fundadas, em grande parte, pela atividade de Apóstolos, sobretudo de Paulo. Nesse ambiente, existiam comunidades das mais variadas culturas. Sobre esse assunto, assinale a alternativa que expressa corretamente como era aquele ambiente cultural e religioso:

   a) O cristianismo nasceu no seio de um "caldo cultural" muito variado, tendo o Brasil o maior número de católicos. Havia grande variedade de culturas e de religiões, com influências recíprocas. Quanto à política, o domínio era do Império Romano.

   b) O cristianismo nasceu em Roma, parte da Ásia e da África. Havia grande variedade de culturas e de religiões, com influências recíprocas.

   c) O cristianismo nasceu no seio da Igreja Católica e Luterana em um mundo composto por parte da Europa, da Ásia e da África. Havia grande variedade de culturas e de religiões, com influências recíprocas. Quanto à política, o domínio era do Império Romano.

   d) O cristianismo nasceu no seio de um "caldo cultural" muito variado, de um mundo composto por parte da Europa, da Ásia e da África. Havia grande variedade de culturas e de religiões, com influências recíprocas. Quanto à política, o domínio era do Império Romano. As autoridades romanas eram muito tolerantes, permitindo a coexistência das várias culturas, com suas línguas e suas religiões, desde que a autoridade imperial não fosse questionada. Essa tolerância dos romanos permitiu, até certo ponto, que o cristianismo evoluísse no contexto sociocultural greco-latino. Esse ambiente viabilizou que as primeiras comunidades cristãs surgissem seguindo o modelo das sinagogas.

4. Assinale alternativa que expressa corretamente o significado da denominação convencional de *Padres Apostólicos*:
   a) Costuma-se designar *Padres Apostólicos* um grupo de autores cristãos muito antigos que se apresentam como os continuadores diretos da obra dos Apóstolos. São autores de grande importância, pois oferecem um quadro autêntico e imediato da vida, dos sentimentos, das aspirações e das ideias das primeiras comunidades cristãs espalhadas pelas regiões da parte oriental do Mediterrâneo no período compreendido entre os séculos I e II da Era Cristã.
   b) A denominação de *Padres Apostólicos* foi apenas um uso convencional entre as comunidades cristãs primitivas.
   c) São autores de grande importância, pois oferecem um quadro autêntico e imediato da vida, dos sentimentos, das aspirações e das ideias das primeiras comunidades cristãs espalhadas pelas regiões da parte ocidental.
   d) Costuma-se designar *Padres Apostólicos* um grupo de autores pagãos muito antigos que se apresentam como os continuadores diretos da obra dos Apóstolos. São autores de uma grande importância, pois oferecem um quadro autêntico e imediato da vida, dos sentimentos, das aspirações e das ideias das primeiras comunidades cristãs.

5. Assinale alternativa que expressa corretamente as informações sobre o documento *Didaqué*:
   a) Em 1873, foi encontrado pelo metropolita grego Mons. Filoteo Bryennios, na biblioteca do Santo Sepulcro, em Constantinopla (hoje Istambul), um rolo de manuscritos em grego, datado de 1056. Entre os vários manuscritos, encontrava-se um dos documentos mais importantes da era pós-apostólica, com o título *Didaqué* ou *Ensino dos Doze Apóstolos*. Em 1883, dez

anos depois de sua descoberta, foi editado pela primeira vez por Mons. Bryennios em Constantinopla. Depois, em 1887, o documento foi levado para Jerusalém, deixado na biblioteca patriarcal, onde se encontra até hoje. Com o decorrer dos tempos, o documento foi editado várias vezes, estudado e pesquisado por muitos especialistas.

b) É um documento que foi encontrado, em 1882, por Inácio de Antioquia, na biblioteca do Santo Sepulcro, em Constantinopla (hoje Istambul). Em 1887, o documento foi levado para Jerusalém, deixado na biblioteca patriarcal, onde se encontra até hoje. Depois, com o decorrer dos tempos, o documento foi editado várias vezes, estudado e pesquisado por muitos especialistas.

c) São cartas escritas durante a longa viagem de Inácio de Antioquia, em 1873, pelo metropolita grego Mons. Filoteo Bryennios.

d) São cartas escritas durante a longa viagem de Inácio de Antioquia, em 1873, pelo metropolita grego Mons. Filoteo Bryennios da Síria até Roma. Antioquia era uma cidade muito importante, ao lado de Roma e de Alexandria. O caminho seguido era a via romana ao longo da costa mediterrânea.

Atividades de aprendizagem

Questões para reflexão

1. Como você avalia a contribuição dos Padres da Igreja para os dias atuais?

2. Comparando-se a defesa da fé cristã na época dos Padres Antigos da Igreja com os dias atuais, quais são os desafios que essa fé encontra no mundo contemporâneo?

2
Formação das escolas teológicas

Neste capítulo, abordaremos a formação das escolas teológicas, considerando desde o período de surgimento até os autores que as fundaram. Iniciaremos pelos apologistas gregos e latinos, cujas ações foram formadoras da consciência que resultou na escola teológica de Alexandria.

2.1 Apologistas gregos

O termo *apologista* teve origem no verbo grego *apologein*, que significa "defender ou apresentar algo de maneira a justificar e aprovar". Para a finalidade deste estudo, o termo *apologista* aplicado a escritores do início do cristianismo faz referência àqueles que escreveram com o objetivo defender a religião cristã contra as acusações dos pagãos, que eram acompanhadas de perseguições. No entanto, mesmo depois que o cristianismo se firmou no âmbito político, a literatura apologética continuou, e seu florescimento aconteceu durante os séculos II e III da Era Cristã.

Inicialmente, houve alguns precedentes, como At 14,15-20; 17,22-31 e trechos do Apocalipse. Mesmo assim, o primeiro documento apologético que conhecemos é a *Apologia*, que Quadrato dirigiu ao imperador Adriano (117-138) e da qual se conhece apenas um fragmento, mencionado por Eusébio de Cesareia em sua *História eclesiástica* (HE V,3).

2.1.1 Aristides de Atenas

Felizmente, estudiosos de literatura antiga não perdem tempo nem oportunidades de buscar documentos deixados nos arquivos mortos nos mosteiros antigos e nas igrejas antigas no Oriente e no Ocidente. Também no campo da patrologia, pesquisadores têm enriquecido o acervo de textos antigos que muito nos ajudam a compreender melhor as raízes da teologia católica e a práxis dos primeiros cristãos. Assim ocorreu com o texto da *Apologia*, de Aristides de Atenas, considerado perdido.

Atualmente, sabemos que Aristides foi um filósofo ateniense que teve a oportunidade de apresentar sua apologia ao próprio imperador Adriano, ou a seu filho Pio (138-161), nos primeiros anos de seu reinado.

De acordo com Altaner e Stuiber (1972), foi o estudioso americano Randel Harris quem encontrou o texto da *Apologia* em um manuscrito, em versão siríaca, na biblioteca do Mosteiro de Santa Catarina, no Monte Sinai. Contudo, foi o pesquisador J. A. Robinson quem teve mais sucesso: fez uma surpreendente descoberta da maior parte do texto grego, retocado livremente, inserido nos Capítulos 26 e 27 de uma obra intitulada *Vita Barlaam et Joseph*, narrativa incluída nas obras de São João Damasceno, último Padre do Oriente. Na atualidade, esses textos estão no British Museum.

2.1.2 Justino

Justino nasceu em uma colônia grega da Palestina, de nome Flávia Neápolis, antiga Siquém (hoje Nablus). Foi um filósofo de cultura vasta e que, depois de muitas peregrinações, converteu-se ao cristianismo em Roma, onde reuniu um grupo de discípulos e colocou sua sabedoria a serviço da fé – que, naquele momento, sofria fortes ataques do paganismo –, dando início à filosofia cristã.

Justino compôs duas *Apologias*, que originalmente teriam sido uma obra só, composta por volta do ano 153, mas que chegaram até nós divididas. Compôs também um *Diálogo com o judeu Trifão*. Há, ainda, vários escritos transmitidos sob o nome de Justino, mas são apócrifos ou têm autoria contestada. Vejamos um trecho da *I Apologia*:

> Teologia da eucaristia
>
> 66 Este alimento se chama entre nós eucaristia, da qual ninguém pode participar, a não ser que creia serem verdadeiros nossos

ensinamentos e se lavou no banho que traz a remissão dos pecados e a regeneração e vive conforme o que Cristo nos ensinou. De fato, não tomamos essas coisas como pão comum ou bebida ordinária, mas da maneira como Jesus Cristo, nosso Salvador, feito carne por força do Verbo de Deus, teve carne e sangue por nossa salvação, assim nos ensinou que, por virtude da oração ao Verbo que procede Deus, o alimento sobre o qual foi dita a ação de graças – alimento com o qual, por transformação, se nutrem nosso sangue e nossa carne – é a carne e o sangue daquele mesmo Jesus encarnado. Foi isso que os Apóstolos nas memórias por ele escritas, que se chamam Evangelhos, nos transmitiram que assim foi mandado a eles, quando Jesus, tomando o pão e dando graças disse: "Fazei isto em memória de mim, este é o meu corpo". Igualmente, tomando o cálice e dado graças, disse: "É o meu sangue", e só participou isso a eles. É certo que isso também, por arremedo foi ensinado pelos demônios perversos para ser feito nos mistérios de Mitra; com efeito, nos ritos de um novo iniciado, apresenta-se pão e uma vasilha de água com certas orações, como sabeis ou podeis informar-vos. (Taciano, 1995, p. 81-82)

De modo geral, sobre a obra de Justino, é possível afirmar:

- Em *I Apologia* (datada possivelmente de 150-153), percebem-se duas partes: a primeira (1-12) é de caráter bastante negativo, pois refuta todas as acusações dirigidas aos cristãos; a segunda parte é mais positiva e mais longa, consagrada à prova da divindade de Cristo.
- Justino usa as profecias do Antigo Testamento (AT) para fundamentar sua argumentação (30-53).
- Há uma carta anexada à primeira *Apologia*. A missiva é do imperador Adriano dirigida a Minúcio Fundano, procônsul da Ásia, que exigia processos legais contra os cristãos (Cap. 68).
- A *II Apologia* é habitualmente designada como apêndice da primeira, porém mais extensa.

- Há diversidade de opiniões a respeito da *II Apologia*. De acordo com Altaner e Stuiber (1972, citando Schwartz), ela é originariamente a conclusão da *I Apologia*.
- Sob a influência das informações de Eusébio a respeito das duas apologias de Justino, teria sido apresentada a segunda, arbitrariamente, nos manuscritos, como escrito independente.
- Ainda conforme Altaner e Stuiber (1972), K. Hubik considera a *II Apologia* como uma réplica independente ao ataque do rétor Frontão, durante os anos de 164-165. G. Bardy fixa, de modo semelhante, a data de composição como posterior ao ano 161. Já A. Ehrhardt prefere adotar a tese de duas apologias independentes, sendo a primeira datada do ano 150.

Justino foi martirizado, junto a seus discípulos, entre 163 e 167, com a sanha e a crueldade das autoridades romanas.

2.1.3 Teófilo de Antioquia

Teófilo de Antioquia é um dos padres sobre os quais mais temos informações, sobretudo por meio dos escritos de Eusébio (HE IV, 24). Teófilo nasceu de pais pagãos em uma localidade de cultura helênica, situada às margens do Eufrates, e converteu-se já adulto ao cristianismo. Mais tarde, foi bispo de Antioquia. Escreveu três livros *Ad Autolycum*, redigidos pouco depois do ano 180.

A obra *O amigo* foi escrita como apologia de sua fé cristã, em especial porque Autólico (um amigo de Teófilo) era pagão e não se conformava com a ideia de que alguém pudesse ser cristão. Nessa obra, é mencionado o nome do imperador Marco Aurélio, falecido no ano 180.

Por sua vez, a obra *Apologia* é composta por três livros:

1. O primeiro procura responder às objeções contra a fé em um Deus invisível e a crença na ressurreição dos mortos, buscando dar um ensinamento sem entrar em controvérsias.
2. O segundo livro coloca em destaque as contradições dos poetas e filósofos gregos a respeito de Deus e da origem do mundo; Teófilo lhes contrapõe o testemunho dos profetas inspirados por Deus. Nesse livro, encontra-se o primeiro comentário cristão do Começo de Gênese.
3. O terceiro livro demonstra a superioridade do cristianismo a partir do ponto de vista moral e, em relação às objeções sobre a origem recente da fé cristã, oferece uma crônica do mundo em que Moisés é anterior a Homero e a outros escritores gregos mais antigos.

Teófilo de Antioquia foi o primeiro a testemunhar o emprego do termo *doutrina*, usando-o anteriormente com base na raiz trias (Trindade), a respeito da divindade. Em geral, ele designa as Pessoas divinas pelos nomes: Deus, Logos e Sabedoria (2,15): "Antes da criação do universo, Deus gerou o Logos, que era imanente nele; foi este Logos que falou com Adão no paraíso" (2,10,22); e "A alma humana não foi criada mortal ou imortal, porém sujeita à mortalidade ou imortalidade, em consequência da decisão do livre arbítrio" (2,27; cf Justino, Dial. 5 Irineu, 4,430).

De acordo com Altaner e Stuiber (1972), há ainda uma diferença importante entre Justino e Teófilo de Antioquia no que se refere à nomeação dos Evangelhos. Para o primeiro, os Evangelhos são chamados de *memórias dos Apóstolos*, mas, para o segundo, os evangelistas são equiparados aos profetas, uma vez que são inspirados, portadores do Espírito. Os Evangelhos e as Epístolas de Paulo receberam a denominação de *palavra santa e divina*. Teófilo foi o primeiro a declarar expressamente a inspiração do Novo Testamento (2,22; 3,13s).

2.1.4 Taciano, bárbaro e assírio

Taciano foi um homem de fé profunda, mas conhecido por ser muito radical contra gregos e romanos. Ele afirmava, logo de início, que não era nem grego nem romano, era bárbaro, nascido no "país dos assírios".

Estudou filosofia, viajou por muitos lugares, certamente no Oriente Médio e vizinhanças do Mediterrâneo, onde campeava a cultura greco-romana. Finalmente, acabou morando em Roma, onde Justino, já convertido ao cristianismo, mantinha uma escola de filosofia com um grupo de discípulos, ao qual Taciano se uniu.

Depois do martírio de Justino, Taciano deixou Roma e voltou para o Oriente, que compreendia a Síria e a Mesopotâmia. Aderiu à seita dos encratistas (de *encrateia*, ou "continência"), uma forma de ascetismo da Igreja antiga que, logo cedo, ficou tida com suspeita, pois recusavam os bens criados por Deus para uso e serviço dos homens (cf. 1Tm 4,1-5).

Taciano propagou a abstinência do matrimônio, o uso do vinho e da carne, mas nem por isso deve ser considerado gnóstico propriamente dito, segundo Irineu (Haer. 1.28.1; Clem Al. Strom. 3.128s). Apoiando-se em Epifânio, suprimiu o uso do vinho pela água na celebração da eucaristia, como faziam os membros da seita dos aquários. Mais tarde, Taciano exerceu suas atividades na Síria, na Cilícia e na Pisídia (Irineu, Haers). Vejamos um trecho de sua obra:

> Deus existia no princípio, mas nós recebemos da tradição que o Princípio é a potência do Verbo. Com efeito, o Senhor do universo, que é por si mesmo o sustentáculo de tudo, enquanto a criação não tinha ainda sido feita, estava só. Mas enquanto estava com ele toda a potência do visível e do invisível ele próprio sustentou tudo consigo mesmo, por meio da potência do Verbo. Por vontade de sua simplicidade sai o Verbo e o Verbo, que não cai no vazio, gera a obra primogênita do Pai. Eu fico vazio.

> Sabemos que ele é o princípio do mundo, mas produziu-se não por divisão, e sim por participação. De fato, o que se divide fica separado do primeiro, mas o que se faz por participação, tomando caráter de uma dispensação, não deixa em falta aquilo de onde se toma. A mesma forma que de uma só tocha se acendem muitos fogos, mas o fato de acender muitas tochas não diminui a luz primeira, assim também o Verbo, procedendo da potência do Pai, não deixou sem razão aquele que havia gerado. É assim que eu mesmo estou falando e vós me escutais e certamente não porque a minha palavra passe a vós eu fico vazio de palavras ao conversar convosco. Ao emitir a minha voz, eu me proponho a ordenar a matéria que está desordenada em vós. Da mesma forma que o Verbo, gerado no princípio, depois de fabricar a matéria, gerou por sua vez ele próprio, para si mesmo a nossa criação, também eu, regenerado à imitação do Verbo e compreendido que tenho a verdade, trato de organizar a confusão da matéria cuja origem participo. Com efeito, a matéria não é sem princípio como Deus, nem por ser princípio é igual a Deus em poder, mas foi criada e não foi criado por outro, e sim por aquele que é criador de todas as coisas. (Taciano, 1995, p. 69-70)

O *Discurso aos helenos* é uma obra magnífica do ponto de vista de demonstração de cultura vasta sobre as origens da cultura grega e de suas divindades. Esse discurso, dirigido às pessoas cultas, não é propriamente uma apologia, é mais uma propaganda, que em grego se dizia *protréptico*. Nele, o autor justificou o abandono da filosofia grega e a conversão à "filosofia bárbara" do cristianismo. Taciano pretendia provar a verdade do cristianismo pela doutrina cristã sobre Deus, o mundo e os seres humanos (cf. 4,30) e pela oposição à cultura helênica (22,2). Narrou sua conversão e alegou como comprovante sua antiguidade (31,41).

Na busca e no desejo de encontrar a verdade única, Taciano rejeitou a filosofia grega, que se dividia em escolas, mas permaneceu adepto da sabedoria popular e da do médio platonismo. Travou um violento combate contra a mitologia, a, poesia, a retórica e as belas artes, pois considerava a maior parte das obras gregas como sem valor, insensatas e luxuriosas e com o mau exemplo dos deuses gregos, que agiam de maneira nada recomendável. Os Capítulos 33 a 35 dessa obra oferecem um catálogo de artista de grande interesse para a arqueologia. É provável que esse discurso tenha sido destinado à publicidade desde o início, isto é, desde o início da abertura da escola de Justino.

> Essas são as coisas, ó gregos, que compus para vós, Eu Taciano, que professo a filosofia bárbara, nascido em terra dos assírios, formado primeiramente em vossa cultura e depois nas doutrinas que agora anúncio como pregador. Já conhecendo quem é Deus e sua criação, apre sento-me a vós disposto ao exame de meus ensinamentos, advertindo que jamais reneguei minha conduta segundo Deus. (Taciano, 1995, p. 63)

O *Diatessaron* é uma fusão dos quatro Evangelhos, que faz uma espécie de concordância e insere as passagens dos sinóticos na estrutura cronológica do Evangelho segundo João. Vale notar que Taciano utilizou muito livremente os textos e recorreu até mesmo a elementos apócrifos em sua obra, trazendo inconfundíveis vestígios das tendências encratitas e antijudaicas. A Igreja síria usou o *Diatessaron* até o século V, com a finalidade de facilitar a leitura dos Evangelhos nas celebrações litúrgicas (Altaner; Stuiber, 1972).

2.1.5 Diogneto, destinatário de um documento

Em Constantinopla, em meados do ano 1426, foi encontrado um manuscrito que passou a ser designado pela letra F. Esse documento contém diversos escritos de cunho apologético, tendo sido cinco deles erroneamente atribuídos a Justino; o último deles se intitula *A Diogneto*. De acordo com Di Beradino (2002), Stephanus, em sua edição *princeps* (1592), chamou esse escrito de *epístola* (carta), provavelmente por ter sido endereçada a um não identificado personagem por nome D.; trata-se, na realidade, de uma obra que se insere, embora em senso lato, na esteira da tradição apologética e que se desenvolve e se conclui com uma exortação a abraçar a fé cristã.

O primeiro questionamento que poderíamos fazer aqui é sobre o destinatário: Quem seria Diogneto? Uma pessoa? Uma comunidade? Não sabemos. Isso porque o que temos é um documento sobre o cristianismo antigo em forma de carta. A indicação inicial *A Diogneto* remete provavelmente a um nome fictício.

Da maneira como o documento está redigido, parece mais propriamente uma resposta a um composto de perguntas feitas por alguém interessado em ter informações sobre determinado assunto. Como se fazem perguntas a quem possa responder com precisão e competência, foi assim que a pessoa (ou a comunidade) que escreveu a carta o fez; perguntou a algum cristão competente, de cultura helenista e muito bom na arte da retórica e bom apologista – para a finalidade deste estudo, não entraremos em detalhes sobre sua origem, tampouco sobre quando e como encontrar as discussões sobre sua forma literária.

O documento é uma excelente e bela apologia com acenos teológicos profundos. Muitas perguntas podem ser feitas a respeito do porquê do sucesso tão evidente na nova religião, embora seus cultores (fiéis) tenham enfrentado tantas dificuldades, como desprezo do mundo material, enfrentamento da morte (possivelmente violenta) e rejeição dos deuses pagãos. Certamente, Diogneto queria saber que Deus era aquele no qual seus fiéis confiavam, que tipo de culto celebravam, de onde provinha aquela raça nova e qual era a causa de seu aparecimento tardio na história.

Nesse sentido, foi com a finalidade de responder aos questionamentos propostos por Diogneto que alguém escreveu este documento que vem sendo chamado de *joia da literatura cristã primitiva*. Sobre essa carta, destacamos os seguintes pontos:

- Motivo da carta: perguntas de Diogneto.
- Prólogo (1). Inicialmente, faz a crítica do paganismo e do judaísmo (2-4). Em seguida, dá a célebre descrição da vida e da conduta terrena dos cristãos: "que são no mundo o que a alma é para o corpo" (5).
- O autor explica que Deus mesmo é a origem do mundo e da religião cristã (6-7). Ele nos enviou seu Filho para nos revelar sua essência, que não é de pau, pedra ou outra substância material, como são os ídolos pagãos.
- A vinda do Filho para revelar o Pai era esperada por todos os seres humanos. Essa vinda foi preparada, por disposição divina, desde o princípio (8). Sua demora ocorreu por razão pedagógica: os homens deviam tomar consciência de sua incapacidade congênita e sentir a necessidade da redenção (9).
- É interessante lembrar aqui o texto de Hbr. 1,1-2. Deus quis que os homens sentissem sua incapacidade de se salvar por si mesmos e conclui (10): se Diogneto abraçar a religião dos cristãos, Deus suscitará também nele o genuíno amor de Deus e dos homens.

2.2 Apologistas latinos

Nesta seção, analisaremos as características principais e/ou obras de alguns dos apologistas latinos que consideramos mais importantes. Primeiramente, vale destacar que os apologistas latinos são os que escreveram em latim, embora, como base cultural, possamos dizer que eles provinham de cultura grega (início do cristianismo), que foi cultivada também pelos romanos (latinos).

2.2.1 Tertuliano

Tertuliano nasceu em Cartago, por volta do ano 155, foi um intelectual convertido à fé cristã e, logo cedo, empregou seus recursos mentais a serviço da fé em face dos pagãos, judeus e hereges gnósticos. Preocupou-se em expor a fé cristã pastoralmente aos fiéis da Igreja, aprofundou-se e desenvolveu-se em seus temas fundamentais.

Costuma-se dizer que, com Tertuliano, a apologética latina já nasceu adulta. Isso porque a literatura religiosa aparece em latim – surgiu principalmente na África, onde Roma havia estabelecido colônias. Por meio de Irineu, Tertuliano conheceu a chamada *teologia asiática*, com a qual modulou seu estilo vigoroso e preciso, traçando o quadro mental no qual a teologia do Ocidente se moveu, sempre marcada por uma certa tendência pelo existencial e prático (Tertuliano, 2020).

Tertuliano escreveu *Ad Nationes* e *Apologeticum* e, em seguida, *De testimonio de animae* e outra obra, *Ad scapulam*, uma carta aberta destinada ao procônsul da África, perseguidor dos cristãos.

> O conjunto da obra de Tertuliano é muito importante para o conhecimento da época, a sociedade, a cultura, a Igreja e a teologia da África. Além de sua teologia o P. Simiscalco enumera três grandes áreas de questões referentes à pessoa e à obra de Tertuliano que nos anos passados, de sua vida, ocuparam outras atenções. Eis o resumo dessas atitudes de Tertuliano: as relações de Tertuliano

com a sociedade e a cultura romana em que estava inserido e na qual recebera toda a sua formação intelectual, que era muito profunda e vasta. Ele conhecia muito bem o Grego e o Latim, bem como tinha uma excelente formação em eloquência na escola de Cartago. Ele rejeitava tudo o que pertencia a essa cultura romana ambiente: a formação pagã, o serviço militar e muitas outras coisas da *romanitas*. Para Tertuliano o cristianismo e *românias*, (ambiente e cultura romana), eram inconciliáveis. Às vezes parece que Tertuliano pode ser considerado como precursor da harmonia entre o cristianismo e a *civitas romana*. Certamente é preciso ver a posição ocupada pela África no Império Romano que marcou o pensamento de Tertuliano. (Drobner, 1994, 160-161)

Podemos notar alguns pontos mais importantes que a atitude de Tertuliano deixa perceber:

- O norte de África valorizava muito suas origens e tradições próprias mesmo em detrimento de Roma.
- Também o cristianismo da África do Norte não conseguia escapar, embora, segundo a tradição, suas origens tivessem vindo de Roma; todavia, há fortes indícios apontando para uma atividade missionária, real e intensa, provinda da bacia oriental do Mediterrâneo.
- A relação verbal da filosofia está em oposição com o uso que dela Tertuliano fez para desenvolver suas concepções teológicas.
- Tertuliano deu uma importante contribuição para o desenvolvimento do latim cristão; mesmo que não seja considerado o criador do latim cristão, com certeza pode ser considerado criador do latim cristão teológico.
- Em razão de sua formação apurada, já no início de sua atividade como escritor cristão, introduziu as formas literárias e a retórica da Antiguidade.

2.2.2 Cipriano de Cartago, bispo e mártir exemplar

Cipriano de Cartago foi bispo de Cartago entre os anos 249 e 258 e, segundo Di Beradino (2002), "uma das mais belas figuras de bispo0 que a história do cristianismo teve". Cipriano morreu mártir no tempo da perseguição de Valeriano.

A vida de Cipriano foi escrita pelo Diácono Pôncio, e esse trabalho mais parece um panegírico do que história, de modo que somente os Atos de seu martírio constituem um documento que relata o que de fato se aproxima da realidade.

Caecilius Cyprianus Tashius teve a vida e a obra profundamente marcadas pelas grandes perseguições aos cristãos que se estenderam por todo o Império, sob o domínio dos imperadores Décio e Valério.

Aos primeiros anos da adesão ao cristianismo (246-249) remontam também o *Quid idola dii non sint*, notas marginais para a leitura de Tertuliano e de Minúcio Felix, e os *Testimonia ad Quirinum*, um florilégio de citações bíblicas divididas por temas.

Preste atenção!

Resumo de algumas obras de Cipriano

- *Opusculum ad Quirinum* tem a forma de um monólogo dirigido pouco depois de seu batismo ao amigo Donato. Na obra, o autor descreve, com intuito apologético e com vibrante entusiasmo, a transformação e a felicidade experimentadas pelo retórico com a recepção do sacramento da regeneração. Parece um prelúdio das *Confissões* de Santo Agostinho.
- O escrito *Quod idola non sint dii* (*Os ídolos não são deuses*) é conteúdo pouco significativo.

- O *Testimoniorum Libri III ad Quirinum* (*III Livros dos Testemunhos para Quirino*), de 249-250, é uma coletânea de textos escriturísticos cujo conteúdo podemos resumir assim: 1º) polêmica contra os judeus; 2º) cristologia; 3º) espelho das virtudes cristãs.
- O tratado *Ad Fortunatum de exhortatione martyrii* (*Para Fortunato a respeito da exortação do martírio*), de 253-257, reúne sentenças bíblicas apropriadas para fortalecer os cristãos, mesmo durante o tempo das perseguições. Obra importante para o conhecimento do texto da tradução da Bíblia antiga para o latim, essa versão é conhecida no meio exegético sob o nome de *Vetus latina*.
- No *De ecclesiae unitate*, que possivelmente é simultâneo ao Sínodo de Cartago, de maio de 251, Cipriano impugna, sobretudo, o cisma de Novaciano em Roma e, ao mesmo tempo, o partido chefiado por Felicíssimo e Cartago. Enfatiza, incute e demonstra a obrigação de todo cristão de perseverar na Igreja Católica para a salvação de sua alma, isto é, em união com um legítimo bispo católico: "*habere non potest Deum parem qui ecclesiae non habet matrem*" ("não pode ter Deus como Pai quem não tem a Igreja como mãe"). Há outros escritos menores que podem ser consultados.

2.2.3 Minúcio Felix, advogado cristão em Roma

Possivelmente, Minúcio Felix (séculos II e III) foi anterior a Tertuliano. Era advogado e exercia seu ofício em Roma. Defendeu o cristianismo no diálogo *Octavius*, obra que chegou até nós. Há vários indícios de que o autor nasceu na África, era de família pagã e converteu-se ao cristianismo.

Octavius é um diálogo entre três amigos que estavam de férias de outono, reunidos em Óstia Tiberina: Cecílio, pagão; Otávio e Minúcio Felix, cristãos. Minúcio Felix relembra, de modo particular, que Otávio havia convertido Cecílio. Nos 40 capítulos, desenvolve uma arenga do pagão que defende a própria religião (5-15) e depois a resposta de Otávio, que demonstra a existência e a providência de Deus, defendendo as crenças cristãs – de modo especial, as que se referem à escatologia –, e refuta o paganismo.

A atenção de Minúcio concentra-se mais nos argumentos morais do que nos argumentos doutrinais, e não há citações das Escrituras, nem mesmo Jesus Cristo é mencionado explicitamente.

Minúcio Felix demonstra forte influência de Cícero e de Sêneca. De modo mais original do que as obras análogas, dos escritores dos séculos II e III, o elemento apologético parece ter sido uma escolha consciente dirigida a um auditório pagão culto, de que Cecílio é o representante: é preciso convencer com argumentos familiares e bem meditados – o que se confirma pelo gênero literário do diálogo, que dá "ao escritor preciosos recursos formais, na colocação da cena, feita por Minúcio com requinte de arte nas apresentações dos personagens, na habilidade com que estes podem ilustrar e sustentar, com todos os recursos da eloquência, a própria tese" (Di Beradino, 2002).

2.3 Características dos autores do período de formação das escolas teológicas

Antes de abordarmos especificamente as características do período de formação das escolas teológicas, é válido ter em mente que o cristianismo não modificou a estrutura da escola antiga nem introduziu novo método de ensinar. Isso porque, de modo geral, a forma de pensar dos Padres estava relacionada, de um lado, à educação da época, que vinha da cultura pagã clássica, e, de outro, à conversão ao cristianismo já em idade adulta, embora jovem.

Nesse sentido, a Igreja dos primeiros tempos limitou-se à pregação da mensagem evangélica e à primeira organização do culto, perdendo o interesse pelas instituições da sociedade profana. No entanto, por sua natureza fundada sobre a Escritura e sobre a "tradição" que se desenvolvia em torno desta, o cristianismo exigia um tipo de cultura especialmente literária e nunca recusou a função da educação (Di Beradino, 2002).

Os antigos escritores cristãos de língua grega, tais como Melitão de Sardes, Teófilo de Antioquia e Atenágoras, tornaram manifestos os sinais da educação na qual haviam cultivado a cultura clássica da retórica. Do mesmo modo, os cristãos das gerações seguintes e, depois, os latinos, ainda que oriundos de famílias cristãs, mostraram ter tido a mesma educação.

Na realidade, os escritores cristãos, mesmo aqueles que, teoricamente, tiveram menos benevolência para com a cultura profana, jamais se esqueceram de empregar em sua prosa os modelos clássicos, nos quais se inspiraram com abundância em todos os sentidos. A presença dos autores clássicos e da educação ambiente nos escritos cristãos se propagou muito lentamente, não por questões ideológicas, mas porque a própria cultura foi se degradando.

A exigência de conciliar a cultura profana com a fé foi perceptível mais vivamente a partir dos séculos II e III, em que os cristãos deixaram de viver em pequenos grupos e passaram a se integrar progressivamente na sociedade de seu tempo. Justino, por exemplo, converteu-se ao cristianismo depois de ter passado de uma educação filosófica a outra e, tranquilizado na posse da verdade cristã, não percebeu nenhum conflito entre cristianismo e helenismo.

Bem mais evidente que em Justino, a aceitação da cultura grega tornou-se discurso crítico em Clemente de Alexandria e genial reconsideração da filosofia helênica à luz das doutrinas cristãs em Orígenes. No discurso aos gregos, esse autor deixa muito clara, e de maneira extremamente irônica, sua concepção da cultura grega.

No Ocidente latino, a oposição à cultura tradicional é nítida em Tertuliano, em Arnóbio e, embora mais dissimulada, em Lactâncio: "o cristão deve encontrar toda sua satisfação intelectual na Escritura, e esta pode substituir, com a riqueza de sua doutrina, as artes liberais" (Di Beradino, 2002, p. 805-806).

Basílio de Cesareia deixou aos sobrinhos uma *Exortação aos jovens sobre o modo de tirar proveito da literatura pagã*, em que se viu, sem razão, uma defesa da cultura grega. Nesta, ao contrário, Basílio propõe uma atitude de cautela perante aqueles escritores e exorta a daí tirar somente aquilo que não vai contra a moral cristã.

Mais tarde, Teodoreto de Ciro, em um escrito sobre o modo de curar as moléstias helênicas, admitindo embora ter-se chegado à cultura grega com proveito, dela denuncia cruamente os erros e os danos e mostra sua obscuridade em face da verdade luminosa da Escritura.

De acordo com Altaner e Stuiber (1972), não há nenhuma informação a respeito do sistema educacional dos primeiros cristãos, uma vez que os grandes padres da época se formaram em escolas pagãs, pois não havia escola cristã. Era a família cristã que devia preocupar-se em educar os filhos, incutindo-lhes a ideia nova da moral cristã. Além disso, a literatura da época é bastante escassa. Por exemplo, João Crisóstomo tem uma exposição de suas ideias sobre a educação em um tratado intitulado *Da vanglória e da educação dos filhos*.

São duas as ideias expressas por Crisóstomo no tratado: na primeira parte, ele aborda brevemente os vícios principais da cidade de Antioquia – a luxúria e a dissolução dos costumes; na segunda, ele discute a educação, com objetivo de preservar a juventude, ensinando aos pais o modo correto de educar os filhos e as filhas.

Jerônimo, por sua vez, manifesta suas ideias sobre a educação nas Cartas 107 e 128, nas quais trata da educação das jovens. As normas de vida mais elaboradas estão em suas ordenações para a vida monástica, nas Cartas 14, 58 e 128.

Na realidade, o problema escolástico acabou por resolver-se, de fato, empiricamente. É certo que suscitou reservas o fato de os jovens educados por mestres pagãos, cujo ensinamento estava ligado à idolatria, aprenderem a mitologia e observarem as festas pagãs. Entretanto, não se encontrou um modo para se renunciar ao ensinamento profano, necessário também para sua maturidade e seu propedêutico para os estudos religiosos. É essa a posição do próprio intransigente Tertuliano (*De idolatria* 10).

Um exemplo de como o cristão podia ser educado nas escolas pagãs e, ao mesmo tempo, ser preparado para a doutrina cristã é de Orígenes, grande mestre alexandrino. Narra Eusébio (HE VI,2,8) que o jovem Orígenes foi enviado a percorrer as várias etapas dos estudos tradicionais e, ao mesmo tempo, devia instruir sobre a Sagrada Escritura. O pai de Orígenes devia interrogá-lo a esse respeito diariamente. Em outras palavras, a educação profana tinha de ser aprendida na escola da época segundo a pedagogia e o programa pagão e, em casa, o pai devia ministrar e avaliar os ensinamentos religiosos do cristianismo com base nas Escrituras Sagradas.

Na atividade literária dos apologistas, o cristianismo ultrapassou conscientemente as limitações do mundo ambiente nas quais tinha vivido até então. Iniciava-se, assim, a primeira e decisiva tentativa de transpor, com habilidosa adaptação, as correntes filosóficas em curso naquela época. As novas ideias de suas doutrinas eram expostas como o coroamento perfeito dos anseios culturais do mundo intelectual da época.

Até então, no meio popular circulavam pagãs calúnias sobre os cristãos, acusados de celebrar bacanais para praticar incesto. Os filósofos pagãos, durante o século II, levantaram-se contra os cristãos. Alguns escritos desses filósofos são conhecidos, entre eles o discurso do célebre rétor Frontão de Cirta, preceptor de Marco Aurélio, contra os cristãos. Os primeiros escritores cristãos puseram sua cultura humanística e filosófica a serviço da fé, em contexto de confronto e defesa.

2.4 Fundamentos da exegese bíblica

A origem cristã da escola de Alexandria está envolvida em certa obscuridade. O que sabemos é que, no final do século I, o cristianismo se difundiu na cidade e, consequentemente, entrou em um estreitíssimo contato com todos os elementos da cultura daquele local. Houve grande absorção e vivo interesse pelos problemas abstratos, o que levou à fundação de uma escola teológica. Assim, muito se deve ao ambiente em que nasceu e se desenvolveu a ciência sagrada a que damos o nome de *teologia*.

A escola de Alexandria, de modo geral, aplicou-se com especial cuidado à análise dos dados da fé e orientou-se em direção à filosofia de Platão e à interpretação alegórica dos textos sagrados. Entre os alunos e os doutores de Alexandria, há teólogos célebres, como Clemente, Orígenes, Dionísio, Pério, Petro, Atanásio, Dídimo e Cirilo.

Foi o judeu Fílon quem lançou, ainda antes do cristianismo, os fundamentos da exegese cristã, tomando por base uma visão de mundo platônico-estoica, de que o mundo visível não passa de imagem ou cópia feita pelo Demiurgo[1] do mundo verdadeiro, o mundo das ideias, por trás do sentido literal da Escritura Sagrada (AT). Fílon quis descobrir nisso um sentido espiritual mais profundo.

Para isso, seguia a exegese profana de Homero e de outros poetas, como era ensinado pela escola alexandrina. Para ele, também esses poetas e mestres, à luz da filosofia esclarecida, não podiam mais ser entendidos literalmente, de maneira que as explicações alegóricas trouxeram à tona o sentido mais profundo, filosófico e moral. Dessa forma, Fílon unia a formação helenística com a exegese e a teologia judaica – um processo para o qual a metrópole de Alexandria funcionava como berço do helenismo e como a pátria da maior comunidade judaica da Diáspora do e no Império Romano.

A Fílon é atribuída a autoria de aproximadamente sessenta obras, sobretudo comentários do Pentateuco e escritos filosóficos. Clemente de Alexandria, Orígenes, Gregório de Nissa, Ambrósio e Jerônimo conheceram essas obras ainda nos originais e delas se serviram; Eusébio e Jerônimo tinham tal apreço pela importância de Fílon para o cristianismo que o tratavam como se fosse cristão. Além disso, essas obras exerceram influxo em muitos autores Padres da Igreja.

A influência de Fílon de Alexandria foi grande no campo da exegese bíblica, da teologia e da espiritualidade dos Padres, por meio de Clemente, Orígenes, Gregório de Nissa e Ambrósio, que o conheciam diretamente.

---

1 De acordo com o filósofo Platão, trata-se do ser divino que tem o princípio de organizar o Universo.

2.4.1 Clemente de Alexandria

O grande representante da Escola de Alexandria é Titus Flavius Clemens, descendente de pais pagãos e possivelmente nascido em Atenas. Sua conversão ao cristianismo ocorreu após um tempo de longas viagens pelo sul da Itália, pela Síria e pela Palestina. Acabou instalando-se como mestre cristão particular em Alexandria.

Eusébio (HE V,11,1) diz: "Nesta ocasião, em Alexandria, Clemente, homônimo do antigo discípulo dos Apóstolos que havia dirigido a Igreja de Roma, celebrizou-se exercitando nas Escrituras divinas".

Não obstante, não sabemos com certeza quem foi Clemente presbítero, pois não é possível inferir isso dos fragmentos da obra O *pedagogo* (Paed. 1,37,3) nem da carta de Alexandre de Jerusalém, como informa Eusébio (HE VI,11,6):

> Assinalo que enviou esta carta a Clemente, escrevendo no final, nos seguintes termos: "Eu vos envio esta carta, meus senhores e meus irmãos, por intermédio de Clemente, o bem-aventurado presbítero, homem virtuoso e estimado, que por vós conheceis e logo ides ver, sua presença aqui, segundo a providência e supervisão do mestre, fortificou e aumentou a Igreja do Senhor".

Os críticos argumentam que, apenas com base nesse texto de Eusébio, não se pode afirmar com certeza que Clemente tenha sido presbítero. Naquele período, havia vários mestres cristãos de grande sabedoria, mesmo sendo leigos. Nesse sentido, Clemente merece ser considerado o primeiro sábio cristão. Conhecia profundamente a Sagrada Escritura e também quase toda a literatura cristã de então, bem como a literatura grega, tanto filosófica quanto clássica, conhecimentos adquiridos mediante um vasto estudo pessoal, embora tenha recorrido, com frequência, a compêndios eruditos e florilégios.

Clemente ensinava a harmonizar a revelação cristã com os conhecimentos autênticos, especialmente com a filosofia pré-cristã; fazia-o com santo entusiasmo, que elevara sua linguagem às alturas da poesia. Em seu esforço de conciliar o conteúdo da fé cristã com a filosofia que, em seu tempo, predominava, não escapou, todavia, de alguns erros. Clemente era bom observador e crítico dos estados de vida.

Obras de Clemente de Alexandria

Do conjunto das obras de Clemente de Alexandria – excetuando-se uma Homilia – conservou-se na íntegra somente um grupo de três obras relacionadas entre si:

1. *Exortação aos gentios*: trata-se de uma celebração que Clemente faz da entrada de Cristo como Mestre do novo mundo. Como os apologistas judeus e cristãos primitivos, esboça um quadro horripilante da loucura e dos mitos pagãos e do culto dos mistérios. Quanto à forma, pertence ao gênero literário das advertências filosóficas. A obra visa persuadir os pagãos a voltar para o verdadeiro Logos e, assim, sua intenção e sua construção fazem companhia aos apologistas, pois uma argumentação convincente tem como objetivo apresentar positivamente a fé, razão pela qual o primeiro capítulo esboça a imagem de Cristo de modo abrangente da economia da salvação e da redenção. É o primeiro apelo para que o ser humano acate a importância do Logos. Clemente recorre habitualmente aos mesmos argumentos usados pela filosofia helenista contra a religião pagã, em sua forma popular, com a representação da divindade nas formas cultuais nativas. O Protréptico de Clemente é uma proclamação dirigida a pessoas cultas, interessadas pelo cristianismo, sendo este entendido com a verdadeira forma de vida, e é compreendido de modo análogo à obra de Aristóteles, que tinha o mesmo título. Aí se faz a relação entre a filosofia e seu Protréptico (cap. 2-7). Finalmente,

de modo inteiramente platônico, os Capítulos 8 a 12 convocam à perfeita conversão ao Logos, que se manifestou como homem entre os homens e que é guia para toda alma.

Nessa obra, a formação argumentativa de Clemente está claramente demonstrada em estilo elegante, retoricamente polido, chegando às raias da poesia; como já afirmamos, trata-se de um texto que tem como público-alvo leitores instruídos. No mundo antigo, o alto valor da retórica e o refinamento livrário gozavam de grande prestígio. Havia, entre a gente culta, uma rejeição pelo estilo da Bíblia, considerado pelos letrados como bárbaro. Isso nos permite apreciar o quanto era adequado o estilo da pregação de Clemente.

2. *O pedagogo*[2]: dividida em 3 livros, na realidade é continuação da primeira obra. Em *O pedagogo*, Clemente se propõe a instruir os gentios convertidos sobre o modo de proceder cotidiano dos cristãos. Cristo é apresentado como o grande Pedagogo: o 2º e o 3º livros contêm prescrições pormenorizadas, apresentadas sem conexão lógica, sobre comer e beber, o descansar e a recreação, o cuidado do corpo e do vestuário, da habitação, das relações sociais e da vida conjugal. O primeiro livro tem caráter geral. Trata do empenho educacional que diz respeito ao Logos como pedagogo: sua finalidade é melhorar a alma, não destruí-la, mas induzi-la a uma vida virtuosa, não a uma vida intelectual (Ped. 1,1.4). Clemente fixa essa definição assim: "A pedagogia é educação das crianças" (Ped. 1,6,26,1). A seguir, Clemente pergunta quem são aqueles que a Igreja chama de *crianças/filhos* (*paides*). Ele responde que não são os gnósticos os únicos representantes cristãos perfeitos, mas todos aqueles que foram resgatados e regenerados pelo batismo: "sendo batizados somos iluminados; iluminados nos tornamos filhos; quando somos filhos

---

2 Os trechos aqui citados foram extraídos de Clemente de Alexandria (2013).

estamos constituídos na perfeição; sendo perfeitos, nos tornamos imortais" (Ped. 1,6.26,1).

O Logos instrui seus filhos fazendo apelo essencialmente ao amor, ao passo que a educação do Antigo Testamento estava fundada no temor. O Salvador não ministra somente remédios benignos, tem também remédios amargos. Deus é, ao mesmo tempo, bom e justo e, como hábil pedagogo, sabe conciliar a bondade com a severidade. A justiça e o amor, em Deus, não se excluem. Clemente alude aqui à doutrina herética de Marcião, que negava a identidade do Deus do Antigo Testamento com aquele do Novo Testamento. O amor é bom quando protege do pecado:

> As raízes do temor freiam gangrenas dos pecados. Por isso, o temor, mesmo sendo amargo traz a saúde. Verdadeiramente nos enfermos temos necessidade de um médico, desviados temos necessidade do condutor, cegos de quem nos ilumina, sedento, da fonte vital, da qual bebendo não teremos mais sede (Jo 4,13-14), mortos temos necessidade da vida, rebanho do pastor, crianças do Pedagogo, aliás toda a humanidade necessita de Jesus... Nós, se quereis, podemos conhecer a sabedoria superior do santíssimo pastor e pedagogo, do onipotente e paterno Logos, isto é, pedagogo das crianças. Está dito, por meio de Ezequiel, dirigindo-se aos anciãos e propondo-lhes um salutar exemplo de cura generosa: "Atarei o que está vacilando, curarei a enfermidade, converterei os errantes, e os apascentarei eu mesmo sobre o meu monte sagrado" (Ez 34,11.16). Estas são as promessas do bom Pastor. Ah! Apascenta-nos crianças, como ovelhas. Sim, oh! Pedagogo, conduze-nos para as pastagens sobre teu monte santo, para a Igreja, que está colocada sobre as nuvens que tocam o céu. (Ez 1.9,83, 2-84,3)

No início do segundo livro, o autor passa aos problemas da vida corrente. O primeiro e o terceiro livros, por sua vez, fazem uma espécie de casuística estendida a todos os campos da vida. Tratam da comida, da bebida, da casa com seus móveis, da música e da dança, do lazer e dos prazeres, do banho e dos perfumes, da boa postura conjugal. Esses capítulos descrevem, de modo particularmente interessante, a vida cotidiana na cidade de Alexandria, com seu luxo, sua devassidão e seus vícios. Clemente fala com uma franqueza que surpreende e apresenta um código de moral de boa educação cristã, apropriado às circunstâncias. No entanto, não pede que os cristãos se privem de todos os refinamentos da cultura, não lhes pede para renunciar ao mundo nem para fazer voto de pobreza. O ponto fundamental é a atitude da alma. Até que o cristão conserve o coração livre do apego aos bens deste mundo, por que deveria se isolar do próprio ambiente? É sem dúvida preferível que o espírito cristão leve sua vida cultural da cidade. *O pedagogo* encerra com um hino a Cristo Salvador, que, embora tenha causado dúvidas nos críticos, fornece todas as razões para considerarmos que tenha saído da pena de Clemente. As imagens usadas no hino correspondem àquelas d'*O pedagogo*: talvez tenhamos aqui a oração oficial de louvores da escola de Alexandria. Além do Antigo Testamento e do Novo Testamento, a fonte principal de Clemente para *O pedagogo* são também os escritos filosóficos gregos. Ademais, há referências aos tratados morais de Platão e de Plutarco – influência de moral estoica. É, todavia, difícil especificar de quais obras particulares Clemente depende. Grande número de passagens são quase idênticas a certas páginas do pensador estoico C. Muranio Rufo, mas todos esses elementos de outros combinam tão perfeitamente com as ideias cristãs, que o resultado é também uma teoria da vida.

3. *Strômata (Tapeçarias)*: essa obra também é conhecida como *Seleções*. São ideias extraídas de trechos escolhidos e bem-organizados, como uma colcha de retalhos estreitamente bem composta. No final da introdução d'*O pedagogo*, Clemente observa: "Pois cuidando de

aperfeiçoar-se com tal progressividade salutar, conveniente a unificar uma educação, usa de um bom método o benigníssimo Logos, antes Protréptico ou conselheiro, depois pedagogo, finalmente mestre" (1,1,3,3). Essas palavras parecem indicar que Clemente tivesse intenção de compor um volume intitulado *O mestre* (*Didáskalos*), destinado a formar a terceira parte de sua trilogia, porém não tinha os dotes para poder levar a bom termo uma obra de tal amplitude, que requer uma rigorosa sistematização lógica. Podemos concluir isso sobretudo porque os dois escritos precedentes demonstram que Clemente não era um teólogo sistemático. Era incapaz de dominar um acervo conspícuo de materiais. Por isso, abandonou o primeiro projeto para adotar a forma literária dos *Stromata*, que corresponde melhor ao seu gênio. Essa forma lhe permite introduzir belos e vastos estudos de detalhes, em estilo elegante e agradável.

O nome *Tapeçarias* tinha paralelos. Eram conhecidos, por exemplo, *Prato, Os banquetes, O favo de mel*. Esses títulos indicam um gênero em voga entre os filósofos de seu tempo, que discutiam os problemas mais variados sem se constranger, para observar uma ordem ou um plano rigoroso. Passavam, em suma, de uma questão a outra sem compor um estudo sistemático. Os diferentes temas estavam ligados como as cores que estão combinadas em uma tapeçaria. O escrito ficou inacabado.

Fazem parte de *Tapeçarias*:

- Escritos perdidos: há uma série deles, tais como *Que rico se salva*. É o trecho de uma homilia sobre Mc 10,17-31, que tem a intenção de demonstrar que também os ricos podem chegar à felicidade eterna. O rico não é excluído do reino dos Céus, e sim o pecador impenitente.

- *Excerpta ex Theodoto* (gnóstico valentiniano) e *Eclogae propheticae*: ambos são como o 8º livro de *Strômata*; trata-se de trabalhos preliminares e excertos de autores desconhecidos, recolhidos com a intenção de serem aproveitados em outras obras suas.
- Obras perdidas e fragmentos: *A hipotipose* (em 8 livros) são ensaios, notas explicativas de passagens escolhidas da Bíblia inteira. Eusébio (HE 6,14), o Pseudo-Cesário, Isidoro de Pelúsio e outros transcreveram fragmentos gregos, as explicações (esboços, esquemas rápidos) de 1Pd; Jud. e.1 e 2Jo; existem traduções latinas que remontam a Cassiodoro (cerca de 540).
- São conhecidos fragmentos insignificantes dos seguintes escritos: *Páscoa – Canon eclesiástico* ou *Contra os judaizantes*, *A Providência*, *Exortação à paciência ou aos neófitos*. O tratado sobre os anjos, prometido em *Strômata* 6,32,1, pode ser, talvez, identificado com a paráfrase do Pseudo-Cesário. Eusébio engloba Eusébio (HE 6,13) no catálogo de seus escritos e sermões sobre o jejum e contra a detração. Paládio (Hist. Laus 139) menciona um escrito sobre o profeta Amós.

Aspectos da teologia de Clemente de Alexandria

Podemos afirmar que a obra de Clemente de Alexandria caracteriza uma época, e não é exagero saudá-lo como o fundador da teologia especulativa. Confrontando-o com seu contemporâneo Irineu de Lião, ele representa, sem dúvida, um tipo totalmente diferente de doutor eclesiástico. Irineu é o homem da tradição, é o portador da própria doutrina da pregação apostólica, de modo que, qualquer que seja a influência da cultura e civilização ambiente, esta lhe parece um perigo para a fé. Clemente, ao contrário, é o iniciador audacioso e feliz de uma escola que se propunha a defender e aprofundar a fé com o auxílio da filosofia. Reconhecia naturalmente, como Irineu, o perigo da helenização que ameaçava o cristianismo; como ele, combate a falsa gnose. No entanto, um ponto os separa. Clemente não conserva uma atitude puramente negativa, mas opõe à falsa gnose uma gnose autenticamente cristã, propondo pôr a serviço da fé o tesouro da verdade que seguidores da gnose herética ensinavam – a impossibilidade de uma reconciliação entre ciência e fé, nas quais entreviam dois elementos contrários. Clemente, em oposição, procura demonstrar a harmonia, o acordo da fé (*Pistis*) com o conhecimento, ou ciência (*Gnosis*). Para ele, ao mesmo tempo, a filosofia demonstra que os ataques dirigidos contra a religião cristã estão carentes de fundamento:

> A filosofia grega, quando se une (ao ensinamento do Salvador), não consegue certamente tornar a verdade mais forte, mas, assim como torna importante o ataque da sofística e impede as maquinações insidiosas contra a verdade, há boa razão para ser, se apresentada, como as estacas para a videira (Strom. 2, 4,15). (Quasten, 1980, p. 293, tradução nossa)

Clemente expõe de modo muito feliz as relações entre fé e ciência. Às vezes, na verdade, passa dos limites, atribui à filosofia grega a função quase sobrenatural e de justificação. Contudo, reconhece à fé uma superioridade fundamental sobre a ciência: "A fé é o critério da ciência" (Strômata 2, 4,15).

Doutrina do Logos

A intenção de Clemente, predominante em seu pensamento, foi construir um sistema teológico estabelecendo como ponto de partida e como fundamento a ideia de Logos. Ele se colocou no mesmo plano do filósofo São Justino de Roma, mas se lançou muito mais longe, uma vez que, em seus escritos, a ideia do Logos é mais concreta e mais fecunda e se tornou o princípio mais elevado da explicação religiosa do Universo. O Logos é o criador do mundo que se manifestou Deus na Lei do

Antigo Testamento, na filosofia grega e, finalmente, quando os tempos foram cumpridos, em sua própria encarnação. Forma Trindade Divina juntamente ao Pai e ao Espírito Santo. É por meio de sua mediação que podemos conhecer Deus, uma vez que o Pai não pode receber nome.

> Como é difícil descobrir o princípio de todas as coisas, é, também, extremamente mostrar o princípio primeiro e anterior a tudo, que é para todos os outros seres a causa do nascimento e da existência. Como exprimir, de fato, aquilo que não é nem gênero, nem diferença, nem espécie, nem indivíduo, nem número, e, mais ainda, aquilo que não é nem acidente, nem sujeito de acidente? Nem se poderia corretamente dizer que é tudo; uma vez que o todo se coloca na categoria da grandeza e ele é o Pai de todos os seres. E nem mesmo se pode dizer que tem partes; porque o UNO é indivisível, e por isso é infinito. E o UNO se concebe não enquanto pode ser percorrido todo inteiro, mas enquanto é sem dimensão e sem limites: e é do mesmo modo sem figura e sem nome. Quando o nomeamos, não o fazemos em termos apropriados, seja o UNO, o BEM, o Espírito, o Ser, o Pai, Deus, o Cristo ou o Senhor. Não falamos assim para lhe dar o seu nome, porque a nossa inteligência a esse respeito não possa se fixar sem divagar em outra coisa. Tomados em si, nenhum desses designa Deus, mas todos juntamente concorrem para indicar a potência do Onipotente. Estes nomes, com efeito, expressam propriedades ou relações, e nada disso se pode captar Deus com uma ciência fé; o espírito nos conduz para a imortalidade, pois a mistura de ambas as coisas, da bebida e do logos, chama-se eucaristia; dom louvável e belo, que, recebido com fé, santifica o corpo e a alma, é aquela divina mistura, na qual a vontade do Pai une misticamente o homem ao Espírito e ao Logos. (Clemente de Alejandría, 2009, p. 69, tradução nossa)

Aqui, fica claro que Clemente faz a distinção entre o sangue humano e o sangue eucarístico de Cristo e chama o segundo de "mistura da bebida e do Logos". No corpo e na alma do homem que o beber, esse sangue eucarístico exercita um efeito santificador.

2.4.2 Orígenes

Orígenes foi o primeiro escritor eclesiástico de cuja vida temos informações mais exatas, a maioria delas transmitida por Eusébio de Cesareia (HE 6); pelo *Primeiro Livro da Apologia* do presbítero Pânfilo, conservado em latim; pelo discurso de agradecimento que lhe dirigia são Gregório, o Taumaturgo; por Jerônimo (Vir.ill. 54; 62 e Ep 33 44,1); e por Fócio (Códice Bíblico 188). No entanto, há dúvidas quanto ao fato de Eusébio ser um testemunho confiável, pois há questionamentos sobre a autenticidade das fontes que ele usou.

Orígenes nasceu por volta do ano 185, provavelmente em Alexandria. Em consequência do martírio de seu pai Leônidas, em 201-202, a família passou por grande necessidade, e Orígenes foi acolhido na casa de uma herege abastada e tratou de prover o próprio sustento, o de sua mãe e o de seus irmãos ensinando gramática.

Naquela época, Orígenes era discípulo do neoplatônico Amônio Sakkas e condiscípulo de Porfírio. Sendo cristão e verificando que o procuravam pagãos e hereges cultos, sentiu-se impelido a iniciar um ensino mais filosófico e teológico. Levou uma vida rigorosamente ascética e, por uma interpretação errônea literal do trecho de Mt 19,12, chegou a mutilar-se. Em 212, ele empreendeu uma viagem a Roma: "Adamâncio [pois Orígenes usava também este apelativo], na época em que Zeferino guiava a Igreja de Roma, esteve em Roma, conforme ele próprio escreveu numa passagem: 'Tivera desejos de ver a muito antiga Igreja de Roma'. Após a rápida permanência, dali voltou a Alexandria" (HE 6,14,10). Há motivos suficientes para supormos que, naquela ocasião de sua estadia em Roma, por volta 212, Orígenes tenha conhecido o presbítero Hipólito.

Em 215, quando as tropas do imperador Caracala assolaram Alexandria, massacrando a população e perseguindo preferencialmente os filósofos e suas escolas, Orígenes conseguiu fugir e foi para Cesareia, na Palestina, onde, a pedido do bispo Teoctisto e de Alexandre, bispo de Jerusalém, pregou nas assembleias cristãs. Em 217, o bispo Demétrio chamou-o novamente a Alexandria, confiando-lhe a escola dos catecúmenos. Decorrido breve lapso de tempo, Orígenes entregou a catequese elementar daquela escola eclesiástica a seu auxiliar Héraclas, dedicando-se ele próprio ao auditório mais seleto e mais culto, no ensino da filosofia, da teologia e, em particular, da exegese bíblica. Júlia Mameia, mãe do imperador Alexandre Severo, chamou-o a Antioquia (ao que parece entre 218 e 222) para ouvir seus discursos.

Em 230, empreendeu uma viagem à Grécia e, passando pela Palestina, os dois bispos, seus amigos, ordenaram-no presbítero, em Cesareia, apesar de sua mutilação voluntária, talvez para apoiá-lo contra Demétrio. Este, porém, indignou-se de tal maneira que, em dois sínodos, em 230-231, expulsou Orígenes de Alexandria, o destituiu do magistério e da dignidade de presbítero, em razão da ordenação ilegítima, e o excomungou. Outras grandes comunidades cristãs corroboraram essa sentença, exceto as da Palestina, da Arábia, da Fenícia e da Acaia.

Foi apenas mais tarde que o censuraram de doutrinas heterodoxas (Heron. ep. 33,5; HE 6 36,4). Orígenes fixou residência definitivamente em Cesareia, onde permaneceu até o reinado de Décio. Naquela cidade, fundou uma escola, semelhante à de Alexandria, onde Gregório, o Taumaturgo, foi seu discípulo. Havia muito que seus trabalhos científicos tinham obtido grande fama, mesmo nos círculos pagãos.

Pelo ano 244, Orígenes viajou para a Arábia e converteu Berilo, bispo de Bostra, imbuído de patripassianismo. Sob Décio – possivelmente em Cesareia –, foi lançado na prisão e sofreu cruéis torturas, de cujas feridas morreu, aos 70 anos, provavelmente entre 253 e 254, em Tiro, onde, durante muito tempo, era possível ver seu túmulo.

Obras de Orígenes

No decorrer de sua vida, Orígenes foi considerado o mais insigne teólogo da Igreja Grega. Ninguém, amigo ou inimigo, escapou de sua influência. Não houve nome na Antiguidade Cristã que tenha sido mais discutido e questionado do que o de Orígenes; nenhum foi pronunciado com tão apaixonado entusiasmo ou com tão profunda indignação. Homens nobres e doutos aderiram a ele. Não poucos hereges alegaram sua autoridade, mas também mestres ortodoxos com ele aprenderam. Orígenes tinha a intenção de ser cristão ortodoxo, o que se pode deduzir do simples fato de o magistério da Igreja o ter em grande estima.

Em razão de sua preferência pela exegese alegórica e sob a influência da filosofia platônica, Orígenes incidiu em graves erros dogmáticos. Imediatamente após sua morte, surgiram disputas a respeito de sua ortodoxia, as quais, por volta do ano 400, agitaram violentamente os espíritos, sendo Epifânio e Teófilo, patriarca de Alexandria, seus principais opositores. As disputas se acalmaram somente no século VI, quando o imperador Justiniano 1, pelo édito de 543, condenou, de início, nove proposições de Orígenes. Em breve, todos os bispos do Império Romano aquiesceram a esse veredito, em primeiro lugar Menas, patriarca de Constantinopla, e o papa de então, Vigília (537-555).

Em fecundidade literária, Orígenes ultrapassou a todos os Padres da Antiguidade Cristã. Jerônimo (2013) informa que o elenco de suas obras feito por Eusébio e infelizmente perdido contava nada menos que com 2 mil "livros" (2,22). O de Jerônimo (Ep 33), incompleto, apresenta a cifra de apenas 800 livros. Eusébio (HE 6 14,10) o apelida Adamántios ("homem de aço") e narra que certo Ambrósio, rico discípulo seu, convertido por seu intermédio da gnose valentiniana ao cristianismo católico, pôs à sua inteira disposição sete taquígrafos, outros tantos copistas e ainda alguns calígrafos (HE 6,23).

Numerosos escritos, todavia, são produções de improviso, como sermões e discursos que foram estenografados; somente assim se explica o copioso acervo de obras, bem como não poucas excentricidades na linguagem e no estilo. Orígenes não foi escritor de exímio talento.

Suas obras, na maior parte escriturísticas (crítica textual e exegese), reduziram-se a um pequeno número e, mesmo assim, na maioria, não de textos originais gregos, mas em tradução latina. Além disso, temos a *Philocalia*, antologia de seus escritos, graças ao trabalho comum de São Basílio Magno e de São Gregório Nazianzeno.

A descoberta dos papiros de Tura (1941) fez conhecer dois textos de Orígenes até então desconhecidos: *Disputa com Héracles* e *Escritos sobre a Páscoa*. Os outros escritos de Orígenes encontrados em Tura são também de destacado valor para os estudos da história textual (fragmentos do comentário da Epístola aos Romanos, do *adv. Celsum* e da homilia sobre a pitonisa de Endor).

Entre suas obras, cabe destacar as seguintes:

- *Héxapla* (traduções gregas da Bíblia): trata-se de um empreendimento magnificamente ideado e que pôde ser realizado unicamente com o apoio dos opulentos subsídios de Ambrósio, amigo convertido por Orígenes. O projeto era recuperar o texto exato dos LXX, considerado, então, literalmente inspirado, e lustrar suas relações com o original hebraico. Para esse fim, Orígenes justapôs, em seis colunas paralelas: o texto hebraico em caracteres hebraicos; o hebraico em caracteres gregos; a tradução grega de Áquila, de Símaco; dos LXX e de Teodociano. No texto dos LXX, todas as palavras e passagens que faltavam no hebraico foram assinaladas com o óbelo (‘); todas as lacunas foram preenchidas por meio de uma das restantes com asterisco (*). Quando uma passagem dos LXX fora mal traduzida, colocou ele a variante exata, ou sozinha, ou no seguimento da falsa, marcada com o óbelo. O saltério dispõe, além das seis colunas – daí o nome *Héxapla*, isto é, "Bíblia de seis colunas" –, de espaço para mais duas. Dessa obra gigantesca de Orígenes, só o texto revisto dos LXX foi frequentemente copiado. Os *Tétrapla*, ou seja, excertos copiados das versões de Áquila, Símaco, dos LXX e de Teodocião, tiveram menos difusão. A obra completa foi conservada em Cesareia, sendo ainda consultada por sábios e por interessados, como Pânfilo e Jerônimo. As traduções da Bíblia feitas por Jerônimo são uma verdadeira mina quase inexplorada de textos hexapiares em língua latina.

- Escritos e homilias: Orígenes redigiu comentários sobre todos os livros bíblicos, muitos deles em duas ou três diferentes formas literárias: na forma de escólios (*skhólia*) – breves notas acerca das passagens ou termos difíceis, à imitação dos gramáticos alexandrinos – e na forma de homilias (*homiliai, Tractatus*), isto é, preleções ou sermões de cunho popular e edificante, improvisados, transcritos por estenográficos e, mais tarde, revistos e publicados (alguns póstumos); há, ainda, comentários eruditos (*volumina*), cujas explicações eram, às vezes, entremeadas de longas dissertações teológicas.

> As seguintes homilias subsistem no original em língua grega:
> - 20 homilias sobre Jer 1;
> - 1 homilia sobre Sam 28,3-25 (a pitonisa de Endor);
> - 16 homilias sobre Gn;
> - 13 homilias sobre Ex;
> - 16 homilias sobre Lev;
> - 28 homilias sobre Num;
> - 26 homilias sobre Jos;
> - 9 homilias sobre Jz;

- 9 homilias sobre Sl;
- na tradução de São Jerônimo, 2 homilias sobre Cânt 8,9;
- 14 homilias sobre Jer;
- 14 homilias sobre Ez;
- 39 homilias sobre Lc;
- na tradução de Santo Hilário de Poitiers, fragmentos de 22 homilias sobre Jó;
- na tradução de um anônimo (provavelmente Rufino), 1 homilia sobre 1 Sam 1-2.

Além dessas homilias, foram publicados fragmentos de outras sobre Jó, Sam 1-2; Rs 1-2.; 1Cor; Hebr etc. Das 574 homilias (aproximadamente) de autoria de Orígenes, não existem hoje senão 21 no original grego; das homilias traduzidas para o latim, perderam-se 388. Essas pregações proferidas a serviço das almas e com finalidade de edificar exerceram grande influência sobre a piedade e a mística ulteriores. Nenhum de seus comentários, em geral, conservou-se na íntegra.

Além disso, não resta escólio algum na íntegra. Algumas notas encontram-se dispersas na *Philocalia* e em *Catenae*. Os escólios sobre o Apocalipse de João, publicados por Oiobouniotis-Hamsdk, devem ser considerados boas razões como parte de uma *catena*, baseada em Orígenes.

> Dos 25 livros do Comentário de Mt, possuímos 8 livros (10-17) em grego e uma parte relativamente grande em versão latina anônima de Mt 13 e 27; em grego, também temos 8 livros sobre Jó (dos 32); o livro 1-4 do Comentário do Cântico dos Cânticos, na tradução de Rufino para o latim, e uma recomposição do Comentário sobre Rom (10 em vez de 15 livros do original). Existem ainda muitos fragmentos transmitidos pela *Philocalia* e sobretudo por *Catenae*. Um comentário de Jó, em 3 livros, conservados em latim, não é autêntico. (Quasten, 1980, p. 273, tradução nossa)

- *Contra Celso* (8 livros): é a mais importante apologia pré-nicena, embora, às vezes, um tanto superficial. Orígenes escreveu com mais de 60 anos, a pedido de seu amigo Ambrósio, para refutar o *Alethés – Logos* do filósofo platônico Celso. Este apresentara a Cristo como impostor vulgar e atribuía os aspectos extraordinários de sua vida a uma invenção poética de seus primeiros discípulos; além disso, a rápida propagação do cristianismo teria produzido na plebe os quadros aterradores do juízo final e do fogo do inferno. A refutação de Orígenes segue, frase por frase, o escrito de Celso. Às vezes, a argumentação é fraca; porém, impressiona pelo tom sereno e digno e também pela elevada erudição. Orígenes, para comprovar a verdade com o cristianismo, alega as curas de pessoas e de enfermos que ainda, continuamente, Cristo opera; apela, outrossim, para a pureza dos costumes dos fiéis, que brilham no mundo quais luzeiros celestes.
- *Sobre os princípios*: Dos princípios (*Peri arkhon, De principiis*) é uma obra, elaborada entre os anos 220 e 230, que procura apresentar, em explicação sistemática, os problemas mais importantes da fé cristã sem pretender dar soluções definitivas. Apesar de todas as falhas acentuadas pelos adversários de Orígenes, no curso das controvérsias origenistas, a obra é tanto mais apreciada quando se pensa nas dificuldades e nos perigos implicados no mero fato de não se afastar da verdade bíblica, bem como do ensinamento da Igreja. A obra completa encontra-se somente na versão livre de Rufino, expurgada. A tradução feita por Jerônimo, durante sua controvérsia com Rufino, não nos foi conservada. A obra é composta de 15 livros (de divisão não original) cujo aproveitamento para a exposição da fé cristã é de elementos da filosofia platônica. Destes, consideramos primordial para nossos estudos analisar o conteúdo dos primeiros quatro livros: O 1º livro é sobre Deus Uno e Trino, os anjos e sua queda. O 2º livro trata da criação do mundo e do homem, considerado como

anjo decaído, aprisionado em um corpo; do pecado original e da redenção por Jesus Cristo; e dos novíssimos. O 3º livro se ocupa do terceiro arbítrio, do pecado e da restauração de todas as coisas de Deus. O 4º livro trata da Sagrada Escritura como fonte da fé e o tríplice sentido da Bíblia.

- *Da oração* (*Perl eukhes, De oratione*): instrui sobre a oração em geral e apresenta o Pai Nosso; é um belo testemunho da profunda piedade do autor. A exortação ao martírio foi em Cesareia, em 235, no início da perseguição aos cristãos por Maximiano, o Trácio. Orígenes dirigiu-o a dois amigos, o diácono Ambrósio e o presbítero Protocteto – ambos já haviam passado por tribulações –, estimulando-os a perseverar com firmeza. Das numerosas discussões de Orígenes não chegou até nós senão a disputa com Héraclides que se realizou, provavelmente, entre 244 e 249, na Arábia. O tema da discussão é a relação do Pai com o Filho, bem como o modo de traduzi-la na oração eucarística. Além disso, Orígenes responde se a alma está no sangue e em que sentido a alma pode ser imortal. Os papiros encontrados em Tura comportam dois tratados ou homilias sobre a Páscoa, porém incompletos e em péssimo estado de conservação. Das numerosas Cartas, reunidas em quatro séries diferentes, uma das quais conta com mais de cem, restam apenas duas cartas: a primeira dirigida a Gregório, o Taumaturgo, e a segunda a Júlio, o Africano.

Doutrina de Orígenes

À semelhança da tricotomia platônica, Orígenes distinguiu um tríplice sentido na Escritura: o somático (literal, histórico-gramatical), o psíquico (moral) e o pneumático (alegórico-místico). Seu conceito de inspiração obrigou-o a recorrer, na exegese, ao método alegórico, a fim de investigar o sentido superior e "espiritual" da Sagrada Escritura, visto que a interpretação histórica dos textos lhe parecia, muitas vezes, escandalosa e até blasfematória. Sua doutrina do sentido espiritual aplica-se tanto ao Antigo Testamento quanto ao Novo Testamento.

Como Orígenes foi cuidadoso e rigoroso, sua investigação, embora seja unilateral, voltada ao "sentido espiritual" dos livros bíblicos, é mais compreensível do que a interpretação antiga dos textos. Por outro lado, Orígenes não dispunha de conhecimentos subsidiários da época histórica e do ambiente cultural para uma adequada exegese das Sagradas Escrituras. O exemplo de Orígenes se tomou, direta ou indiretamente, para os séculos subsequentes, até nossos dias, paradigma e sinal dos numerosos excessos da exegese posterior alegórica e tipológica que não sabe reconhecer, ser o "sentido literal", primariamente, o "sentido espiritual querido pelo Espírito de Deus, ao inspirar os escritores sagrados".

Orígenes concebe a criação como um ato eterno. A onipotência e a bondade de Deus nunca podem ficar sem um objeto para sua atividade, ou seja, Deus nunca atua sobre o nada, o não real. Em uma eterna emanação, o Filho saído do Pai e do Filho procede ao Espírito Santo (Jo 2,6). Ao atual mundo visível precedeu outro mundo de espíritos inteiramente perfeitos. Parte deles apostatou de Deus – entre os quais também as almas humanas preexistentes; por isso, passaram a viver como exiladas, dentro da matéria: as adversidades dos homens na terra e a medida das graças dadas por Deus a cada um são proporcionais à culpabilidade no mundo anterior, isto é, antes da morte (Cels 1,32-33; Princ 2,8s).

Especificamente em relação às três Pessoas em Deus, Orígenes (2004) aderiu ao subordinacionismo. Apesar de acentuar a eternidade do Filho de Deus e de o chamar *ómoousios* (mesma substância), para ele, só o Pai é *alitótheos* (inteiramente Deus); o Logos, denominado *deúteros theós* (segundo Deus), não é, como o Pai, *àplós àgathós* (intiramente Deus), mas *eíkon àgathótetos* (imagem peritíssima) do Pai (Cels. 5,39: princ.1,2,13). O Espírito Santo é inferior ao Filho (4 princípio, prefácio).

Orígenes afirma a fé e a doutrina do pecado original. Para ele, toda alma infundida na carne está contaminada pelo pecado original, e o batismo das crianças remonta à própria tradição apostólica. Segundo Orígenes, a carne e o sangue na eucaristia se formam por influência do Logos (o Verbo) de Deus e da epíclese dos homens sobre os elementos naturais. Denomina o corpo eucarístico de *múnus consecratum* (obra, ou coisa, consagrada), do qual nada se deve desperdiçar. Em várias passagens, interpreta alegoricamente o corpo e o sangue de Cristo. Em sua homilia 16,9, por exemplo, afirma a possibilidade de beber o sangue de Cristo de dois modos, ou seja, sacramentalmente (rito do sacramento) ou "quando recebemos suas palavras que contêm a vida" (que está no ritual do sacramento da eucaristia). Observa que a fé na presença real de Cristo é a "mais comumente os cristãos" (*koinotéra*, que significa "comunhão" ou "participação") como a fé dos *parvuli* ("pequenos" ou "simples"), preferindo os *prudentiores* (os "mais prudentes", "maduros") a concepção simbólica (sermão 86; sobre Mt 11,14). Orígenes atesta inequivocamente o caráter sacrificial e expiatório da celebração eucarística (sobre Jesus e Noé 1; Lev 13,3), na homilia sobre Jesus representado antecipadamente em Noé, do texto de Lev 13,3.

Orígenes designa os pecados capitais, ou pecados mortais, como "curáveis" (Or 28,8,10), sem que sejam de modo absoluto, por não se subtraírem inteiramente ao poder das chaves que possui a Igreja. Somente não podem ser perdoados como os pecados menos graves por um simples ato de misericórdia; devem ser expiados por penitência pública, de longa duração, e que inclui a excomunhão (Cels 3,51). Não encontramos, nas obras de Orígenes, referências à penitência feita em particular. Uma bela síntese sobre um dos pontos capitais de sua doutrina é a *ápokatástasis panton*: as almas que pecaram na terra irão, depois da morte, para um fogo purificador; pouco a pouco, mas todos, inclusive os demônios, subirão, de grau em grau, até que por fim, inteiramente purificados, ressuscitarão com corpos etéreos e, novamente, Deus será tudo em todos. No entanto, essa restauração (*ápokatástasis*) não significa o fim do mundo, mas um fim provisório. Antes de nosso mundo atual, existiram outros mundos e, depois dele, ainda outros existirão. De acordo com Platão, Orígenes ensinava que os mundos se sucedem em mutação interminável. Portanto, Orígenes negava a eternidade do inferno (Di Beradino, 2002).

Orígenes chegou a ser, para os séculos seguintes, o mestre mais influente da vida ascética e, como tal, pioneiro do monaquismo. A exigência primordial para a sequela de Cristo e a aspiração à perfeição é conhecer-se a si mesmo. O cristão há de saber o que deve fazer e o que omitir, a fim de progredir no caminho da união com Deus e com Cristo (sobre o Cântico dos Cânticos 2,143-45). As condições e as disposições principais para a união com Deus são o combate contínuo com as paixões (*páthe*) e contra o espírito do mundo. A mortificação da carne é o caminho seguro para dominar, enfim, todas as paixões (*ápáthia*), razão pela qual Orígenes recomenda a renúncia ao matrimônio, exaltando o celibato e o voto de virgindade, ambos ensinados pelo próprio Cristo (hom. 24.2). A ambição em obter honras e a posse de bens terrenos são empecilhos para o *vacare Deo* (hom. ln Ex 8,4).

Entre as práticas ascéticas, Orígenes aprecia altamente as frequentes vigílias, a meditação, jejuns rigorosos (hom. In Ex 13,5; hom. In Os 34,13), bem como a leitura cotidiana das Sagradas Escrituras (hom. In Gen 10,3).

2.4.3 Santo Atanásio

Santo Atanásio foi o mais célebre dos bispos de Alexandria e o principal defensor da fé de Niceia na luta contra os adversários arianos e o poder imperial, que tão frequentemente e sem escrúpulos os apoiava.

Cinco vezes foi desterrado, vivendo ao todo por 17 anos longe de Alexandria. Bem se compreende que tenha procurado defender-se com energia, pondo em jogo, às vezes, todos os meios disponíveis contra seus múltiplos e poderosos adversários.

De acordo com Altaner e Stuiber (1972), Atanásio nasceu no ano 295, em Alexandria e, desde cedo, recebeu sólida formação clássica. Assistiu, como diácono e secretário de seu bispo, Alexandre, ao Concílio de Niceia (325), onde já debateu com os arianos (Socr. H. e 1,8). Em 328, tornou-se sucessor de Alexandre.

Quando Atanásio recusou readmitir Ário na Igreja, o Sínodo de Tiro (335) o depôs, em razão de falsas acusações dos melecianos, e o imperador Constantino o exilou para Treves (primeiro exílio), só podendo regressar a Alexandria após a morte deste, em 337.

Em 339, foi deposto novamente pelo Sínodo de Antioquia e refugiou-se junto ao Papa Júlio I, em Roma (segundo exílio). Só em 346, quando morreu Gregório, bispo intruso em sua sede, foi que o Imperador Constâncio, a pedido do Sínodo de Sárdica (343), permitiu-lhe o retorno a Alexandria.

Em 335, sob pressão, o imperador Constâncio, pessoalmente presente no Sínodo de Milão, procedeu, mais uma vez, à deposição de Atanásio, que se abrigou entre os monges do deserto egípcio (terceiro exílio); teve por sucessor Jorge, da Capadócia (assassinado em 361).

Chamado de volta pelo imperador Juliano, juntamente a outros bispos exilados, Atanásio trabalhou com ardor e zelo e, em particular, mediante as decisões de um sínodo em Alexandria, em 362, pela reconciliação entre os semiarianos e os adeptos de Niceia. Em consequência disso, foi expulso (quarto exílio), ainda no mesmo ano, "como perturbador da paz e inimigo dos deuses" (Altaner; Stuiber, 1972, p. 275); pôde, no entanto, regressar depois da morte de Juliano (363).

O quinto exílio lhe sobreveio sob Valente (365). Diante da atitude firme e ameaçadora dos fiéis, porém, foi chamado novamente, passados quatro meses (366); daí em diante, pôde governar em paz até a morte, em 373.

Atanásio pôs sua intensa atividade literária, de preferência, a serviço das convicções teológicas pelas quais tanto sofreu durante a vida. Em geral, deu pouca atenção ao estilo; seus escritos revelam defeitos na disposição da matéria e se singularizam por frequentes repetições e prolixidade.

A seguir, destacamos alguns de seus escritos.

Escritos apologéticos e dogmáticos

- *Oratio contra gentes* e *Oratio de incarnatione Verbi*: datam provavelmente do ano 318, formam um todo e mutuamente se relacionam. A primeira parte expõe a insensatez do politeísmo e a razão do monoteísmo; a segunda parte prova a fé na encarnação de Cristo, contra judeus e pagãos. Ainda não foi possível definir inequivocamente a relação entre a versão mais extensa da obra e sua edição mais breve, só há pouco conhecida. Talvez se possa admitir que a redação mais breve seja uma recensão posterior feita pelo próprio Atanásio ou por uma pessoa de seu círculo íntimo.
- A obra dogmática mais importante consta dos três livros das *Orationes contra arianos* (de cerca de 335 ou 336). O primeiro livro defende a doutrina de Niceia concernente à origem eterna do Filho gerado do Pai e à consubstancialidade do Filho com o Pai; o segundo e o terceiro livros analisam as passagens bíblicas alegadas pelos arianos. Posteriormente, a obra foi acrescida por uma quarta *Oratio* anônima.
- *De incarnatione et contra arianos*: sua autenticidade foi posta em dúvida há muito tempo, sendo, com verossimilhança, uma obra de Marcelo de Ancira; a fórmula suspeita *eís Theós en trísin ypostásesin* ("um só Deus em três pessoas") é certamente uma interpolação tardia.

- Uma série de outros escritos transmitidos sob o nome de Atanásio são espúrios: dois livros *De incarnatione contra Apollinarem*; 12 livros (em latim) *De Trinitate*, atribuídos, agora, em parte a Eusébio de Vercelli; uma *Expositio fidei* e um *Sermo maior de fide* são adjudicados a Eustátio de Antioquia ou a Marcelo de Ancira. Pertencem ainda a essa série uma *Interpretatio in symbolum* ("interpretação sobre o símbolo"); dois *Dialogi* ("diálogos") contra Macedonianos; e cinco *Dialogi de Sancta Trinitate* ("Diálogos a respeito da Tindade Santa").

Escritos históricos e dogmático-polêmicos

Em numerosas cartas e dissertações, Atanásio se ergueu contra seus inimigos, seja em ofensiva, seja em defensiva.

- Na *Epistola ad epíscopos encyclica*, o autor protesta contra a própria deposição.
- A *Apologia contra arianos* (de cerca de 357) informa, com rica documentação, sobre as deliberações e as decisões dos sínodos precedentes.
- A *Epistola de decretis Nicenae synodi* (dos anos 350-351) defende as expressões nicenas *ék tés ousías* e *òmooúsios*; contém atas oficiais, à guisa de apêndice. A *Epistola de sententia Dionysii episcopin Alexandrini*, que os arianos reivindicavam, é, talvez, um suplemento da obra precedente.
- *Epístola encyclica ad episcpo Aegypti et Libiae* (de 356).
- *Apologia ad Constantium imperatorem* (de 357) repele, em brilhante estilo retórico, a suspeita de haver Atanásio instigado contra o imperador Constante.
- Em *Apologia de fuga* (de 357), o autor se defende contra a acusação de covardia.

- *Historia Arianorum ad monachos* (de cerca de 358) é um fragmento restante que informa sobre os anos 335 a 357. Faz parte dessa obra uma *Carta ao Bispo Serapião de Thmuis*, a respeito da morte de Ário.
- *Epistola de Synodis Arimini in Italia et Seleuciae in Isauria celebratis* (de 359).
- Três cartas foram redigidas por incumbência de sínodos: *Tomus ad Antiochenos* (362); *Epistola ad Jovianum imperatorem* (363); *Epistola ad Afros*, isto é, aos bispos da África ocidental (369).
- Quatro *Cartas ao bispo Serapião*, valiosas para a doutrina da divindade do Espírito Santo (358-362).
- Em três cartas dogmáticas, Atanásio explana o dogma cristológico: *Epistola ad Epicteteum epscopum Corinthi*; *Epistola ad Adelphum episcopum*; *Epistola ad Maximum philosophum*. A *Carta a Epicteto* obteve, nos anos subsequentes, grande apreço.

Escritos exegéticos, ascéticos e homiléticos

- Das obras exegéticas de Atanásio, conhecemos apenas fragmentos por *catenae*. Na *Carta a Marcelino*, o autor trata da exegese e da importância dos Salmos; de sua Explicação alegórica dos Salmos restam fragmentos maiores, bem como de seu *Comentário do Gênesis*.
- Em várias ocasiões, Atanásio escreveu sobre a virgindade. Até o presente, porém, não foi ainda possível comprovar, com segurança, a autenticidade das obras e dos fragmentos que citaremos a seguir, mas há sérias razões para acreditar que, pelo menos em alguns casos, esses escritos são genuínos. Muito se discute acerca do *Logos sôterias prós tên parthénon*. A *Carta às virgens*, ao contrário, utilizada por Shenute e Ambrósio, parece autêntica, bem como o *Tratado sobre a virgindade* (conservado na íntegra em tradução armênia ou em fragmentos coptas). Pertencem a esse gênero uma *Carta sobre a caridade e a temperança*; fragmentos coptas sobre a virgindade;

fragmentos gregos de uma obra ascética, *Sobre a enfermidade e a saúde*, e fragmentos de um *Tratado sobre o matrimônio e o uso do vinho*. A *Epístola ad virgines*, pseudoclementina, é atribuída a Atanásio em uma versão copta, que abrange quase dois terços dessa carta.

- Por volta do ano 357, Atanásio compôs uma *Vita s. Antonii*, de caráter lendário. Em sua juventude, ele conheceu pessoalmente Santo Antão e contribuiu, assim, para fazer conhecer o monaquismo e difundir seu ideal de vida, particularmente no Ocidente, onde existiam duas traduções latinas da *Vita*, tendo Evágrio de Antioquia feito a mais recente de ambas.

- De acordo com Altaner e Stuiber (1972), um exame mais minucioso das numerosas homilias a serem atribuídas a Atanásio poderia assegurar certamente a autenticidade de algumas. Também entre as homilias transmitidas em copta, há, com toda a probabilidade, algumas de sua autoria.

- Conforme antigo costume, Atanásio escrevia, na medida do possível, todos os anos, pouco depois da Epifania, uma *Carta heortástica* (*Épistolé éortastiké*), dirigida às Igrejas egípcias dependentes, com indicação da data da Páscoa e do início do jejum quaresmal, tratando ao mesmo tempo de outras questões (carta pastoral de Quaresma). Além de fragmentos gregos, subsistem na íntegra 13 dessas cartas heortásticas, dos anos 329 a 348, em versão siríaca.

- De particular importância é a 39ª *Carta heortástica*, de 367, quase inteiramente reconstituída por meio de fragmentos gregos, siríacos e coptas, por incluir um catálogo dos *Livros canônicos*. Atanásio exclui do cânon livros deuterocanônicos do Antigo Testamento, considerando-os apenas como leitura de edificação. Em compensação, os 27 livros do Novo Testamento atual são mencionados aqui pela primeira vez.

- Esse cânon concorda, no conteúdo e na ordem dos livros, com o *Codex Vaticanus* da Sagrada Escritura do século IV, que, talvez, seja o manuscrito, feito em 340, por copistas alexandrinos para o imperador Constante durante a estada de Santo Atanásio em Roma.

Doutrina de Atanásio: síntese e importância

A importância de Atanásio na história do dogma reside, principalmente, em sua explicação e exposição da doutrina da Igreja sobre a Santíssima Trindade e, em particular, sobre o Logos. Atanásio não apenas defendeu vitoriosamente a *homooúsia* do Filho com o Pai, mas também expôs mais claramente do que os teólogos anteriores a questão da natureza e da geração do Logos. Seu adversário, Ário, ensinava (como Fílon e Orígenes) que Deus, na criação do Universo, precisara do Logos como intermediário. Atanásio replica que Deus não era tão incompetente para não poder criar sem a interferência de um ser intermediário, nem tão orgulhoso para não querer criar um intermediário. Ário denominava o Filho *criatura do Pai, produto da vontade do Pai*. Atanásio contestava:

> o nome de Filho encerra o conceito de ser gerado; mas ser gerado não significa provir da vontade do Pai, mas da substância do Pai. Em consequência, o Filho de Deus não pode ser chamado criatura do Pai, visto que tem em comum com ele a plenitude da divindade. Em Deus, no entanto, a geração não se assemelha à geração humana; pois Deus, sendo espírito, é indivisível. Sua geração, portanto, deve ser comparada com a irradiação da luz do sol, ou a exteriorização do pensamento que vem da alma. O Filho de Deus é, pois, eterno como o Pai. Pai e Filho são dois, mas ambos são a mesma coisa: "O Pai é maior do que eu", isto significa: o Pai é a origem; o Filho, a derivação. (Santo Atanásio, 2002, p. 120)

Ainda sobre a doutrina de Atanásio acerca do Logos, Altaner e Stuiber (1972, p. 282) afirmam que

> enraizou-se, sobretudo, na ideia da redenção, ou seja, na frase: Não teríamos sido resgatados se Deus mesmo não houvesse assumido nossa natureza; portanto, se Cristo não fosse Deus. O Logos, que é Deus, ao unir a si uma natureza humana, divinizou a humanidade; e triunfando da morte para si mesmo, triunfou por todos nós. Se, ao contrário, tivesse sido a prerrogativa de ser Deus, não por natureza, mas por participação, não teria podido comunicá-la.

Em suas cartas a Serapião e no Sínodo de Alexandria, em 362, Atanásio afirmou a divindade e a *homooúsia* do Espírito Santo. Como os três grandes Capadócios, considera o Filho como a fonte imediata do Espírito Santo; sua fórmula é a seguinte: o Espírito Santo procede do Pai pelo Filho (*ék Patórs dià uyóu* – Ep. Ser. 3,1 e inc. Ar 9).

Por volta do ano 362, Atanásio abordou também questões cristológicas. A seu ver, Cristo é Um, isto é, uma pessoa. Tudo o que fez não pertencia, em particular, só à natureza humana ou só à divindade, mas a ambas simultaneamente. Tudo o que seu corpo sofreu, o Logos, que lhe estava conjunto, referia-o a si, de modo que ele mesmo era paciente e, no entanto, impossível. Maria é, pois, mãe de Deus. Cristo é adorável também sob o aspecto humano. Em Cristo, há também duas vontades. Atanásio, contudo, não chegou a um coerente reconhecimento e pronunciamento da doutrina de que o Logos assumiu a natureza humana completa, isto é, também a alma humana.

Atanásio considerou inválido o batismo administrado pelos arianos, porque não batizam em nome da verdadeira e real Trindade. Foi o que ensinaram igualmente Basílio, Cirilo de Jerusalém, os Cânones Apostólicos (46-47), as Constituições Apostólicas (6,15) e, em certo sentido, também o Concílio de Niceia (can.19) ao exigir que os paulianistas, isto é, os adeptos de Paulo de Samósata, fossem novamente batizados.

Sem razão nem fundamento, foi afirmado que Atanásio professava uma concepção simbólica da eucaristia (especialmente na *Epístola a Serapião* 4,19). Diz ele, ao contrário, inequivocamente: "este pão e este vinho são simplesmente pão e vinho comum antes das preces e orações; mas, quando as sublimes e magníficas súplicas se elevam ao céu, este pão se torna o corpo e o vinho, o sangue de nosso Senhor Jesus Cristo" (Altaner; Stuiber, 1972, p. 283).

Síntese

Neste capítulo, destacamos a formação das escolas teológicas, que tiveram como iniciadores os apologistas gregos e latinos. Em nossa abordagem, foi central a figura de Orígenes, que é também o iniciador da exegese cristã e é considerado o maior teólogo da Igreja Grega.

No que se refere à formação das escolas teológicas, mostramos que o cristianismo não modificou a estrutura da escola antiga e não introduziu um novo método de ensinar, bem como evidenciamos que o período dessa formação foi marcado pelos autores cristãos que conhecemos como *Padres da Igreja*, famosos por seus modos de pensar e de mostrar que os problemas da escola não entravam nas perspectivas do *kerygma* primitivo.

Ainda, vimos que a exigência de conciliar a cultura profana com a fé é notada mais intensamente a partir dos séculos I e III, época em que os cristãos deixaram de viver em pequenos grupos e se integraram progressivamente na sociedade. A produção literária dos Padres desse período ficou marcada por duas culturas dominantes: a grega e a romana, ou seja, pela filosofia helenística e pela praticidade da organização romana.

Também ressaltamos que o início das escolas foi marcado pelos chamados *apologistas*, que se dividiam em gregos e romanos. Entre os principais apologistas de língua grega, destacamos Aristides de Atenas,

Justino, Teófilo de Antioquia, Taciano e Diogneto. Os apologistas latinos são menos numerosos, mas não menos importantes como iniciadores da literatura cristã em latim: Tertuliano, Cipriano de Cartago e Minúcio Felix.

Na sequência da história da cristandade, surgiram as escolas teológicas consolidadas, como a de Alexandria, apesar de não se conhecerem bem as origens do cristianismo nesse local. Estão envolvidas em obscuridade também no que se refere à cultura.

Como representante dessa escola, mencionamos Clemente de Alexandria, autor contemporâneo de Irineu de Lião, que foi fiel à tradição apostólica. Clemente é o iniciador exitoso de uma escola que se propunha aprofundar a fé com o auxílio da filosofia.

Outro autor importante da escola alexandrina foi Orígenes, o mais fecundo sábio da Antiguidade Cristã helenística. Durante sua vida, foi considerado o mais insigne teólogo da Igreja Grega e o maior exegeta do cristianismo antigo. Ideou e realizou uma tradução da Bíblia do hebraico para o grego, colocando os textos de várias traduções um ao lado do outro, formando, assim, um texto em seis colunas de tradutores diferentes: a *Bíblia Hexaplar*. A tradução do hebraico para o grego é o texto conhecido como *Bíblia dos LXX* (tradutores).

Por fim, estudamos Atanásio, o mais célebre bispo de Alexandria, que participou do Concílio de Niceia como diácono e secretário do bispo Alexandre. Foi também o grande defensor da cristologia ortodoxa: Cristo-Deus. Podemos resumir Atanásio em uma frase que a tradição nos legou: "Deus se encarnou para que os homens se tornassem divinos" (Santo Atanásio, 2002, p. 198).

Indicações culturais

INTRODUÇÃO – Orígenes Contra Celso (AudioBook). Patrística volume 20. Disponível em: <https://www.youtube.com/watch?v=0oBhD41qXNw>. Acesso em: 6 jun. 2022.

Atividades de autoavaliação

1. A Igreja dos primeiros tempos limitou-se à pregação da mensagem evangélica e à primeira organização do culto, perdendo o interesse pelas instituições da sociedade profana. Sobre esse assunto, assinale a alternativa que expressa corretamente os problemas da educação da época:
   a) A formação que os padres tinham recebido da cultura pagã clássica eram quase sempre de pessoas convertidas do paganismo em idade adulta ou muito jovem.
   b) Não havia problemas na educação, apenas na formação que os padres tinham recebido da cultura pagã.
   c) O modo de pensar dos padres decorria de um problema da educação da época, da formação que eles tinham recebido da cultura pagã clássica. Os padres eram quase sempre convertidos do paganismo em idade adulta ou muito jovem. Os problemas da educação não entram nas perspectivas do *kerigma* primitivo.
   d) O modo de pensar dos padres decorria de um problema teológico da época, da formação que os padres tinham recebido da cultura filosófica.

2. Assinale alternativa que expressa corretamente o significado do termo *apologistas gregos*:
   a) O termo *apologista* originou-se do verbo grego *apologein*, que significa "defender ou apresentar algo de maneira a justificar e aprovar". O termo *apologista* aplicado a certos escritores dos

início do cristianismo faz referência àqueles que escreveram com o objetivo de defender a religião cristã contra as acusações dos pagãos, que eram acompanhadas de perseguições.

b) O termo *apologista* é aplicado a certos escritores do início do cristianismo e faz referência àqueles que escreveram com o objetivo de defender a religião pagã contra as acusações.

c) Não há designação para o termo *apologista*, apenas era aplicado a certos escritores no início do cristianismo.

d) A designação *apologista* origina-se do verbo grego *apologein*, que significa "sem defesa ou indefesa". O termo *apologista* aplicado a todos os escritores dos inícios do cristianismo faz referência àqueles que escreveram não tinham objetivo nem relação com a fé.

3. Assinale alternativa que expressa corretamente os aspectos da escola de Clemente de Alexandria:

a) A obra de Clemente de Alexandria caracterizou uma época. Não se exagera ao saudá-lo como o fundador da filosofia especulativa. É o portador da própria doutrina da pregação católica. Qualquer que seja a influência da cultura e da civilização ambiente, esta lhe parece um perigo para a fé.

b) A escola de Alexandria tinha a própria doutrina da pregação. Qualquer que seja a influência da cultura e da civilização ambiente, esta lhe parece um perigo para a Igreja.

c) A obra de Clemente de Alexandria caracteriza uma época. Não se exagera ao saudá-lo como o fundador da teologia especulativa. Confrontando-o com seu contemporâneo Irineu de Lião, ele representa, sem dúvida, um tipo totalmente diferente de doutor eclesiástico. Irineu é o homem da tradição, é o portador da própria doutrina da pregação apostólica. Qualquer que seja a influência da cultura e da civilização ambiente, esta lhe parece um perigo para a fé. Clemente, ao contrário, é o iniciador audacioso e feliz de uma escola que se propunha a defender e aprofundar a fé com o auxílio da filosofia.

d) Não houve aspectos importantes de Clemente de Alexandria; ao contrário, é o iniciador audacioso e feliz de uma escola que se propunha a defender e aprofundar a fé com o auxílio da pedagogia.

4. Assinale alternativa que expressa corretamente quem foi Orígenes:
   a) Foi uma herege abastada e tratou de prover o próprio sustento, ao lado de sua mãe e de seus irmãos, ensinando gramática.
   b) Foi o sábio mais fecundo da Antiguidade Cristã. É o primeiro escritor eclesiástico de cuja vida temos informações mais exatas. Nasceu por volta de 185, provavelmente em Alexandria. Em razão do martírio de seu pai Leônidas, em 201, a família passou por grande necessidade. Orígenes foi acolhido em casa de uma herege abastada e tratou de prover o próprio sustento, o de sua mãe e o de seus irmãos ensinando gramática.
   c) Nasceu por volta de 185, provavelmente em Roma. Em razão do martírio de sua mãe, a família passou por grande necessidade. Orígenes foi acolhido em casa de um cristão e tratou de prover o próprio sustento, o de seu pai e o de seus irmãos ensinando gramática.
   d) É o primeiro escritor eclesiástico de cuja vida temos informações muito exatas, transmitidas por Galileu. Nasceu por volta de 185, provavelmente em Jerusalém. Em razão do martírio de seu pai Leônidas, em 201, a família passou por grande necessidade. Orígenes foi acolhido em casa de uma herege abastada e tratou de prover o próprio sustento, o de sua mãe e o de seus irmãos ensinando filosofia.

5. Assinale alternativa que expressa corretamente a importância de Santo Atanásio na história da Igreja:
   a) A importância de Atanásio na história do dogma reside, principalmente, em sua explicação e exposição da doutrina da Igreja sobre a Santíssima Trindade e, em particular, sobre o Logos. Atanásio não apenas defendeu vitoriosamente a *homooúsia* do Filho com o Pai, mas também expôs mais claramente do que os teólogos anteriores a questão da natureza e da geração do Logos.
   b) A importância de Ambrósio na história do dogma reside, principalmente, em sua explicação e exposição da doutrina da Igreja sobre a Santíssima Trindade e, em particular, sobre o Logos.
   c) Atanásio não apenas defendeu vitoriosamente a *homooúsia* do Filho com o Pai, mas também a expôs mais claramente do que os filósofos anteriores.
   d) A importância de Atanásio na história da Igreja reside principalmente em sua explicação e exposição da doutrina cristã sobre a eucaristia e, em particular, sobre o Logos. Embora não tenha defendido a *homooúsia* do Filho com o Pai, expôs mais claramente do que os teólogos anteriores a questão da natureza e da geração do Logos.

Atividade de aprendizagem

Questão para reflexão

1. A terminologia *Padres da Igreja* foi usada pela primeira vez, em contexto protestante, pelo teólogo alemão Johann Gerhard, no ano de 1637, com a finalidade de defender uma pressuposta antiguidade dos conceitos teológicos dos Reformadores contra os dogmas católicos. Reavaliando esse conceito desde a Antiguidade Cristã, a Igreja Católica o incorporou ao seu vocabulário teológico para

indicar a autenticidade da fé cristã verificada no desenvolvimento da doutrina católica. Qual foi a contribuição do teólogo alemão Johann Gerhard para a história dos Padres da Igreja e de que forma essa contribuição reverbera ainda hoje?

3
Escola teológica de Antioquia

Neste capítulo, abordaremos de modo mais aprofundado a escola de Antioquia, considerando sua formação e suas etapas. Evidenciaremos, também, a redescoberta do método exegético alexandrino.

A escola de Antioquia foi um pouco mais modesta do que a escola de Alexandria, mas teve grande importância nas disputas a respeito das heresias, bem como para os teólogos fiéis às determinações de Niceia, destacando-se no manejo de uma exegese madura.

Foi sobretudo no campo da exegese que a escola antioquena se opôs à escola de Alexandria. Para reagir aos abusos do alegorismo, Antioquia estabeleceu o princípio de que toda passagem da Bíblia tem um sentido especificamente literal, seja próprio, seja figurado. Por isso, os adeptos dessa escola concentraram-se em examinar atentamente os pormenores da língua grega e da língua hebraica, pondo em confronto as passagens análogas dos autores sagrados e recorrendo a explicações gramaticais e históricas, com a finalidade de encontrar o sentido real de cada parábola e de cada metáfora. Portanto, em paralelo com o sentido próprio ou metafórico, Antioquia admitiu um sentido típico, sempre com base no sentido literal e destinado a exprimir as reações intercorrentes em face do Antigo Testamento e do Novo Testamento.

Assim, no que se refere especificamente à prática, os exegetas antioquenos se prenderam às seguintes regras (Harrington, 1971):

- Em cada palavra das Escrituras, é preciso buscar um sentido literal único, e ele deve ser mantido, deve ser fixo.
- O sentido encontrado na Escritura nunca deve ser contraditório a Deus, jamais deve ser contraditório ou inadequado e em nenhuma hipótese deve ser inútil.

Ao analisarmos a constituição histórica, podemos localizar a escola de Antioquia em três períodos bem caracterizados. O primeiro deles, denominado *período de formação*, situado entre os anos 260 e 360, corresponde ao tempo das origens remotas da escola sob a influência dos sacerdotes Luciano Doroteu (Melquione Luciano de Samosata) e seu desenvolvimento no século IV, com os primeiros discípulos de Luciano, entre os quais se recrutaram, no conjunto, partidários do subordinacionismo ariano. O segundo período é chamado de *período de esplendor*, do ano 360 a 430, durante o qual a escola produziu mestres famosos, como Flaviano, Diodoro de Tarso, Teodoro de Mopsuéstia e São João

Crisóstomo. Por fim, o denominado *período de decadência*, após 430, ocorreu em razão do descrédito que o nestorianismo lançou sobre os métodos e a doutrina da escola de Antioquia.

3.1 São João Crisóstomo

Quando falamos da escola de Antioquia, certamente São João Crisóstomo, situado na metade do século IV, é o autor mais importante e que merece mais atenção.

Os teóricos da área não conseguem estabelecer ao certo quando ele nasceu, mas concordam com o fato de que ele deve ser colocado entre os dez primeiros anos do século IV. Era natural de Antioquia, filho de uma família cristã de classe média, tendo sua mãe ficado viúva com 20 anos de idade. Foi precisamente em Antioquia que João estudou filosofia e retórica e, aos 21 anos, depois de estar há três anos junto ao bispo Melécio de Antioquia, recebeu o batismo e foi feito leitor.

Apesar da oposição de sua mãe, viveu alguns anos como eremita no deserto, de onde voltou para casa com a saúde muito abalada. Em 381, foi ordenado diácono pelo bispo Melécio e, em 386, ordenado presbítero pelo bispo Flaviano, que designou a João Crisóstomo a tarefa de pregar na Igreja principal da cidade – ofício que cumpriu com grande pontualidade durante 12 anos, até 397.

Esse período de 12 anos foi o mais fecundo da vida de Crisóstomo, pois foi nesse tempo que ele pregou as mais conhecidas de suas homilias. Aquelas que pronunciou depois, no século V, valeram-lhe o qualificativo de Crisóstomo, Boca de Ouro.

No ano 397, contra sua vontade, foi eleito bispo de Constantinopla e viveu oito anos muito tumultuados. Inicialmente, Teófilo, bispo de Alexandria, foi obrigado a ordená-lo, coisa que João não perdoou.

Depois, uma vez bispo (o que até então ele tinha resistido a aceitar), devia fazer valer o encargo que a Igreja lhe confiava. Quis iniciar seu ofício fazendo as reestruturações eclesiásticas que considerou necessárias, mas encontrou muita resistência e, em razão disso, pouco a pouco foi se tornando inimigo do clero, tendo, em seguida, entrado em choque de interesses com a imperatriz Eudóxia.

Paralelamente a isso, João Crisóstomo entrou também em conflito com Teófilo de Alexandria, que, para proteger-se de acusações feitas por Crisóstomo, reuniu o Sínodo da Ensina, na Calcedônia, em que, com acusações falsas, conseguiu que João Crisóstomo fosse deposto e desterrado pelo imperador. No entanto, o povo de Constantinopla se amotinou a favor de João Crisóstomo e, já no dia seguinte de sua saída, ele voltou triunfalmente para a sede da igreja.

No ano 404, a situação voltou a se deteriorar de tal forma que Crisóstomo teve de se exilar na Armênia. Ele fez isso em decorrência da inveja de seus inimigos e do perigo que isso representava para sua vida, em face das multidões que acudiam a ele, pedindo sua volta para a antiga Antioquia. Depois, em 407, foi de novo desterrado para um lugar mais distante, na extremidade do Mar Negro e, no caminho para esse último exílio, morreu cheio de sofrimentos.

Como motivo da deposição de João Crisóstomo, o papa a quem tinha apelado e que lhe havia respaldado também rompeu o compromisso de comunhão com Constantinopla e com Alexandria, garantindo que, enquanto João Crisóstomo não fosse readmitido, essas cidades estariam fora da comunhão com Roma. Depois, em 438, os restos mortais de Crisóstomo foram levados a Constantinopla, ocasião na qual o imperador Teodósio, filho de Eudóxia, pediu publicamente perdão em nome de seus pais. Entretanto, a comunhão das cidades com Roma foi restaurada apenas quando, muitos anos depois, o nome de João foi introduzido nas orações litúrgicas daquelas Igrejas.

3.1.1 Produção literária de João Crisóstomo

A produção literária de João Crisóstomo foi bem conservada em virtude da fama que o autor teve durante a vida e depois de seu falecimento, perdurando pelo tempo. Essa produção literária é extraordinariamente ampla (ocupa 18 volumes na edição MIGNE) e está composta fundamentalmente de sermões, ainda que compreenda também alguns tratados de importância considerável, porém não inclui muitas cartas.

Os sermões de João Crisóstomo podem ser classificados nos seguintes grupos:

- Homilias exegéticas (sobre Gênesis, Salmos e Isaías – em sua grande maioria, versam sobre o Novo Testamento).
- Noventa homilias sobre o Evangelho de Mateus, o que constitui a explicação mais completa da Antiguidade sobre esse texto. Essas homilias, junto à insistência sobre a consubstancialidade do Filho com o Pai, expõem o texto sagrado com grande beleza e com constante aplicação moral e ascética; as descrições dos ambientes de Antioquia são também importantes para os historiadores.
- Quase noventa homilias sobre o Evangelho de São João e que são, em geral, mais breves; nelas, ocupa mais espaço a insistência na consubstancialidade do Filho com o Pai, pois muitos dos textos desse evangelho eram usados pelos arianos para atacar esse dogma.
- Cinquenta e cinco sermões sobre os Atos dos Apóstolos, que constituem o único comentário inteiro sobre esse livro que a Antiguidade nos deixou.
- As muitas homilias sobre todas e cada uma das cartas de São Paulo.
- Homilias sobre os Romanos, que são de grande importância tanto dentro da patrística, de modo geral, quanto dentro do conjunto da obra de São João Crisóstomo.
- As duas cartas aos Coríntios.

- Homilias sobre os Gálatas, em que segue uma exegese versículo por versículo.
- Homilias sobre os Efésios, os Filipenses, os Colossenses e sobre as duas cartas aos Tessalonicenses.
- Homilias sobre as cartas a Timóteo, Tito e Fílemon e os Hebreus.

Há, ainda, homilias menos numerosas e que foram pronunciadas diretamente para expor uma doutrina ou lutar contra um erro. Assim, os sermões *Sobre a natureza incompreensível de Deus*, as catequeses batismais e as homilias contra os Judeus estão nesse grupo.

Alguns sermões atacam especialmente determinados abusos morais, mas há de se considerar que essa dimensão moral nunca esteve ausente em nenhum dos outros sermões. Podemos citar, por exemplo, os sermões *in calendas*, nos quais Crisóstomo combate a maneira de celebrar o ano novo, bem como o sermão contra os jogos do circo e do teatro, ou as homilias sobre o diabo ou sobre a penitência, sobre a esmola ou sobre as delícias futuras e a miséria presente.

Mais homilias foram pronunciadas por ocasião das festas litúrgicas; outras são panegíricos de santos do Antigo Testamento ou de mártires; outras, ainda, obedecem a diversas circunstâncias, como as 21 homilias ao povo de Antioquia sobre as estátuas, que foram criadas quando, em um motim popular, as pessoas derrubaram as estátuas do imperador Teodósio e de sua família.

Quanto aos tratados, o mais famoso é, sem dúvida, o que versa sobre o sacerdócio, em que o autor disserta amplamente sobre os deveres do sacerdote seguindo a pauta que lhe dava a *Apologia de fuga* de São Gregório Nazianzeno. Outros tratam da vida monástica, da virgindade e da viuvez, temas pelos quais Crisóstomo mostra predileção, como haviam feito os Padres Capadócios. Sua obra acerca da educação dos filhos tem importância tanto pelo que nos mostra da situação real da educação em Antioquia quanto pela ênfase que põe no que o tema deve abordar com responsabilidade. Outros tratados tocam o tema do sofrimento ou estão destinados a refutar impugnações de pagãos e judeus.

As cartas são pouco menos de 250, pertencentes todas elas ao tempo de seu exílio, e são importantes para conhecermos o desenvolvimento das lutas que Crisóstomo travou, sendo, ao mesmo tempo, testemunho patente de seu interesse contínuo pelos seus amigos.

A seguir, apresentamos um resumo da abordagem que a obra de Crisóstomo traz acerca de temas que consideramos importantes.

- **Cristologia**: João testemunha claramente sua fé nas duas naturezas distintas em Cristo. Quando ele diz um (Cristo), quer afirmar a união, e não a confusão. Para ele, uma natureza não se transmutou em outra (7Hbr 3). O homem não deveria indagar o como dessa união; apenas Cristo sabe (11Jo 2). De igual modo, como outros antioquenos, Crisóstomo emprega ocasionalmente a figura retórica de que o Logos habitou no homem Jesus como em um templo (44Sl 3; Mt 4,3; 11Jo 2). Como consequência, no entanto, sublinha que Cristo se fez um; assim diz (Mt 1,2): "O [essencial] é, por exemplo, o fato de que Deus se fez homem, que operou milagres [...] que é o Filho [...] consubstancial ao Pai" e em 7Fil 2-4.
- **Distinção entre a natureza divina e a humana em Jesus**: João não emprega para Maria o nome glorioso de *Teotókos*, que, aliás, é combatido entre os antioquenos, tampouco a expressão *Christotókos*. Em relação a Maria, Crisóstomo se mostra estranhamente áspero (4Mt 4; 44Mt 1; 21Jo 2), mas isso há de ter por causa sua preocupação em distinguir com rigor a divindade e a humanidade em Cristo.
- **Pecado original**: entre Agostinho e o pelagiano Juliano de Eclano, há uma controvérsia acerca da concepção de João

Crisóstomo concernente ao pecado original. Juliano cita o trecho da homilia *Ad neóphytos*: "Nós batizamos os infantes que não têm uso da razão, embora não tenham pecados" (Altaner; Stuiber, 1972, p. 331); entendia conhecer aí a negação da mácula original herdada dos primeiros pais. Agostinho, por sua vez, replica que o plural *pecados* comprova que, nesse caso, se trata de pecados pessoais, aduzindo outras passagens das obras de João (ao todo 8) como comprovante do pecado original. Se é certo ter Agostinho apreciado, com certeza, que a heresia pelagiana não podia reivindicar João Crisóstomo para si, seria errôneo pretender afirmar que as passagens por ele citadas atestam claramente o conhecimento e a terminologia mais precisos – adquiridos só mais tarde por Agostinho mesmo e após combates – referentes aos fato de que não só a pena como também a culpa de Adão se transmitiram a todos os homens (cf. Mt 28,3; Rom 11,1,3). João Crisóstomo, como outros Padres gregos do século IV, estava em atraso relativamente à evolução da doutrina realizada no Ocidente. Ele viu e pregou a pena original, sem querer, com certeza, excluir intencionalmente a culpa original do conceito do pecado original.

- **Eucaristia:** João Crisóstomo é a testemunha clássica da Antiguidade Cristã sobre a doutrina eucarística. Em inúmeras passagens, ele fala da eucaristia com a máxima precisão. Assim, declara que, na eucaristia, seguramos com as mãos o corpo (de Cristo) que viveu na terra; que Cristo viveu na última ceia, bebeu o próprio sangue (1Cor 4,24; Mt 1,82), tornando-se presente por conversão; ele próprio opera, sendo ele também o verdadeiro sacerdote ao altar (Mt 5,82). A palavra de Cristo – "isto é o meu corpo" – transforma as oblatas (*Prod. Iudae* 1,6). Com frequência chama a eucaristia de *sacrifício* e a identifica com o sacrifício da cruz (Hebr 3,17).

- **Penitência e unção dos enfermos:** não se cogita fazer de João Crisóstomo testemunha da confissão auricular, regulamentada na Igreja. Na obra *De Sacerdtio* examina 17 obrigações dos sacerdotes, sem alusão alguma ao ato de ouvir confissão de pecados. Bem ao contrário, recomenda com frequência a confissão diante de outras pessoas e, principalmente, a Deus só, prática esta pela qual se pode obter o perdão. Os sacerdotes têm o poder de perdoar os pecados de duas maneiras: pelo batismo e pela unção dos enfermos conforme Tg. 4,14s (*DeSacer.* 3,6;cfr Mt 6,32)

- **Primado do papa:** não se encontra em parte alguma, nas obras de João Crisóstomo, uma declaração clara e inequívoca do primado romano. Isso se explica talvez, parcialmente, pelo fato de que João, como adepto de Melécio e de Flaviano, ambos por longo tempo não reconhecidos por Roma, teria asseverado, por afirmação, estarem errados ele e os outros dois. Não obstante, é certo ter João Crisóstomo ensinado o Primado de Pedro (cf. hom. in illud "*Hoc scitite*" 4); não chegou, contudo, em passagem alguma de suas obras, à conclusão de que ao bispo de Roma cabia a mesma função na Igreja universal. Nem mesmo por meio de sua carta dirigida ao papa Inocêncio I, em 404, se pode deduzir o reconhecimento do papa como suprema instância de apelação, já que enviara copias exatas da carta simultaneamente aos bispos de Milão e de Aquileia. João pediu aos três bispos que não aprovassem, em caso algum, sua deposição injusta e, antes de tudo, que não rompessem a comunhão eclesiástica com ele. Certo é que as perturbações suscitadas pela luta contra João Crisóstomo

> é, frequentemente, dos pérfidos e litigantes que entraram, ambos, em comunicação com Roma, foram de importância para considerá-lo com razão.
> - **Juramento:** como Justino (Ap. 165), Crisóstomo entendeu a passagem de Mt 5,34 no sentido de que todo juramento é absolutamente vedado ao cristão: "Que ninguém diga: Eu juro por uma coisa justa; não é permitido jurar, seja justa ou injusta a questão" (Cr 5,15; cf. 5 Stat. 7; Stat 5,9; Stat 5).

Fonte: Altaner; Stubier, 1972, p. 331.

As cartas são pouco menos de 250, pertencentes todas elas ao tempo de seu exílio; são importantes para compreendermos o desenvolvimento das lutas que Crisóstomo travou e, ao mesmo tempo, são testemunho patente de seu interesse contínuo pelos seus amigos.

3.2 Capadócios

Os Padres da Igreja a quem nomeamos *Capadócios* foram importantíssimos em seu tempo e reverberaram pela história sobretudo porque se preocuparam em explicar o dogma da Santíssima Trindade por meio de formulações teológicas estritas, que repercutiram a tal ponto que podemos dar a esses padres o crédito pela solidificação do II Concílio Ecumênico de Constantinopla, por volta do ano 381, e pela consolidação do Credo em toda a Igreja. Por isso, apresentaremos, a seguir, a vida e a obra dos três maiores representantes dos Capadócios, quais sejam, Basílio de Cesareia, Gregório Nazianzeno e Gregório de Nissa.

3.2.1 Basílio de Cesareia

Basílio de Cesareia provavelmente nasceu no ano 330 e morreu em 379. Era de família que se distinguiu com seu zelo pela fé hereditária: sua avó Macrina, a Anciã, sua mãe Emélia e seus irmãos Gregório de Nissa e Pedro, bispo de Sebaste, e a irmã Macrina, a Jovem. Basílio era filho de um rétor, proprietário de latifúndios, e formou-se nas escolas de retórica de sua cidade natal, Cesareia de Constantinopla, e, por fim, de Atenas, onde travou com seu conterrâneo Gregório de Nazianzo uma amizade que duraria a vida inteira.

Por volta do ano 356, quando retornou à sua pátria, Basílio ensinou retórica por um breve tempo; logo, porém, decidiu renunciar ao mundo. Recebeu o batismo e, para imbuir-se do espírito do monaquismo, pôs-se a visitar os ascetas mais célebres da Síria, da Palestina, do Egito e da Mesopotâmia. Juntamente a amigos animados pelo mesmo ideal, foi viver em um deserto. Durante uma visita de Gregório de Nazianzo (estima-se que por volta do ano 358), ambos compuseram a *Filocália* e redigiram duas *Regras monásticas* de decisiva importância para o desenvolvimento subsequente e a propagação da vida monástica no Oriente, até os nossos dias.

Por volta do ano 364, Eusébio, bispo de Cesareia, alçou-o ao posto de seu presbítero. Depois, em 370, Basílio tornou-se bispo de Cesareia, sendo, assim, não apenas metropolita da Capadócia, mas ainda exarca da diocese política do Ponto.

> Sua luta eficaz e coroada de êxito contra o arianismo, muito poderoso sob o imperador Valente, é de suma importância para a história da Igreja. O imperador conseguiu prejudicar Basílio – mesmo que superficialmente – dividindo, em 371, a Capadócia em duas províncias e, por conseguinte, também seu território metropolitano (mais ou menos 50 sufrágios). A fim de assegurar de modo duradouro a ortodoxia do Oriente, ainda fortemente ameaçada,

Basílio empenhou-se, por intervenção de Atanásio e mediante contato direto com o papa Dâmaso, em melhorar as relações e a concórdia entre os bispos ocidentais e orientais e em obter um mesmo procedimento de todos. O obstáculo capital da anelada união entre o Ocidente e o Oriente era o chamado cisma meleciano, em Antioquia (desde 362). Os esforços de Basílio para alcançar o reconhecimento de Melécio no Ocidente fracassaram, visto que o papa Dâmaso não quis abandonar o bispo Paulino (Sínodo de Antioquia, em 379). Apesar disto, em 381, a ação mediadora e conciliadora de Basílio contribuiu, de modo essencial, para a ruína do arianismo que, sem demora, se tornou patente. (Altaner; Stubier, 1972, p. 293)

Entre os **escritos dogmáticos** de Basílio estão:

- Três livros *Contra Eunômio*, o arauto dos arianos rigoristas (anomeus), redigidos muito provavelmente no ano 364. Os livros 4 e 5, com toda a probabilidade da autoria de Dídimo, são acréscimos às edições.
- *De Spiritu Sancto*, dedicado, em 375, a Anfilóquio, bispo de Icônio, trata da divindade do Espírito Santo. Basílio mostra que, ao lado da doxologia *diá tou uyou én tõ uyoú ágio pneumati ton uyoú* ("através do Filho, no Filho, por meio do Espírito Santo"), também a outra fórmula empregada na liturgia *metá toú uyoú sùn tõ pneúmati agíõ* ("através do Filho com o Espírito Santo") está solidamente fundamentada na Escritura em tradição.
- *Filocália*, antologia de seus escritos, graças ao trabalho em conjunto de São Basílio Magno e São Gregório Nazianzeno.

No que se refere especificamente aos **escritos ascéticos**, podemos dizer que o título *Ascética* reúne vários escritos cuja autenticidade, em parte, é muito duvidosa. As obras autênticas mais importantes são:

- *Moralia*, 80 preceitos morais (*regulae*): tecidos de sentenças neotestamentárias.
- *Regras monásticas*: "As Regras mais extensas (*Reg. fusius tractatae*) com 550 questões e a Regra mais breve (*Reg. brevius tractatae*) com 313 questões, são, essencialmente, um catecismo de deveres e das virtudes monásticas em forma de perguntas e respostas" (Altaner; Stubier, 1972, p. 295).

As regras encerram, em grande parte, o patrimônio espiritual, legado, até então, apenas oralmente, por Eustatio de Sebaste, amigo de Basílio e mais velho que ele e que já havia granjeado méritos na propagação do monaquismo. Ambas as coletâneas atingiram sua forma definitiva aos poucos, em muitas redações sucessivas.

Já no que se refere às **homilias** e aos discursos, sabemos que, pouco antes do ano 400, um certo Eustátio as traduziu ao latim e que as duas homilias *De hominis strructura* e *De paradiso* são espúrias. As que se destacam são:

- As nove longas homilias sobre o *Hexaemeron* visam apenas explicar o sentido literal do relato bíblico e contêm belas descrições do poder de Deus e do esplendor da natureza. Nelas, Basílio atingiu o ápice da filosofia e das ciências naturais de seu tempo. Ambrósio aproveitou esses comentários da criação, retocando-os em seus próprios sermões sobre o *Hexaemeron*.
- Das 18 *Homilias sobre os Salmos*, 13 certamente são reconhecidas como autênticas. Evidenciam a grande dependência que Eusébio tinha para com Basílio. O prolixo *Comentário de Isaías*, 1-16, haurido igualmente em Eusébio, é provavelmente apócrifo.

A seguir, como exemplo, transcrevemos uma das homilias.

Homilia para o tempo de penúria e de seca

O tormento do faminto, a fome, é um mal realmente lastimável. Das infelicidades humanas, a fome é a principal; de todas as mortes, a mais penosa [...]. A fome comporta um suplício lento, uma dor que se prolonga, um mal instalado e oculto, uma morte sempre presente e sempre retardada [...]. O corpo se torna lívido dessa palidez e desse negrume combinado pela doença [...]. Os olhos estão debilitados em sua cavidade, girando nas órbitas como nozes secas em suas cascas. O ventre está oco, retraído, sem forma, sem substância; os intestinos não possuem mais a sua tensão normal, os ossos se colam às costas.

Aquele que passa com indiferença diante de um corpo como esse, de que castigo não seria digno? Não será esse o cúmulo da crueldade? Acaso não poderia ele ser arrolado entre os mais desumanos dos animais, não poderia ser considerado como um criminoso e um homicida? Sim, aquele que pode socorrer esse mal e que, voluntariamente, por avareza não faz, que seja, com justa razão, condenado como homicida. [...].

Tu és pobre? Um outro é mais pobre do que tu. Dispões de víveres para dois dias, ele possui apenas para um. Como homem bom e benevolente, divide o que te resta, de modo igual, como o indigente. Não hesite em dar o pouco que tens, não privilegie o teu interesse pessoal diante do perigo comum. Ainda que a tua alimentação esteja reduzida a um pão, e se à tua porta estiver um mendigo, tira esse único pão do armário e, com as tuas mãos, eleva-o aos céus, pronunciando estas palavras, tão queixosas quanto benevolentes: "Este pão que vês, Senhor, é meu último alimento e o perigo é iminente; mas tenho diante de mim o teu mandamento e o pouco que tenho dou a meu irmão, que tem fome. Faze o mesmo com teu servo em perigo. Conheço a tua bondade, confio em teu poder. Não adies por muito mais tempo os teus benefícios, mas, se te aprouver, espalha os teus dons"

Se falares e agires assim, esse pão que tiveres dado a despeito de tua indigência será o germe da abundância; ele produzirá grande quantidade de frutos e será a garantia de tua alimentação, já que foi o embaixador da misericórdia.

Fonte: Comby, 1984, p. 111.

- Cerca de 23 *Discursos*, isto é, sermões sobre diversos temas, ou panegíricos de mártires, podem ser considerados autênticos. São altamente instrutivos para a história da civilização e constituem, ainda, um eloquente quadro dos costumes da época, a saber: o sermão sobre o jejum; contra ébrios.
- O tratado *Aos jovens sobre a maneira de tirar proveito das letras pagãs* foi escrito com o intuito de ensinar seus sobrinhos, então estudantes, a aguçar sua inteligência por meio das letras clássicas pagãs, para se habilitarem a depreender o sentido mais profundo da Sagrada Escritura. Para o estudo, conviria escolher, de preferência, os trechos de valor para a educação moral; proceder como as abelhas que buscam o mel e fogem do veneno; há ensinamentos e exemplos em superabundância. Por meio desse prisma pedagógico, Basílio selecionou da literatura grega, em especial dos poetas, trechos comprovantes do fato de que também os gentios deram testemunho do bem e concederam a palma à virtude. Essas considerações, de espírito extraordinariamente aberto para seu tempo, exerceram decisiva influência sobre a prisão da Igreja em face do patrimônio cultural da Antiguidade.

- As 365 *Cartas* (entre as quais algumas são cartas recebidas por ele), recolhidas pelos monges maurinos, dão uma ideia muito viva da multíplice atividade e da fina cultura do autor, além de serem precioso material para a história da época e da civilização. Podemos distinguir cartas históricas, dogmático-polêmicas, moral-ascéticas, eclesiástico-jurídicas (a esse grupo pertencem entre outras 3 cartas – 188, 189 e 217 –, importantes para a disciplina penitencial), cartas parenéticas, de recomendação, de amizade. A correspondência com Apolinário e outras cartas devem ser catalogadas como apócrifas. Algumas cartas da correspondência entre Basílio e Libânio (Ep 355-359) são igualmente inautênticas ou, ao menos, suspeitas. Quanto à Epístola 8, englobada na coleção epistolar de Basílio, na realidade é de autoria de Evágrio.
- "Gregório de Nazianzo (Or. 43,34) e outros escritores posteriores atestam os méritos de Basílio quanto à organização do culto divino. Como prova um texto recentemente publicado, aplicou-se particularmente em retocar e enriquecer uma Anáfora, já aceita. A força ulterior da Liturgia Basiliana, ainda hoje em uso em alguns dias do ano, é resultado de profundas transmutações" (Altaner; Stubier, 1972, p. 298).

Doutrina de Basílio e doutrina trinitária

O ensinamento de São Basílio é centrado na defesa da doutrina de Niceia contra os diversos partidos arianos. Sua amizade com Santo Atanásio fundava-se na unidade de sua causa comum. Ele se dedicou ao patriarca de Alexandria com uma devoção total, já que reconhecia nele o campeão da ortodoxia: "Não podemos acrescentar nada, diz ao credo de Niceia, nem mesmo a menor coisa, se não a glorificação do Espírito Santo, pela única razão que os nossos Padres mencionaram este ponto incidentalmente" (Ep 258,2). Não obstante a modéstia dessa confissão,

Basílio teve o grande mérito de superar Atanásio e de contribuir largamente na atualização (*aggiornamento*) da terminologia trinitária e cristológica.

No capítulo da Trindade, o trabalho principal de Basílio foi o de reconduzir os semiarianos à Igreja e de fixar, de uma vez por todas, o sentido das palavras *ousía* ("essência") e *hypostasis* ("substância").

Os autores do Credo de Niceia, compreendendo o próprio Atanásio, usavam *ousía* e *hypostasis* como sinônimos. Por isso, até em um de seus últimos escritos, *Ad Afros* 4, Atanásio, querendo justificar o uso dessas palavras às quais se lamentava de não ser escriturais, afirma: "*Hypostasis* equivale a *ousía* e não significa outra coisa senão o simples ser". O Sínodo de Alexandria, presidido por Atanásio em 362, reconheceu formalmente as duas expressões, ou seja, uma só hipóstase ou três hipóstases em Deus – decisão esta que provocou mal-entendidos e controvérsias sem fim.

São Basílio foi o primeiro a insistir na distinção dos termos, enfatizando um significado para *ousía* e três para *hypostasis* em Deus, e a sustentar que *mía ousía, tres hypostasis* é a única fórmula aceitável. Para ele, *ousía* significa a existência, ou a essência, ou a unidade substancial em Deus, e *hypostasis* significa a existência segundo um modo particular, a maneira de ser de cada pessoa. *Ousía* corresponde, no latim, à *substantia* e representa o ser substancial que têm em comum o Pai, o Filho e o Espírito Santo. Ao contrário, Basílio define *hypostasis* como *tó ídíos legomenon*, que assinala uma limitação, a separação em relação à ideia geral de certas concepções que aí estavam circunscritas, correspondendo à pessoa da terminologia jurídica dos Latinos. Ele escreve como exemplo a Carta 1214 (Ep 12,14):

> *Ousía* está em relação a *hypostasis* como o comum ao particular. Cada um de nós participa na existência pelo termo comum *ousía*, e é o tal ou um tal outro pelas suas qualidades pessoais. Igualmente

aqui, o termo *ousía* é comum e representa a bondade ou a divindade ou qualquer atributo semelhante, enquanto *hypostasis* deve ser considerado na propriedade especial da paternidade, da filiação ou dá poder de santificação. (Quasten, 1980, p. 231, tradução nossa)

Basílio prefere o termo *hypostasis* a *prósopon*, que Sabélio tinha empenhado para exprimir distinções puramente temporais e externas em Deus:

> É necessário compreender bem, como acontece no politeísmo, aquele que chega a confessar a comunidade da essência, como também aquele que recusa admitir a distinção das hipóstases é arrastado para o judaísmo. É necessário que o nosso pensamento se fixe, por assim dizer, sobre um argumento e dele imprima em si os caracteres visíveis, para adquirir a compreensão daquilo que deseja. Se não pensamos na paternidade, se não refletimos nisto que caracteriza este assunto particular, como podemos chegar à ideia de Deus Pai? Não basta enumerar as diferenças das pessoas (*prósopon*), mas é necessário reconhecer que cada pessoa (*pósopon*) existe em uma verdadeira hipóstase. Sabélio mesmo não recusou o acabamento sem consistência das pessoas quando afirmou que Deus mesmo, permanecendo um só sujeito, se transformou cada vez segundo a necessidade do momento. De modo que se podia falar ora como do Pai, ora como do Filho e agora como do Espírito Santo. Os inventores desta inqualificável heresia renovam atualmente o antigo erro a longo tempo extinto, pois recusam as hipóstases e negam o nome do Filho de Deus. (Cessem de pronunciar a iniquidade contra Deus, ou) se ponham a gemer com aqueles que negam o Cristo (Ep. 210, 5; MG 32 776 C).

> Basílio fez a Doutrina Trinitária progredir e, em particular, a terminologia dessa doutrina sobre a via que devia levá-la à definição de Calcedônia (451). Os dois Capadócios, de Nazianzo a Gregório de Nissa, caminharam sobre seus traços e, consolidando a sua posição teológica, a usaram como base para um novo progresso. (Quasten, 1980, p. 231-232, tradução nossa)

O esclarecimento preciso que Basílio conferiu aos termos *ousía* e *hypostasis* contribuiu largamente para a adoção dos Capadócios no Concílio de Constantinopla (381). Exatamente sobre esse ponto, porém, Quasten (1980) enfatiza que os teólogos e historiadores Zahn, Loofs e, sobretudo, Harnack atacam Basílio e seus companheiros, acusando-os de não admitir a consubstancialidade das três pessoas divinas senão no sentido da *homooúsios* e de reduzir a unidade a uma pura questão de semelhança.

Harnack (Quasten, 1980) preocupou-se em distinguir o que ele chamou de *antigos nicenos* e *novos nicenos*. Para ele, os antigos nicenos seriam os defensores da *homooúsios*, em Niceia, no Ocidente, e em Alexandria, em particular São Atanásio e outros, como São Basílio e os dois Gregórios, ou seja, os Capadócios, alegando que eles não foram nada mais do que semiarianos e teriam mantido a linguagem de Niceia, mas distorcendo o antigo *homooúsios* (mesma substância) no sentido de *homoiousios* (substância semelhante). Harnack assimila a teologia deles àquela de Basílio de Ancira, isto é, à teoria omeana, em que a comunidade de substância não é mais que uma similitude de substância, mas não uma unidade de substância.

Essa acusação não encontra provas suficientes nos argumentos citados em seu favor. Podemos observar que São Basílio proclamava altamente a unidade numérica em Deus, e um exemplo é uma passagem da Carta 210 que demonstra a quem a examina de perto que Basílio procurava evitar tanto o politeísmo quanto o sabelianismo, dado que escreve: "Quem não chega a confessar a comunidade de essência cai no politeísmo"; sua homilia 24,3 tem uma expressão paralela: "Não confessai uma só *ousía* nos dois (o Pai e o Filho) para não cair no politeísmo". Semelhantes afirmações não podem conciliar-se com a tese omeana, pela qual três formas de existência de natureza semelhante uma em relação com a outra constituem, em seu conjunto, a divindade, em vez de uma única divindade existente de modo permanente sob três formas distintas de existência. A opinião de Harnack é, pois, errônea, e a única distinção aceitável entre antigos nicenos e novos nicenos consiste não em uma diferença real, mas apenas virtual, isto é, só no fato de que os novos nicenos insistem mais sobre três pessoas do que sobre a unidade de substância.

Espírito Santo

Uma das razões pelas quais Basílio teria sido acusado de ser semiariano foi que, em suas passagens, em nenhum momento ele atribui explicitamente ao Espírito Santo o título de Deus em seu tratado *De Spiritu Sancto* e, exatamente em virtude dessa reserva, ele foi muito criticado pelos monges[1]. Atanásio (Ep 62-63) escreveu em sua defesa e convidou os monges a considerar sua intenção (sua *oikonomia*): "Para os débeis ele se faz débil, ao escopo de cativar os débeis". Mas Gregório de Nazianzo oferece mais particulares sobre essa atitude que atraiu para Basílio as reprovações de muitos bispos (cf. Gregório de Nazianzo, Ep 58, panegírico 68-69):

> Esses (inimigos) não procuravam senão colher, na sua nudez, esta palavra sobre o Espírito, isto é, que ele é Deus, o que é verdadeiro, mas que esses, nada menos que o cabeça perverso da impiedade, consideravam uma impiedade, com a finalidade de banir da cidade ele e a sua língua de teólogo, e apoderar-se eles da Igreja, fazer dela um ponto de apoio para a sua perversidade, e de lá, como de uma cidadela, devastar todo o resto. E ele, com outras palavras da Escritura, com testemunhas não duvidosas e de idêntica força, mediante argumentações rigorosas, dominava a tal ponto os seus contraditores que não podiam replicar, e se encontravam enredados nas suas próprias palavras, o que é verdadeiramente o grau supremo de poder e de perspicácia da palavra. Demonstra-o

---

1 Religiosos que têm vida conventual, rezam, estudam e trabalham.

o tratado que ele compôs sobre esse argumento, manejando um estilo que parece sair de um escaninho do Espírito. Mas adiava pelo momento o uso do termo próprio: ao Espírito mesmo e aos seus leais defensores pedia uma graça de que não se ofendessem desta economia, não se apegassem a uma única palavra, para depois perder tudo por insaciabilidade, em um tempo em que a piedade estava às voltas com dolorosas lacerações. Não se podia ser para seus inconvenientes em uma leve mudança de expressões, pois que em termos diversos eles ensinavam a mesma coisa; a salvação é para nós assaz mais importante nas coisas do que nas palavras.

Que de fato ele tinha conhecido melhor do que qualquer um a divindade do Espírito, resulta claramente do fato que ele muitas vezes proclamara em público, todas as vezes que se lhe apresentava ocasião, e que na intimidade, para aqueles que o interrogavam, se dava a delicadeza de confessá-la; mas o fez em termos mais claros nas suas conversações comigo, porque não mantinha escondido nada quando me entretinha sobre tal questão: não contente de simples declarações sobre este ponto, mas – coisa que antes tinha feito somente de passagem – formulando contra si a mais pavorosa das imprecações: de se ver recusado pelo Espírito mesmo, se não venerasse o Espírito com o Pai e o Filho, como tendo a mesma substância e digno das mesmas honras, e, se me permite, de me associar a ele em matérias semelhantes, revelarei uma coisa até agora ignorada dos demais: no desconforto em que as circunstâncias nos colocavam, ele estabeleceu para si mesmo o dever desta linguagem temperada (*oikonomia*), deixando-nos falar com toda franqueza, que ninguém devia julgar nem expulsar da pátria, e que éramos estimados por nossa obscuridade, de modo que graças a um e a outro o nosso evangelho pudesse ser potente. Se referi esses particulares, não é para defender a reputação de Basílio: está acima de seus detratores, quaisquer que sejam, este homem: mas para evitar que se considerem como regra da piedade as palavras isoladas encontradas nos seus escritos e se sinta a própria fé enfraquecer, e se proponha como argumento em favor da própria perversidade a sua teologia, que era obra não só do Espírito, mas também juntamente com circunstâncias; aliás, apreçando o alcance disto que estava escrito e a finalidade que tinha feito escrever, se sinta maiormente atraídos para a verdade e se cale a boca aos ímpios. Pudesse ter, eu e todos aqueles que me são caros, a sua teologia! (Orat. 43, 68-69; MG 36,588 B). (Quasten, 1980, p. 233-234, tradução nossa)

A declaração de Gregório concorda plenamente com o fato que Basílio ensinou em seus escritos sobre a divindade e a consubstancialidade do Espírito Santo de maneira implícita, sem jamais aplicar a expressão *ómoousios tó patrí* à terceira pessoa da Santíssima Trindade. Ele fala sem equívoco possível no *Adv. Eunomium* 3, 4, e 3 ,5 de sua divindade (*theótes áutoû*) e a demonstra em todo o tratado *De Spiritu Sancto* (41-47, 71-75).

Na Ep 189,47, ele se exprime claramente de modo a eliminar toda possibilidade de mal-entendido:

> Que razão há para atribuir ao Espírito Santo a comunidade com o Pai e o Filho em todos os outros termos, e excluí-lo da única e só divindade? Não há escapatória: devemos atribuir-lhe a comunidade sobre este ponto, ou negá-la totalmente. Se ele não é digno sob outro aspecto, o é também sob este. Se, como reafirmam os nossos adversários, é demasiadamente insignificante porque lhe seja concedido ser associado ao Pai e ao Filho na divindade, então não é digno nem mesmo de condividir também um só dos atributos divinos, dado que se se examinam acuradamente os termos, e se confrontam entre eles, ajudando-se com o sentido particular que se depara em cada um, se descobrirá que esses implicam sem dúvida o título de Deus.
>
> Mas esses tais objetavam que este título exprime a natureza daquilo a que é aplicado, que a natureza do Espírito Santo não é uma natureza condividida em comum com aquela do Pai e do Filho, e que por esta razão não se podia atribuir ao Espírito Santo o

uso comum deste nome. Consequentemente cabe a eles, então, demonstrar com quais meios descobriram esta diferença de natureza... Na investigação da natureza divina, nós somos necessariamente guiados pelas suas operações. Se descobrimos que as operações do Pai, do Filho e do Espírito Santo são diversas umas das outras, poderemos então conjeturar, partindo da diversidade das operações, que diferem também as naturezas operantes. É com efeito impossível que coisas distintas naquilo que diz respeito à natureza, sejam associadas no que se refere à forma das operações: o fogo não esfria, o gelo não esquenta. A diferença das naturezas implica, pois, a diferença das operações que delas procedem. Concedei agora que nós percebamos a operação do Pai, do Filho e do Espírito Santo como uma e idêntica, a ponto de não apresentar sob nenhum aspecto diferença ou variação: desta identidade de operação, induzamos necessariamente a unidade de natureza... A identidade de operações no caso do Pai, do Filho e do Espírito Santo demonstra que este título se aplica com toda propriedade ao Espírito Santo (MG 32, 689 C). (Quasten, 1980, p. 235, tradução nossa)

São Basílio admite manifestamente, com a maior parte dos padres gregos, que o Espírito Santo procede do Pai através do Filho, que vem do Pai, se bem que não por via de geração como o Filho. O Espírito Santo é sopro da boca do pai (*De Spiritu Sancto* 46,38), mas também "a bondade natural, a santidade inerente e a dignidade régia que se estende do Pai através do Filho até ao Espírito Santo" (47). Este é também chamado o *Espírito de Cristo*, mas essa afirmação não implica que o Filho seja a única fonte do Espírito Santo, como sustentava Eunômio (*Eunomium* 2, 34), uma vez que a Sagrada Escritura o chama o *Espírito do Pai* não menos que o *Espírito do Filho*, tendo o filho tudo em comum com o Pai (*De Spiritu Sancto* 8, 45). Basílio deixa compreender, sem afirmá-lo expressamente, que o Espírito Santo é, em certo sentido, *ex Filio* e procede do Filho (*Eunomium* 2,32) (Quasten, 1980).

Eucaristia

De acordo com Quasten (1980), um dos documentos mais notáveis concernentes à história da santa comunhão é a Epístola 93 de Basílio, endereçada à Patrícia Cesária, no ano 372, que atesta a reserva sacramental junto a particulares, em sua casa, para o uso pessoal, para comunhão cotidiana. No texto, está escrito: "Comungar, mesmo todos os dias, e receber a própria parte do santo corpo e do precioso sangue de Cristo é coisa vantajosa, dado que ele mesmo diz claramente: Aquele que come a minha carne e bebe o meu sangue tem a vida eterna".

Nós, cristãos, comungamos quatro vezes por semana: no domingo, no quarto dia, na Parasceve e no sábado, mas também em outros dias, se ocorrer a memória de algum santo. No entanto, em tempos de perseguição, na ausência do sacerdote ou do ministro, se houver a necessidade, não há nada de ofensivo em receber a comunhão de suas próprias mãos, pois tal prática é confirmada pelo longo costume e atestada pelos mesmos fatos.

> Os monges que habitam nos desertos, onde não há sacerdote, têm a comunhão junto de si e a dão a si mesmos da própria mão. Além disso, em Alexandria e no Egito, as pessoas também tinham o hábito de ter quase sempre a comunhão em suas casas, e se davam a comunhão a si mesmas quando desejavam. Do momento em que o sacerdote cumpriu o sacrifício e o distribuiu, aquele que a recebeu tudo de umas vezes deve crer com razão que aí participa e que o recebe das mãos daquele que lhe deu. Com efeito, na Igreja, o sacerdote dá a parte que se lhe pede; aquele que a recebe a conserva com toda a liberdade e a leva à boca pela sua mão. Vem a ser pois o mesmo, que recebe do sacerdote uma só parte ou muitas partes cada vez(MG 32, 484). (Quasten, 1980, p. 236, tradução nossa)

Confissão

Quasten (1980, p. 267) afirma que K. Holl, na obra *Entusiamus*, atribui a São Basílio a origem da confissão auricular no sentido católico de uma confissão regular e obrigatória de todos os próprios pecados, também dos mais secretos, mas identifica indevidamente a confissão sacramental com a "confissão monástica", que não era senão um simples procedimento de disciplina e de direção espiritual, não implicando nem reconciliação nem absolvição sacramentais.

Em sua *Regula* (25, 26, 46), Basílio prescreveu ao monge abrir sua alma e confessar suas ofensas, bem como os pensamentos mais íntimos ao superior ou a outros julgados dignos e "que gozam da confiança dos irmãos". O lugar do superior, naquele contexto, era tido por aquele que foi escolhido para representá-lo, e não precisaria ser necessariamente um sacerdote. Podemos dizer que Basílio foi precursor do que chamamos de *confissão monástica*, mas não da confissão auricular que constitui parte essencial do sacramento da penitência (Quasten, 1980).

As cartas canônicas de Basílio informam que a antiga disciplina (da penitência), existente na época de Gregório, o Taumaturgo, nas Igrejas de Capadócia, estava sempre em vigor. A expiação consistia na separação do penitente da assembleia cristã durante o serviço litúrgico. A *Epístola canônica de Gregório* indicava quatro graus, ou níveis, de pessoas nessas assembleias (Quasten, 1980):

1. *Prósklausis*: aquele dos "chorões", que ficavam fora da igreja.
2. *Ákróasis*: aquele dos "ouvintes", que assistiam à leitura da Sagrada Escritura e ao sermão.
3. *Upóstasis*: aquele dos "prostrados", que tomavam parte na oração de joelhos.
4. *Sústasis*: aquele dos "penitentes", que permaneciam em pé durante todo o ofício, mas sem tomar parte na comunhão.

Na terceira carta canônica de Basílio (Ep 217, 593,6), que acrescenta interessantes particulares sobre a duração dos diferentes períodos, encontramos as mesmas quatro classes de penitentes, como resulta do cânone 75:

> O homem que se contaminou com a própria irmã, do mesmo pai ou da mesma mãe, não deve ser admitido a entrar na casa de oração antes de ter renunciado à sua conduta iníqua e ilegítima. E, portanto, quando terá tomado consciência deste terrível pecado, que chore por três anos em pé na porta da casa de oração, suplicando àqueles que entram para a oração que ofereçam todos e cada um por piedade as suas orações por ele com fervor ao Senhor. Depois, seja admitido por outro período de três anos somente a ouvir e, quando terá ouvido as Escrituras e a instrução, seja expulso e não julgado digno de assistir à oração. Depois disso, se pediu com lágrimas e se lançou diante do Senhor com contrição de coração e com grande humildade, lhe seja concedido assistir de joelhos por outros três anos. Portanto, tendo mostrado dignos frutos de penitência, seja admitido no décimo ano à oração dos fiéis, mas não à oblação. Enfim, depois de ter assistido em pé com os fiéis à oração por dois anos, naquele momento, mas somente então, seja julgado digno da comunhão do bem precioso (Ep. 217; MG 32, 804 A). (Quasten, 1980, p. 237, tradução nossa)

3.2.2 Gregório de Nazianzo

Gregório de Nazianzo provinha, como seu amigo Basílio, de uma família aristocrática da Capadócia. Tinha mais ou menos a mesma idade de Basílio e seguiu o mesmo ciclo de estudos, mas com personalidade totalmente diferente.

Nazianzo não tinha o vigor do grande príncipe bispo de Cesareia nem suas atitudes para o governo. Entre os teólogos do século IV, ele foi um humanista atraído pela contemplação tranquila e preocupado em unir a cultura literária à vida ascética, mas muito menos inclinado a grandezas da vida ativa ou da hierarquia eclesiástica. No entanto, a fraqueza de seu caráter e a grande delicadeza de sua consciência o impediram de seguir suas inclinações e de resistir a todas as influências externas. Nos registros de sua vida, podemos notar certa falta de resolução: ele procurava a solidão, mas as orações dos amigos, seu caráter conciliador e seu senso do dever o reconduziam à tormenta e às controvérsias do mundo.

Há mais de mil anos ele seduz os literatos, que, já na época bizantina, haviam dado a ele o título de "Demóstenes cristão". Nazianzo foi certamente um dos maiores oradores da Antiguidade Cristã e superou o amigo Basílio pelo domínio da retórica helenística. Se conheceu o sucesso na vida, foi em decorrência, principalmente, da potência de sua eloquência.

Gregório nasceu por volta de 330 em Arianzo, na parte sudoeste da Capadócia, em uma propriedade rural próxima de Nazianzo, de seu pai, que era bispo. Nonna, sua santa mãe, era filha de pais cristãos e teve uma influência decisiva na conversão do filho, que, em um dos discursos (2, 77), declarou que foi consagrado a Deus pela mãe antes mesmo do nascimento. Conheceu Basílio quando, jovenzinho, foi mandado para a escola de retórica de Cesareia de Capadócia, mas, enquanto este partia pouco depois para prosseguir seus estudos em Constantinopla, Gregório frequentou, por algum tempo, as escolas cristãs da Palestina e de Alexandria do Egito. Suas primeiras relações com Basílio tornaram-se uma amizade muito íntima quando chegou a Atenas para terminar os estudos em um célebre centro de ensino. A oração fúnebre que pronunciou sobre o corpo do amigo, em 381, oferece uma descrição extremamente interessante da vida universitária em Atenas na metade do século IV.

Nazianzo deixou a cidade por volta de 357, pouco depois de Basílio, e retornou à sua casa, e os documentos indicam que seu batismo provavelmente aconteceu entre o retorno à Capadócia e a prolongada visita que fez a Basílio (358-359), quando este vivia em seu retiro monástico no deserto do Íris, no Ponto. Temos já recordado a ajuda que ele deu ao amigo Basílio na composição da *Filocália* e das *Regras monásticas*. Esse gênero de vida o atraiu tão fortemente que ele talvez tivesse permanecido na solidão se o pai não houvesse insistido em ordená-lo e tê-lo a seu lado, para que o ajudasse na velhice. Já que o povo de Nazianzo apoiava esse desejo de seu pai, Gregório não teve forças para resistir e foi elevado ao sacerdócio por volta do ano 362, contra a própria vontade.

No desprazer pela violência sofrida, que ele ainda descreveu muitos anos depois como um ato de tirania (*Carmen de vita*, L, 345), fugiu para junto de seu amigo no Ponto, mas voltou pouco depois, tendo adquirido um senso mais verdadeiro do próprio dever, e, desde então, participou fielmente da administração da diocese e da cura de almas. Explicou e justificou a fuga e o retorno no *Apologeticus de fuga*, que se constitui em um verdadeiro tratado sobre a natureza e as responsabilidades do ministério sacerdotal (Quasten, 1980).

Por volta do ano 371, o imperador Valente dividiu a província civil da Capadócia em duas partes, fazendo de Cesareia a metrópole de Basílio, a capital da Capadócia Prima, e de Tiana a capital da Capadócia Segunda. O bispo de Tiana, Antimo, fundando-se na necessidade de paralelismo entre as divisões eclesiásticas e aquelas civis, pretendeu ser o metropolita da nova província e reclamou a jurisdição sobre algumas sedes sufragâneas de Basílio, que, por sua vez, opôs-se com energia e decidiu criar novos episcopados no território contestado, com a finalidade de afirmar seus direitos e de robustecer sua posição. Uma das cidades escolhidas foi Sásima, onde Basílio consagrou Gregório como bispo do povoado. No entanto, Gregório nunca tomou posse da sede e permaneceu em Nazianzo, onde continuou a ajudar o pai. Com a morte deste, em 374, assumiu a administração da diocese de Nazianzo, mas pouco depois se retirou para Seleucia, na Isaura (atual costa sul da Turquia), para aí transcorrer uma vida de retiro e de contemplação.

A solidão de Gregório, entretanto, foi breve, pois, no ano 379, a pequena comunidade nicena de Constantinopla recorreu a ele e lhe solicitou que fosse em seu auxílio para reorganizar a Igreja, que, à época, era oprimida por uma série de imperadores e de arcebispos arianos, visto que a morte de Valente fazia esperar dias melhores. Gregório aceitou e por dois anos foi um personagem muito em vista na história política da Igreja. Na chegada à capital, encontrou todos os edifícios eclesiásticos em mãos dos arianos, mas um parente lhe ofereceu a casa, que ele consagrou com o promissor título de *Anastasia: Igreja da Ressurreição*. Logo em seguida, suas práticas atraíram um grande auditório, e foi ali que ele teve os célebres *Cinco discursos sobre a divindade do Logos*.

Quando o novo soberano do Oriente, Teodósio, fez seu ingresso triunfal na cidade, a 24 de dezembro de 380, os católicos recuperaram todos os edifícios, e Gregório se ensedou na igreja dos Apóstolos, para a qual o imperador em pessoa o conduziu em uma solene procissão. O segundo Concílio Ecumênico que Teodósio convocou e abriu em Constantinopla, em maio de 381, reconheceu Gregório como bispo da capital, porém, tendo os bispos do Egito e da Macedônia contestado sua nomeação por razões canônicas e por ter sido feita antes da chegada deles, ele se desencorajou tanto que renunciou à segunda sede da cristandade no cabo de poucos dias.

Antes de partir da cidade, pronunciou na catedral o *Sermão de adeus* (Orat. 42) para a assembleia e para o povo. Voltou a Nazianzo e tomou para si o encargo da diocese até a consagração de Eulálio, dois anos depois. Aliviado do cargo, Gregório passou os últimos anos da vida na propriedade de sua família, em Arianzo, onde pôde dedicar-se completamente às obras literárias e às observâncias monásticas, até o dia em que foi libertado do último fardo, seu corpo enfermo, e morreu em 390 (Quasten, 1980).

Escritos de Gregório de Nazianzo

Gregório Nazianzeno não foi um escritor muito fecundo. Não compôs nenhum comentário bíblico nem algum douto tratado dogmático. Sua herança literária compreende só discursos, poemas e cartas. É o único poeta entre os grandes teólogos do século IV. Tanto na prosa quanto nos versos, permaneceu um grande retórico, cuja perfeição de forma e de estilo não foi igualada por ninguém dos autores cristãos de seu tempo, e exatamente por essa razão suas obras agradaram tanto aos comentadores bizantinos da Idade Média quanto aos humanistas do Renascimento.

Embora, até 1914, a Academia das Ciências de Cracóvia tenha se empenhado em criar um texto crítico de Gregório, foram publicados apenas estudos preparatórios; ainda não foi publicada nenhuma edição crítica científica.

Discursos

As obras mais belas de Gregório de Nazianzo são os quarenta e cinco *Discursos*: uma seleção reunida depois de sua morte e, em maior parte, de textos criados no período entre 379 e 381, que foi justamente o mais importante de sua vida, quando ele era bispo de Constantinopla e sobre ele estavam fixados os olhares do mundo inteiro. Mais do que em qualquer outra cidade, Gregório pode dar vazão aos seus talentos de orador em Constantinopla, e aí encontramos todos os procedimentos da retórica asiana: imagens, antíteses, interjeições, fases com *staccato*, difundidas de modo que certamente parece excessivo ao leitor moderno (Quasten, 1980).

Seus discursos foram lidos e estudados nas escolas de retórica e lhe causaram muitos problemas; os mais antigos remontam ao início do século IV. Apesar disso, o ritmo poético da prosa de Gregório fez de certas passagens de seus discursos a base para certos hinos e poemas eclesiásticos, como no casos dos versos de Doroteu de Maiuma, João Damasceno, Cosme de Maiuma, Arsênio de Corcira, Nicéforo Blemmide, bem como de certo número de composições anônimas.

Por volta dos anos 399 ou 400, Rufino de Aquileia traduziu para o latim nove desses discursos (2, 6, 16, 17, 26, 27, 38, 39, 40), mas o fez infelizmente de modo apressado e negligente. Existem também antigas versões em armênio, siríaco, paleoeslavo, copta, georgiano, árabe e etiópico. Podemos resumir essas obras do seguinte modo:

- *Os cinco discursos teológicos* (27-31), sobretudo pronunciados em Constantinopla no verão ou no final de 380, atraíram para Gregório a admiração geral e mereceram seu título distintivo: *teológicos*. Eles defendem o dogma eclesiástico contra os eunomianos e os macedonianos e, se bem pronunciados com o particular escopo de proteger a fé nicena da própria comunidade, representam o fruto maduro de um longo e diligente estudo da doutrina trinitária. O primeiro serve como introdução para toda a série e trata das condições requeridas pela discussão das verdades teológicas. O segundo enfrenta a teologia propriamente dita, isto é, as questões da existência, da natureza e dos atributos de Deus, na medida em que o espírito humano pode compreender e definir. O terceiro demonstra a unidade de natureza entre as três pessoas divinas, em particular a divindade do Logos e sua coigualdade com o Pai. O quarto refuta as objeções dos arianos contra a divindade do Filho e as passagens escriturísticas que eles abusivamente contrapunham. Por fim, o quinto defende a divindade do Espírito Santo contra os macedonianos. O próprio Gregório chama (Orat. 28,1) os últimos discursos de *tês theologías lógoi* (Quasten, 1980).

- Os discursos 20 e 32, respectivamente intitulados *Sobre a Ordem e a posse dos bispos* e *Sobre a moderação e o escopo a se atingir nas controvérsias*, denunciam a paixão dos constantinopolitanos pelas controvérsias e pelas argumentações dogmáticas. O primeiro dá uma particularizada definição da doutrina trinitária.

- Os discursos do grupo apologético (4 e 5) compreendem duas invectivas contra Juliano, o Apóstata, que Gregório conheceu pessoalmente em Atenas. Compostos depois da morte do imperador (26 de junho de 363), provavelmente não foram jamais pronunciados em público. Transbordam de ressentimento e de cólera a ponto de perder quase todo o valor histórico.

- Os discursos dos grupos panegírico e hagiográfico incluem mais discursos do grupo dogmático. São sermões litúrgicos para o Natal, a Epifania, a Páscoa, o domingo *in Albis*, o Pentecostes, bem como panegíricos dos Macabeus, de Cipriano Cartagena, de Atanásio, de Máximo, o Filosofo, além de orações fúnebres, como aquelas para o irmão Cesário, para a irmã Gorgônia e para o amigo Basílio.

- O grupo mais numeroso é aquele de seus discursos de circunstância. No mais importante desse grupo, o *Apologeticus de fuga*, ele descreve longamente o caráter e a responsabilidade do ministério sacerdotal, para se justificar por ter sido subtraído desse encargo com a fuga e para explicar seu retorno. Equivale a um tratado completo sobre o sacerdócio e serviu de modelo e de fonte a João Crisóstomo para seus *Seis Livros sobre o sacerdócio*. Inspirou também a *Regra Pastoral* de Gregório Magno. Gregório Nazianzeno parece tê-lo pronunciado parcialmente em 362, completando-o mais tarde. Entre os outros discursos de circunstância, resta-nos aquele de sua elevação à sede de Sásima, aquele da consagração de Eulálio, o sucessor de seu pai, e o último do grupo, o discurso de adeus quando saiu do Concílio e da comunidade de Constantinopla, com as seguintes palavras:

> Adeus, augusta basílica, adeus, Santos Apóstolos... Adeus, cátedra pontifical. Adeus, célebre cidade, excelsa pelo ardor da fé e o amor para com Jesus Cristo. Adeus, Oriente e Ocidente, pelos quais tanto combati, e que me tínheis exposto a tantas batalhas. Adeus, meus filhos, conservai a herança que vos foi confiada. Lembrai-vos dos meus sofrimentos e a graça de nosso Senhor Jesus Cristo esteja sempre junto de vós (Orat. 42). (Quasten, 1980, p. 246-247, tradução nossa)

Poesias

Gregório escreveu suas poesias no último período de sua vida, em seu retiro em Arianzo. Se for justo considerá-lo um poeta inspirado, cabe observar que ele, de fato, compôs certos poemas que respiram um verdadeiro sentimento poético e atinge uma autêntica beleza. Outras composições, ao contrário, não passam de prosa versificada. No total, restam-nos quatrocentas composições. Em uma delas, intitulada *In suos versus*, demora longamente explicando as razões que o levaram à poesia no declínio de sua vida. Sua intenção principal é demonstrar que a nova cultura cristã não apresenta mais nenhuma inferioridade em relação à cultura pagã. A segunda razão é que ele julga necessário – pois que certas heresias, especialmente de Apolinário, não hesitam em divulgar as próprias doutrinas sob o manto da poesia – usar também eles as mesmas armas para uma eficaz refutação de seus erros. Temos, assim, trinta e oito poemas dogmáticos sobre a Trindade, a obra criadora de Deus, a providência divina, a conduta, a encarnação, as genealogias, os milagres e as parábolas de Nosso Senhor, assim como livros canônicos e autobiográficos. Gregório encontra aí a possibilidade de exprimir seus pensamentos e seus sentimentos íntimos, o profundo apreço pelos parentes e amigos que repousam em Deus, suas esperanças e seus desejos, as desilusões e os erros. O mais longo é o poema autobiográfico *De vita sua*, que conta com 1.949 trímetros jâmbicos e que não é somente a principal fonte da vida de Gregório, desde o nascimento até a partida de Constantinopla, mas também a obra-prima de toda a literatura grega no gênero da autobiografia. Escreveu muitos outros poemas autobiográficos: *Querella de suis calamitatibus* (2,1,19), *De animae suae calamitatibus lúgubre* (2, 1, 45) e *Carmen lúgubre pro anima sua*. Todos esses poemas pintam a vida interior de uma alma cristã com tal potência e tal vivacidade que não podemos compará-los a não ser com as *Confissões de Santo Agostinho*.

Entre os outros poemas de São Gregório, temos, além de uma grande quantidade de epitáfios, de máximas epigramáticas e de aforismas, gêneros nos quais ele era excelente, uma grande variedade de metros. Notou-se que seu ritmo se funda no acento tônico, e não na quantidade no *Hymnus vespertinus* e na *Exhortatio ad virgines* (12, 1, 32, e 1, 2, 3), mas parece que essas obras não são autênticas. E. Keydell demonstrou que pelo menos a segunda parte não pode ser atribuída a Gregório. A tragédia *Christus patiens*, que figura entre suas obras (MG 38, 133-138), é certamente apócrifa; foi composta provavelmente durante o século XI ou XII e resta o único drama ainda existente do período bizantino (Quasten, 1980).

Ainda de acordo com Quasten (1980), é discorde a opinião dos estudiosos a respeito da avaliação da poesia de Gregório. As conclusões de Pellegrino e de Wyss são diametralmente opostas. Segundo Keydell, sua poesia no conteúdo e na forma mostra uma completa descontinuidade com respeito à Antiguidade Clássica; é independente de todas as tradições e não teve nunca imitadores. Pelo contrário, Werhahn, que dá uma nova edição da *Comparatio vitarum* (MG 37,649-667), demonstra, no conjunto, que Gregório atinge largamente as formas filosóficas, especialmente Platão e os estoicos, bem como a literatura de diatribe, e que reelaborou lugares comuns, por exemplo, na descrição da vida do rico. Em seus versos, parece que Gregório planta raízes muito mais profundamente na tradição clássica. Toma tudo o que julga útil para uma filosofia cristã da vida, mas seu espírito criador o remete ao crivo para formar uma obra nova que traga manifesta a marca de sua alma religiosa. L. Sternbach tinha preparado uma edição completa das poesias de Gregório, mas seu manuscrito desgraçadamente desapareceu durante a última Guerra Mundial. A edição dos textos patrísticos de Migne traz muitas composições não autênticas.

Cartas

Podemos afirmar que Gregório

> foi o primeiro autor grego que publicou uma coleção das próprias cartas e o fez mediante pedido de Nicóbulo, neto de sua irmã Gorgônia. Incidentalmente, ele publicou também uma teoria epistolográfica (Ep. 51 e 54), em que sustenta que uma boa carta deve obedecer a quatro princípios: brevidade, clareza, graça e simplicidade. Ainda que ele recuse apresentar as suas cartas como modelos, elas revelam uma composição muito cuidada, demonstrando frequentemente uma ponta de humorismo, e são, na maior parte, breves e incisivas. O próprio Basílio reconhece que a concisão é a característica da correspondência do amigo, e observa escrevendo-lhe (Ep. 19): "Antes de ontem chegou até mim uma carta tua, e era precisamente tua, não tanto pela caligrafia quanto pela particular qualidade da carta. De fato, se há poucas frases, essas contêm muito pensamento". (Quasten, 1980, p. 249-250, tradução nossa)

De acordo com Quasten (1980), Migne traz 244 cartas de Gregório, e Mercati encontrou outras delas, endereçada a Basílio. Na maior parte, essas cartas foram escritas durante seu retiro em Arianzo, isto é, nos anos 383 e 389. Por quanto agradáveis que sejam pelo estilo e pelo espírito, não têm porém, a importância das cartas de Basílio. O valor delas é sobretudo autobiográfico e, em geral, não vão além do círculo dos parentes e amigos. Algumas têm importância teológica, marcadamente as duas que endereçou ao sacerdote Cledônio (Ep. 101 e 102), compostas provavelmente em 382, nas quais oferece argumentos para refutar os apolinaristas.

Teologia de Gregório de Nazianzo

Gregório começa sua carta a Basílio com estas palavras: "Desde o início tomei a vós, e ainda o tomo, como meu guia e meu mestre de dogma" (Quasten, 1980, p. 257, tradução nossa), reconhecendo, assim, seu enorme débito teológico com o grande bispo de Cesareia. Um estudo aprofundado de seu pensamento trará novas confirmações dessa sua dependência. Gregório, todavia, marca um progresso muito nítido em relação a Basílio, não apenas pelos melhoramentos que deu à terminologia e a fórmulas dogmáticas deste último, mas também pelo seu senso da teologia como ciência e pela maneira mais profunda com que soube colher os problemas. Não é sem razão que a posteridade decretou para ele o título de Gregório Teólogo. Mais de uma vez trata explicitamente, em suas obras, da natureza da teologia e, na prática, nos *Cinco discursos teológicos* (27-31), bem como nos sermões 20 e 32, oferecendo uma série de "discursos sobre método", uma metodologia no sentido mais pleno da palavra. Aborda as fontes da teologia, as características do teólogo, a *ecclesia docens* e a *ecclesia discens*, o objeto da teologia, seu espírito, a fé e as razões, bem como o poder da Igreja de formular definições dogmáticas vinculantes.

Doutrina trinitária

A defesa da doutrina trinitária é um dos temas aos quais Gregório se volta em quase todos os seus discursos. No *Discurso sobre o Santo Batismo* (Orat. 40, 41), ele dá um resumo preciso de seu ensinamento:

> Dou-vos esta profissão de fé como a guia e o protetor que observareis por toda a vida: Uma só divindade e uma só potência, que se encontra nas três na unidade e que compreende os três separadamente, não desiguais em substância ou natureza, nem aumentados ou diminuídos por adição ou subtração, iguais sobre todo o aspecto uma só e idêntica coisa, como é uma a beleza e a grandeza dos céus; a conjunção infinita dos seres infinitos, cada um dos quais é Deus considerado a parte, qual o Pai tal o Filho, e qual o Filho tal o Espírito Santo, cada um distinto por sua propriedade pessoal (*idiótes, proprietas*), os três em um só Deus quando são considerados juntamente; cada um Deus em razão da consubstancialidade (*òmoousiótes*, um só Deus por causa da monarquia (*monarkhia*), In sanctum baptisma (MG 36, 417 B). (Quasten, 1980, p. 252, tradução nossa)

Em seus discursos, Gregório também faz alusão à heresia de Ário e de Sabélio: a Ário por ter uma doutrina trinitária na qual afirma que só o que une as três pessoas é a divindade; a Sabélio por afirmar que um só Deus se manifesta como pai, como filho na encarnação e como o Espírito Santo, descendo sobre os Apóstolos em Pentecoste.

> Com esta profissão de fé, Gregório quer evitar a heresia de Ário não menos do que aquela de Sabélio, como afirma explicitamente que são a divindade. Não queremos evitar os excessos e os defeitos, não fazer Três pela individualidade ou as hipóstases, se assim se preferir chamá-las, ou pessoas (*prósopon*), já que não queremos litigar a respeito de nomes até enquanto as sílabas oferecerem o mesmo sentido; mas em relação à substância, tal é a divindade. Já que essas são divididas sem divisão, e assim podemos dizer que

> estão unidas na divisão. Com efeito, a divindade é uma em três, e os três são um, no qual a divindade reside, ou, para falar de modo mais preciso do que fazer da unidade uma confusão, nem da divisão uma separação. Quereríamos nos manter tanto distantes da divisão de Ário quanto da confusão de Sabélio, que são males diametralmente opostos, se bem que iguais quanto à perversidade. Que necessidade há de fazer como os hereges, que confundem Deus ou o dividem de modo desigual (Orat.I 39, 11; *In sancta lumina*; MG 36, 345 C). (Quasten, 1980, p. 252, tradução nossa)

Se compararmos a doutrina de Gregório com aquela de Basílio, observamos na primeira uma insistência mais acentuada sobre a unidade, a monarquia e a única soberania de Deus, além de uma definição bastante clara a respeito das relações divinas. Na realidade, a doutrina que constitui o núcleo central da futura análise escolástica da Trindade, e que o Concílio de Florença (4 de fevereiro de 1441) reassume na fórmula *in Deo omnia sunt unum, ubi non obviat reelationis oppositio*, remonta originariamente à fórmula de Gregório: há completa identidade entre as pessoas divinas, exceto pelas relações de origem (Orat. 34, MG 36, 352 A; Orat. 20, MG 35. 1073 A; Orat. 31, MG 36, 165 B; Orat. 41 MG 36, 441 C).

Gregório recorre à doutrina das relações para demonstrar a coeternidade das pessoas divinas e sua identidade de substância contra as distorções racionalistas dos hereges. Para ele, as três pessoas têm, cada uma, propriedades de relação, e essas propriedades são relações de origem. Enquanto Basílio faz desse caráter de relação a propriedade só do Filho, Gregório aprofunda seu significado como propriedade do Espírito Santo.

> Gregório tem, pois, o mérito de ter dado pela primeira vez uma definição clara dos caracteres distintivos das pessoas divinas, isto é, das noções implicadas na sua origem e na sua mútua oposição. Mas Gregório supera Basílio também sobre outro ponto. Se este

último revela uma clara compreensão das propriedades (*idiótetes*) das duas primeiras pessoas da Trindade no seu *Adv. Eunom.* 2, 28, ele, ao contrário, confessa a própria impotência para exprimir a propriedade da terceira, da qual se limita a esperar a compreensão na visão beatífica (*Adv. Eunom.* 3, 6-7). Gregório supera completamente esta dificuldade, e declara que os caracteres distintivos das três pessoas divinas são *àgennesía*, *génnêsis* e *ékpóreusi* ou *ékpempsis* (cf. Orat. 25, 16; 26, 19), definindo, assim, claramente o caráter distintivo do Espírito Santo como processão. Afirma por exemplo: "O nome próprio daquele que é sem origem é o Pai; o nome próprio daquele que é gerado sem começo é o Filho; o nome daquele que procede ou vem sem ser gerado é o Espírito Santo" (Orat. 30,19). Gregório está plenamente consciente do fato de que introduz este termo "processão": O pai é Pai e sem origem, já que não vem de ninguém; o Filho é Filho e não sem origem dado que vem do Pai. Mas se tu entendes "origem" no sentido temporal, é também ele sem princípio, dado que é ver é o autor e não súdito do tempo. O Espírito Santo é verdadeiramente o Espírito, saindo do Pai, não, todavia, por filiação ou geração, mas por processão, e é necessário inovar sobre nomes para esclarecer o pensamento. A propriedade do Pai de ser não gerado não desaparece pelo fato de que gera, nem aquela do Filho de ser gerado pelo fato de que vem do não gerado e nem mesmo o Espírito se encontra transportado no Pai ou no Filho pelo fato de proceder, ou porque é Deus, também se não parece que seja assim aos olhos dos ateus (*In sancta lumina* Orat. 39, 12; MG 348 B). (Quasten, 1980, p. 253, tradução nossa)

Espírito Santo

As últimas palavras de Gregório marcam um progresso no desenvolvimento na doutrina cristã: ele não hesita, como fazia Basílio, em expressar de modo claro a divindade do Espírito Santo, que chama Deus (*tó pneûma ágion kaà theós*) em um sermão público de 372, quando pediu:

> Por quanto tempo ainda esconderemos a lâmpada sob o alqueire, e negaremos aos outros o pleno conhecimento da divindade (do Espírito Santo)? Melhor seria colocar a lâmpada sobre o candelabro para que difunda sua luz sobre toda a Igreja, sobre todas as almas, sobre o universo inteiro, renunciar às metáforas e às tortuosidades intelectuais, e afirmá-la nitidamente (Orat. 12, 6). (Quasten, 1980, p. 253, tradução nossa)

Mesmo justificando a reserva (*oíkonomía*) e a prudência de Basílio na expressão dessa verdade, ele reivindica para si mesmo o direito de falar dela com toda a liberdade. No quinto *Decurso teológico*, inteiramente dedicado ao Espírito Santo, ele deduz a consubstancialidade do Espírito Santo: "O Espírito Santo é Deus? – Certamente! Então, é consubstancial? – Sim, porque é Deus" (Orat. 31,10). Explica, nessa ocasião, a incerteza dos tempos passados com a ordem querida no desenvolvimento da revelação divina:

> O Antigo [Testamento] anunciou claramente o Pai, porém o Filho de maneira mais obscura. O Novo revelou claramente o Filho, e mostrou indiretamente a divindade do Espírito. Agora o Espírito habita entre nós e nos oferece uma demonstração mis evidente disto que é ele mesmo. Não teria sido prudente, antes que fosse reconhecida a divindade do Pai, proclamar abertamente o Filho, e, até que não fosse ainda admitida aquela do Filho, impor, se é lícito exprimir de modo assim audaz, o encargo suplementar do Espírito Santo (Orat. 31, 26; MG 36, 161 C). (Quasten, 1980, p. 254, tradução nossa)

Cristologia

Sua cristologia, que recebe a aprovação dos Concílios de Éfeso (431) e de Calcedônia (451), marca um progresso ainda mais avançado que sua doutrina trinitária. Suas célebres cartas a Cledônio estavam destinadas a se tornar, para a Igreja, excelentes guias nas discussões do século seguinte, porque defendem com energia a doutrina essencial da plenitude da humanidade de Cristo, de uma humanidade em que a alma humana ocupa o lugar que lhe compete contra os ensinamentos de Apolinário, que não encontra na humanidade de Cristo senão um corpo e uma alma animal e substitui a alma superior com a inabitação divina. Gregório afirma que a humanidade de Cristo é uma *physis*, que compreende corpo e alma. Recusa explicitamente a cristologia do Logos-Sarx para adotar aquela do Logos-Homem (Ep. 102, MG 37, 200 BC): "Há duas naturezas (em Cristo), Deus e homem, dado que há nele seja uma alma como um corpo" (Ep. 101; MG,180 A; cf. Ep. 102; MG 37, 201 B). Quem sustenta que não há em Cristo alma humana demole o "muro de divisão" entre Deus e o homem. Devia existir um espírito humano (*noûs*) no Cristo, visto que é o espírito que é a imagem do intelecto divino. É, pois, o espírito humano que forma o liame entre Deus e a carne: "O espírito está mesclado ao espírito, sendo mais próximo e mais estreitamente aparentado, e através destas à carne, pois, ele é o mediador entre Deus e o carnal" (Ep. 101,10) (Quasten, 1980, p. 255, tradução nossa).

Gregório foi o primeiro teólogo grego que aplicou a terminologia trinitária ao dogma cristológico. Ele declara que, em Cristo, "as duas naturezas são uma por combinação, pois a divindade se fez homem e o homem foi deificado, ou em qualquer modo este se quer exprimir" (Quasten, 1980, p. 255, tradução nossa). Ele escreve:

> E se devo falar concisamente, o Salvador está constituído de uma coisa e de uma outra (*állo kaì állo*), dado que é invisível, não é idêntico ao visível, nem intemporal a isto que é sujeito ao tempo, mas não de um sujeito e de um outro (*állos kai állos*). Não é o caso de discutir isto! Com efeito, as duas coisas não formam a não ser uma pela união, quando Deus se faz homem e o homem é deificado, qualquer que seja o modo em que isto se exprime. Eu digo, uma coisa e uma outra, o inverso disto que acontece no caso da

Trindade. Lá, de fato, há objeto e sujeito, dado que não devemos confundir as hipóstases, mas não uma coisa e uma outra, pois os três são uno e idênticos por causa da divindade (Ep. 101; MG 37, 180 A). (Quasten, 1980, p. 255, tradução nossa)

Gregório é um testemunho incontestável da unidade de pessoa em Cristo: "Ele se dignou ser uno, feito de dois; duas naturezas que se encontram em um só Filho, e não dois" (Orat. 37,2; Ep. 1001). Não se trata de união de graça: Gregório cunhou a expressão "unidos em essência", *kat´oúsian sunêfphaí* (Ep. 101,5), destinada a ter grande importância para o desenvolvimento futuro da doutrina cristológica. Graças a Gregório de Nazianzo, o termo *theotókos* (que significa "aquela que gerou Deus") foi utilizado muito antes do Concílio de Éfeso (431) e tornou-se a pedra fundamental da ortodoxia.

> Se alguém não admite que a beata Maria é Mãe de Deus (*theotókos*), está separado da divindade. Se alguém pretende que Cristo tenha passado através da Virgem como por um canal, sem ser formado nela junto divinamente e humanamente: divinamente porque sem a intervenção de um homem, humanamente porque, segunda as leis da gestação, é igualmente ateu. Se alguém diz que o homem primeiramente foi formado, por assim dizer, depois revestido da divindade, deve ser também condenado dado que não haveria mais geração divina, mas aparência de geração. Se alguém introduz a geração de dois Filhos, um de Deus Pai e um outro da mãe, abolindo a unidade e a identidade, perde a sua parte da adoção prometida para aqueles que creem com retidão. Se alguém pretende que sua carne tenha descido dos céus, que não seja daqui debaixo, não de nós, mas superior a nós, seja anátema. Se alguém confia nele como um homem que fosse desprovido de espírito humano, está em verdade ele mesmo desprovido de espírito e totalmente indigno da salvação, já que isto (o Cristo) não assumiu, mas há curado, mas isto que está unido à sua divindade está, pois, salvo (Ep. 101,4-6; MG 37, 177 C). (Quasten, 1980, p. 256, tradução nossa)

Essa passagem demonstra que Gregório considera o dogma da maternidade divina de Maria como o eixo da doutrina eclesiástica sobre Cristo e a salvação. Ele explica o nascimento virginal de Cristo da seguinte forma:

> É uma grande coisa a virgindade e o celibato, significa ser elencado como os anjos, e com a natureza simples; não ouso dizer com Cristo que, se bem que quisesse nascer por nós que somos nascidos, trazendo o seu nascimento de uma virgem, confirmou a lei de virgindade, para transportar-nos longe desta vida, e, resumindo, ao poder do mundo, ou antes para transportar-nos de um mundo para outro, do presente para o futuro (Orat. 43, 62). (Quasten, 1980, p. 256, tradução nossa)

Eucaristia

Gregório Nazianzeno está fortemente convencido do caráter sacrificial da eucaristia. Curado de uma enfermidade, escreve a Anfilóquio de Icônio:

> A língua de um sacerdote que medita sobre o Senhor reergue o enfermo. Faz, pois, mais ainda celebrando a liturgia, e dissolve a multidão de meus pecados tomando posse do sacrifício da ressurreição. Reverendíssimo amigo, não cesse de orar e de interceder por mim, quando fazes descer o Verbo com a tua palavra, quando com uma partição incruenta divides o corpo e o sangue do Senhor, usando a tua voz à guisa de lança. (Ep. 171. No *Apologéticus de fuga*, chama a eucaristia "o sacrifício exterior", o antítipo dos grandes mistérios" (Or. 2, 95).

Sabendo isto, e que ninguém é digno da grandeza de Deus, da vítima e do sacerdote, se não se ofereceu antes, ele mesmo a Deus como uma oferta viva e santa, se não se é apresentado como homenagem racional e agradável, se não ofereceu a Deus um sacrifício de louvor e um espírito contrito, o único sacrifício de que o autor de todo dom nos pede a oferta, como ousarei oferecer-lhe aquela externa, aquela que é o antítipo dos grandes mistérios? (*megálon mystêrion àntiítypon*). (Quasten, 1980, p. 257, tradução nossa)

3.2.3 Gregório de Nissa

Gregório de Nissa não foi um grande administrador e legislador monástico como Basílio, tampouco pregador e poeta prestigioso como Gregório Nazianzeno. No entanto, pôs-se à frente dos grandes Capadócios como teólogo especulativo e como místico.

Gregório de Nissa provavelmente nasceu no ano 335 e foi educado sobretudo pelo irmão maior, Basílio, a quem chamou de *mestre*. Depois de ter sido leitor na Igreja, decidiu empreender a carreira civil, tornou-se mestre de retórica e se esposou, mas, sob a influência dos amigos, especialmente de Gregório de Nazianzo, decidiu entrar no mosteiro que Basílio havia fundado. No último outono de 371, foi elevado à cátedra episcopal de Nissa, povoado do distrito metropolitano de Cesareia, que dependia de seu irmão. Consagrado bispo contra a própria vontade, desiludiu o irmão – assim como havia feito Gregório Nazianzo –, pois não correspondeu à esperança de seu metropolita, que criticou sua escassa firmeza em face de seu povo, sua inaptidão para a política eclesiástica (Basílio, Ep. 100, 58, 59, 60) e sua gestão financeira (Quasten, 1980).

Encontrou, além disso, uma violenta oposição da parte dos hereges do lugar, que não hesitaram em minar sua posição, acusando-o mentirosamente de estornar os fundos da Igreja. Por isso, foi deposto, em 376, por um sínodo de bispos arianos e prelados de corte que se reuniram em Nissa, aproveitando de sua ausência.

Nissa deixou uma narrativa (Ep. 6) da acolhida triunfal que lhe foi reservada no retorno para sua diocese, depois da morte do imperador ariano Valente, em 378. No ano seguinte, assistiu ao Sínodo de Antioquia.

Em 380, foi eleito arcebispo de Sebaste e constrangido a assumir a administração daquela sede por vários meses, com seu grande desprazer. Em 381, teve uma parte de primeiro plano no segundo Concílio Ecumênico de Constantinopla, ao lado de Gregório Nazianzo. Voltou à capital em várias outras circunstâncias, como para pronunciar as orações fúnebres da princesa Pulquéria, em 385, e, pouco depois, de sua mãe, a imperatriz Flaccilla. Aí compareceu uma última vez, em 394, por ocasião de um sínodo, e morreu provavelmente no mesmo ano.

Escritos: tratados dogmáticos

Entre os grandes Capadócios, Gregório de Nissa foi o autor mais versátil e o que teve maior sucesso. Seus escritos revelam uma profundidade e uma potência de pensamento superior àquela de Basílio e à de Gregório Nazianzeno. O leitor é tocado pela sua abertura às correntes contemporâneas da vida intelectual, bem como pela faculdade de adaptação e pela fineza de seu temperamento.

No estilo, Gregório depende mais da sofística de seu tempo e mostra-se menos reservado do que outros dois Capadócios. No vocabulário, segue deliberadamente os autores clássicos, encontrando-se nele um grande número de aticismos, se bem que não hesite em atingir o mundo da *koiné* e dos Setenta. Ama, em particular, a écfrase e a metáfora e dá-lhe prazer brincar com o paradoxo e o oxímoro (paradoxismo), o que demonstra até que ponto sofre a influência das excentricidades da retórica grega contemporânea.

Não podemos dizer, entretanto, que Nissa atingiu o domínio da arte, já que seu estilo permanece, muito frequentemente, privado de fascínio, as frases são pesadas e parecem sobrecarregadas. Nos panegíricos e nas orações fúnebres, exprime-se com calor e energia, mas cai frequentemente no *pathos* e na ênfase, o que não ajuda o leitor moderno a apreciar a profundidade de seu pensamento e de sua convicção religiosa.

As mesmas obras de autenticidade certa suscitam um grave problema, aquele de sua cronologia exata. Os esforços tentados até aqui não trouxeram senão suposições, mas parece certo que a maior parte dos escritos pertence ao último período da vida de Gregório, a começar no ano 379. O fascinante problema de seu pensamento não poderá ser resolvido se não dispusermos de resultados mais definitivos. Os escritos desse grupo são dedicados, em grande parte, à controvérsia e atacam as heresias contemporâneas.

Contra Eunômio

Gregório escreveu quatro tratados contra Eunômio. O primeiro, composto por volta de 380, refuta o primeiro livro do ´*Ypér tès apologias* de Eunômio, em que este respondia a Basílio com um atraso de quatorze anos. O segundo, que seguiu logo depois do primeiro, refuta o segundo livro da mesma apologia de Eunômio. No terceiro, Gregório respondeu, entre 381 e 383, a um novo ataque do chefe ariano contra Basílio. Este último tratado é dividido em dez livros. Gregório escreveu, pois, para a defesa do irmão cuja morte era recente (379), três diferentes tratados contra o mesmo Eunômio. Em 381, na ocasião do Segundo Concílio de Constantinopla, onde se encontrava para ser o chefe teológico da assembleia, leu os primeiros dois desses tratados a Gregório de Nazianzo e a Jerônimo (*De vir. ill.* 128).

Quando Eunômio, em 383, esteve submetido a uma "Confissão de fé" (*Èkthesis písteos*) ao imperador Teodósio, Gregório escreveu uma crítica muito particularizada. Esse quarto tratado contra Eunômio não tem nenhuma relação com os primeiros três ou os doze livros compostos para a defesa de seu irmão. Desgraçadamente, desde o segundo tratado, a ordem desses livros foi subvertida. Parece que o segundo tratado, isto é, o segundo livro da série dos doze, não agradou, em razão de seu caráter mais especulativo, do mesmo interesse dos outros nos monastérios, e foi consequentemente substituído pela refutação da "Confissão de fé" de Eunômio, do mesmo Gregório.

> O segundo livro caiu no esquecimento, a ponto de Fócio na Bibl. Cod. 6-7 falar somente de dois tratados de Gregório na defesa de Basílio. (Quando, no século IX, o renascimento da erudição conduziu à sua descoberta, foi simplesmente acrescentado no final da coleção, como segunda parte do duodécimo livro (12B) ou, em outros manuscritos, como livro 13. Esta ordem permaneceu em todas as edições impressas do *Contra Eunmium* (Prós Eunómion ántirrêtikoi lógoi) até a restauração da sucessão primitiva: 1, 12b, 3-12 a, operada por Jaeger. Essa obra constitui uma das mais importantes refutações do arianismo. (Quasten, 1980, p. 260, tradução nossa)

Contra os apolinaristas e contra Teófilo

Há um pequeno tratado de Nissa dirigido ao patriarca de Alexandria que pedia a Teófilo que preparasse uma refutação particularizada do apolinarismo. Gregório rejeita os ataques dos apolinaristas, que acusavam os católicos de admitir dois Filhos de Deus. Tendo em vista que Teófilo foi consagrado em 385, esse libelo deve ter sido escrito nos últimos anos da vida do autor.

Antierético contra os apolinaristas

O mais importante dos escritos antiapolinaristas de Gregório, o *Antirrheticus*, que refuta com energia a *Demonstração da encarnação de Deus na imagem do homem de Apolinário*. Gregório trata, nesse caso, da união das duas naturezas em Cristo e rebate a doutrina herética segundo a qual a carne de Cristo teria descido do céu e o Logos substituiria a alma racional no Cristo.

Sermão sobre o Espírito Santo

Quando foi bispo de Constantinopla, depois da deposição de Paulo (Niceno), Gregório dirigiu um sermão aos *pneumatócos* (adversários do Espírito Santo). Publicado pela primeira vez em 1833, esse sermão é considerado autêntico porque suas ideias correspondem às de Gregório (Quasten, 1980).

Ad Ablabium: Quoad Non Sunt Três Dii ("A Alábio: por que não existem três deuses")

Gregório dedicou muitos tratados à defesa e à clarificação da Doutrina trinitária, em particular a obra *Não há três deuses*, endereçada a um eclesiástico de nome Ablabio, que tinha perguntado por que não era permitido falar de três deuses, dado que se reconhecia a divindade do Pai, do Filho e do Espírito Santo. Habitualmente, situa-se a composição desse tratado em 375, mas certas considerações sugerem uma data mais tardia, provavelmente 390; entre outros motivos para isso, está o fato de que Gregório se apresenta no início como velho. Ele sublinha que a palavra *Deus* indica a essência (o ser), não as pessoas, e que é necessário, portanto, usá-la no singular com o nome de cada uma. Por isso, dizemos: "Deus Pai, Deus Filho e Deus Espírito Santo"; Pai, Filho e Espírito Santo são modos de ser, são as três relações, mas o ser permanece idêntico, e o termo que o exprime deve, consequentemente, ser usado sempre no singular.

A Eustácio, sobre a Santa Trindade

Esse tratado, dirigido ao médico Eustácio, refuta os *pneumatócos*. Gregório descreve:

> Esses admitem que a potência da divindade se estende do Pai ao Filho, mas separam a natureza do Espírito Santo da glória divina. Contra esta opinião, por quanto melhor posso, eu devo traçar uma breve defesa da minha posição. Acusam-me de inovações, fundamentando-se isto sobre minha confissão de três *hipóstases*, e

me recriminam por afirmar uma só bondade, um só poder, uma só divindade. Nesta coisa, eles não estão por fora da verdade, já que eu afirmo exatamente isso (3-4). (Quasten, 1980, p. 263, tradução nossa)

A maior parte desse tratado encontra-se na correspondência de São Basílio (Ep. 189), ao qual foi falsamente atribuído, e esta é, sem dúvida, a razão pela qual Migne não a coloca entre as obras de Gregório (Quasten, 1980).

A Simplício, sobre a Santa Fé

Esse tratado, dirigido ao tribuno Simplício, defende a divindade e a consubstancialidade do Filho e do Espírito Santo contra os arianos e ataca sua interpretação herética das passagens escriturais. A introdução e a conclusão não foram conservadas.

Diálogo sobre a alma e a ressureição, dedicado a Macrina

Esse diálogo entre Gregório e sua irmã Macrina sobre a alma e a ressurreição constitui um paralelo ao Fédon de Platão. A conversação ocorre em 379, pouco depois da morte de seu irmão Basílio. Gregório volta de um sínodo antioqueno para visitar a irmã, então superiora de um convento próximo do Rio Íris, no Ponto, e a encontra moribunda. Ele descreve a origem do diálogo em sua *Vita Macrinae*:

> Para não me entristecer, ela segura os gemidos e se esforçou para dissimular a angústia da sua respiração. Procurou todas as ocasiões para reencontrar a alegria, propondo ela mesma os argumentos que lhe vinham à mente e fornecendo os pretextos com quesitos que nos propunha. A sequência da conversação nos induziu a chamar de novo a recordação do grande Basílio, e então a minha coragem falhou, o meu rosto ficou obscurecido pela tristeza, mas ela, longe de afundar comigo na profundidade da aflição, encontrou, na evocação do santo a ocasião pra se elevar a uma filosofia mais sublime. Examinou a natureza humana à luz da ciência médica, expôs a economia divina dissimulada sob as nossas aflições, e tratou

da vida futura como se tivesse estado divinamente transportada pelo Espírito Santo, assim que a minha alma se acreditou elevada a quanto há acima da natureza humana, reconfortada por suas palavras, e transportada para o interior dos santuários celestes à medida que ela falava... E se isto não fizesse minha obra tornar demasiado longa, teria referido cada coisa na sua ordem, teria explicado como o seu raciocínio a elevava enquanto ela filosofava para nosso uso sobre a alma, tanto que ela subia através da carne até à causa da vida, explicava a causa final do homem, a razão da morte, o retorno da morte para a vida. Ela avançava rumo a tais questões, como inspirada pelo poder do Espírito Santo, com sabedoria e com consequência de qualidade, e o seu discurso fluía com grande facilidade, como a água de uma fonte que desce sem obstáculo no vale. (*De vita Macrinae*, MG 46, 977 B)

Contra o destino (*Contra fatum*)

O pequeno tratado *Contra o destino* contém uma discussão do autor com um filósofo pagão em Constantinopla em 382. Gregório defende a liberdade da vontade contra o fatalismo astrológico. Ele demonstra o absurdo de pensar que a posição das estrelas por ocasião do nascimento de um homem possa determinar seu destino.

Grande oração catequética

O mais importante de todos os escritos dogmáticos é a longa *Catechese*, composta por volta de 385, que constitui uma suma da doutrina cristã dedicada "aos mestres que têm necessidade de um sistema nas suas instruções" (Prólogo). Essa *Catequese* é, depois do *De principiis* de Orígenes, o primeiro ensaio tentado de uma teologia sistemática. Gregório aí compõe uma notável exposição dos principais dogmas, que defende contra os pagãos, hebreus e hereges, e procura fundar o complexo conjunto da doutrina cristã sobre uma base metafísica, assim como sobre a única autoridade da Escritura. Trata de Deus, da redenção e da santificação. A primeira parte, Capítulos 1 a 4, considera Deus único em três pessoas, a consubstancialidade do Filho com o Pai, e a divindade do Espírito Santo. A segunda parte, dos Capítulos 5 a 32, trata de Cristo e de sua missão. Com base na criação do homem e do pecado original, Gregório explica a restauração da ordem primitiva através da encarnação e da redenção. Na terceira parte, Capítulos 33 a 40, examina a aplicação da graça da redenção por meio de dois sacramentos do batismo e da eucaristia, bem como a condição essencial da regeneração: a crença na Trindade.

No conjunto, Gregório revela de modo significativo a influência de Orígenes e de Metódio. Sua doutrina universalista sobre os fins últimos trai especialmente a influência do grande alexandrino. Não obstante isso, o manual dogmático de Gregório é uma grande obra, como testemunha a vasta difusão através da Igreja Oriental.

Obras exegéticas

A admiração de Gregório por Orígenes aparece ainda mais evidente em seus escritos exegéticos, em que adota os princípios hermenêuticos, exceto em suas obras sobre a narração da Criação, compostas diante do pedido de seu irmão Pedro, bispo de Sebaste.

Sobre a obra do homem - *Opificium Hominis*

Essa primeira obra estava destinada a completar as homilias de Basílio sobre o *Hexaemeron*. Na carta introdutiva, Gregório explica que, mandando ao irmão Pedro este presente pascal, propõe-se a adicionar ao tratado de Basílio "nosso irmão comum e mestre" as considerações sobre a criação do homem que faltavam no *Hexaemeron*: "Não que eu queira, diz, atribuindo-lhe a minha obra, contaminar a sua (seria uma impiedade ultrajante para aquele de quem pretendíamos exaltar o sublime ensinamento), mas desejaria que a glória que procede dos discípulos não faltasse ao mestre". Ainda que o *De opifício* seja principalmente uma interpretação antropológica e fisiológica do Gênesis

1,26, não se descuidou de modo nenhum a perspectiva teológica, como o autor especifica desde o início: "Não é argumento de pouca importância aquele que empreendo para estudar: não é segundo a nenhuma das maravilhas do mundo; uma realidade que sem dúvida supera em grandeza tudo isto que nós conhecemos, pois que só, entre os seres, a humanidade é semelhante a Deus". Esse tratado foi composto pouco depois da morte de Basílio (1º de janeiro de 379) ou no último período da vida de Gregório.

Explicação apologética sobre o Hexaemeron

Essa explicação apologética, segunda obra sobre a Criação, propõe-se a corrigir certas interpretações errôneas do texto bíblico e da exegese de Basílio e afrontar certas especulações metafísicas. A composição segue certamente de muito perto aquela do *De opifício hominis*, ao qual se chama de novo em direção do fim. Tendo Basílio afirmado explicitamente (*Hexaem.* 9, 80) se interessar somente pelo sentido literal, e não pela alegoria, Gregório se envolve em caminhar sobre seus traços por meio de duas obras que completam o tratado do irmão. Por isso, próximo do fim, afirma com certa satisfação não ter jamais distorcido o sentido literal da Bíblia na alegoria figurada (*éis tropikên állegorían*), o que é mais notável quando se considera que, em cada uma de suas obras exegéticas, ele se compraz procurando um significado alegórico sob cada palavra da Sagrada Escritura.

Moisés (De Moysis)

Gregório se propõe a dar, nesse tratado espiritual, uma orientação de vida virtuosa sob a forma de um retrato ideal de Moisés. As duas partes de que esse tratado está composto oferecem dois tipos diversos de exegese. A primeira parte retoma a vida mesma de Moisés segundo o Êxodo e Números e dá uma atenção especial ao sentido literal. A segunda parte, que constitui a porção essencial da obra, é dedicada à interpretação alegórica (*theoría*) e faz do grande legislador e chefe espiritual de Israel o símbolo da mística migração e da ascensão da alma rumo a Deus. Em toda a obra, está evidente o influxo de Platão e de Fílon. Várias alusões à própria velhice e o conteúdo em geral demonstram que sua composição está situada próximo de 390-392.

A nova edição cuidada por J. Daniélou se funda sobre dez manuscritos, representando três famílias de tradição textual, e comporta numerosos e importantes melhoramentos.

Sobre os títulos dos Salmos

Nos dois ensaios sobre os títulos dos Salmos, Gregório desenvolve a ideia de que os cinco livros dos Salmos representam outros tantos degraus sobre a escada da perfeição (c. 1-9) e que os títulos dados pelos Setenta têm um significado destinado a nosso proveito espiritual (c. 10-25). Graças à interpretação alegórica, ele chega a descobrir um plano coerente por meio de preceitos ascéticos e místicos, os quais se encontram distribuídos no conjunto do saltério. Uma homilia sobre o sexto salmo é acrescentada a esse tratado nas edições de suas obras.

Oito homilias sobre o Eclesiastes

Uma interpretação exata do Eclesiaste compreende oito homilias sobre Ecle. 1,1-3,13, coordenadas em um mesmo plano místico. A interpretação alegórica pretende demonstrar que esse livro "verdadeiramente sublime e divinamente inspirado" está destinado a "elevar o espírito acima dos sentidos". Com uma renúncia completa a tudo aquilo que aparece grande e belo neste mundo, o espírito conduzirá os sentidos a um mundo de paz.

Quinze homilias sobre o Cântico dos Cânticos

A exposição cuidada do Cântico dos Cânticos (*Ézégesis ákribés éis tò âsma tōn àsmáton*), de Gregório, é um comentário formado de quinze homilias sobre Cant. 1, 1-6,8. O prefácio defende contra muitos autores eclesiásticos a necessidade e a legitimidade da interpretação espiritual da

Escritura, seja tropologia, seja alegoria. A introdução termina com um grande elogio de Orígenes, cuja exegese mística, sem dúvida, exerceu um poderoso influxo sobre Gregório. Este tem, porém, uma inteligência muito profunda e muito independente para seguir de modo servil o mestre alexandrino. Ele tem suas ideias pessoais sobre Deus, sobre a relação de todos os seres criados com Deus, sobre a ação santificante do Espírito Santo e invoca a sustentação das especulações de Plotino. Segundo ele, o Cântico dos Cânticos representa a união amorosa entre Deus e a alma, sob a figura do matrimônio (Hom. 1, MG 44, 772), e essa ideia predomina em seu comentário, ao passo que Orígenes, especialmente nas homilias sobre o mesmo assunto, prefere reconhecer a Igreja na esposa do Cântico, interpretação que Gregório não descuida, mas limita a um papel menos importante

Sobre a Maga (vidente) de Endor

O breve tratado *De pythonissa*, dirigido ao bispo Teodósio, trata de 1Re 28,12ss. e procura demonstrar que "a feiticeira de Endor" não viu Samuel em pessoa, como Orígenes pensava, mas um demônio que tinha tomado a semelhança do profeta.

Sobre a Oração do Senhor (*De oratione dominica*)

O tratado sobre a Oração do Senhor compreende cinco homilias. A primeira sublinha a necessidade da oração, muito descuidada pela maior parte dos cristãos. As quatro seguintes comentam os diversos pedidos do Pai Nosso, a maioria das vezes sob a perspectiva moral. A luxúria e a gula atraem, em particular, as críticas de Gregório. De tanto em tanto, e desde o primeiro sermão, ele abandona o sentido literal pela interpretação mística, e seu tema preferido torna-se a imagem divina na alma humana. A terceira homilia contém uma passagem muito importante para a doutrina trinitária: não se pode, pois, transferir a característica da pessoa do Pai ao Filho ou ao Espírito, nem de outra parte adaptar aquela do Filho a uma das outras duas, ou atribuir a propriedade do

Espírito ao Pai e ao Filho, mas se deve considerar a distinção incomunicável das propriedades na natureza comum. É característica do Pai existir sem causa, e esta não se aplica nem ao Filho nem ao Espírito, visto que o Filho veio do Pai (Jo 16,28), como diz a Escritura, e "o Espírito procedeu de Deus e do Pai" (Jo 5,26). O fato de ser sem causa, que pertence somente ao Pai, não pode ser aplicado ao Filho e ao Espírito, assim como aquele de ser causado, que é propriedade do Filho e do Espírito, não pode, por sua mesma natureza, ser considerado no Pai. De outra parte, o fato de não ser não gerado é comum ao Filho e ao Espírito; por isso, para evitar a confusão, é necessário procurar, ainda, a pura diferença nas propriedades, de modo a salvaguardar aquilo que é comum e não misturar aquilo que é próprio. Na realidade, a Escritura chama (o Filho) *o único gerado do Pai*, termo que estabelece seu caráter próprio, mas diz também que o Espírito Santo vem do Pai e atesta que é também o Espírito do Filho, já que diz: "Se alguém não tem o Espírito de Cristo, não é dos seus" (Rom. 8,9). O Espírito, que é de Deus, é, pois, também o Espírito de Cristo, mas o Filho, que é de Deus, não é e não é dito ser do Espírito, e essa sucessão relativa é permanente e inconvertível. A proposição não pode ser propriamente nem rompida nem invertida em seu significado, como se pudesse ser dito que o Cristo é o Cristo do Espírito, como o Espírito é o espírito do Cristo. Consequentemente, visto que essa propriedade individual distingue um do outro com uma clareza absoluta e, de outra parte, a identidade de operação atesta sua comunidade de natureza, a doutrina correta a propósito de Deus é assegurada pelas duas partes: a Trindade é contatada com as pessoas, mas não se divide em partes de naturezas diferentes.

Embora Krabinger e Oehler admitam a autenticidade da introdução, esta falta em certo número de manuscritos e nas antigas edições. A passagem que precede foi publicada pela primeira vez pelo cardeal Mai em 1833, e K. Holl chegou a defini-lo "um falso de fabricação ocidental" para vantagem do *Filioque*, mas, com toda a evidência, seu estilo, sua teologia e sua tradição textual indicam claramente a autenticidade, como demonstrou de maneira convincente F. Decampa. Encontram-se as frases – às vezes palavra por palavra – nos outros escritos de Gregório de Nissa. Essa passagem aparece na *Doctrina Patrum de Verbi incanatione* desde 700 e no *Codex Vaticanus Graecus* 2066 do VII ou VIII século, no qual faz parte do terceiro sermão de Gregório sobre a Oração do Senhor.

Sobre as bem-aventuranças (*De beatitudinibus*)

O segundo tratado exegético neotestamentário é uma série de oito homilias sobre as bem-aventuranças, que são comparadas a uma escada por meio da qual o Verbo divino nos conduz gradualmente até aos vértices da perfeição. Numerosas ideias do autor recordam as *Enneades* de Plotino, em particular sua doutrina da purificação em vista da deificação, mas Gregório cristianizou profundamente esses seus mútuos do neoplatonismo.

Duas homilias sobre a 1Cor

Há, ainda, duas homilias sobre a 1 Coríntios, das quais a primeira, sobre 1Cor. 6,18, é mencionada entre os discursos de Gregório sob o nome de *Oratio contra fornicários*. A outra, sobre 1Cor. 15,28, demonstra, fundando-se sobre São Paulo, a divindade do Filho.

Quatro obras ascéticas

A doutrina espiritual de Gregório de Nissa encontra-se, principalmente, em seus escritos ascéticos, aos quais recentemente, enfim, deu-se a atenção que merecem e que justificam a atribuição do título de "Pai do misticismo" ao seu autor. Seu irmão Basílio foi o legislador do ascetismo oriental, e sua irmã Macrina teve parte importante no desenvolvimento das comunidades femininas, mas Gregório completou os esforços do irmão e da irmã portando-lhe uma doutrina espiritual. Se o monaquismo oriental deve a própria organização a Basílio, deve sua orientação religiosa a Gregório. A maior parte dos escritos ascéticos de Gregório é, hoje, felizmente acessível na excelente edição crítica, fundamentada em mais de mil manuscritos, da Harvard Institute for Classical Studies, dirigido por W. Jaeger.

Sobre a virgindade

O tratado de Gregório *Sobre a virgindade* não é apenas o primeiro de seus escritos ascéticos, mas o primeiro de todos, pois sua composição se situa pouco depois da eleição episcopal de Basílio em 370 e antes da consagração do mesmo autor para a sede de Nissa em 371. Gregório refere-se a Basílio na introdução como "àquele piíssimo bispo e nosso pai em Deus" e alude às *Regras* monásticas do irmão dizendo:

> Todas as regras às quais obedecem a aqueles que seguem esta vocação, com o fim de evitar a prolixidade, serão aqui omitidas; a exortação não recorrerá no discurso que em termos gerais, e por casos de ampla aplicação; mas de passagem serão introduzidos certos pontos particulares, de modo que nada seja deixado à parte.

Ele afirma que Basílio "só podia ser o mestre de tais instruções" e que, por essa razão, ele será apresentado como o asceta ideal. "Não será, pois, lembrado pelo nome, mas, com certas indicações, deixaremos compreender que se trata dele. Assim, os nossos futuros leitores não julgarão o nosso parecer sem significado, quando o candidato a esta vida perceberá que está na escola de mestres recentes". Gregório cumpre essa promessa da introdução no Capítulo 23, na qual Basílio aparece como exemplo e o tutor dos ascetas. Já desde o início se encontra outra referência às *Regras*:

> Os particulares da vida daquele que escolheu observar esta filosofia, isto que deve evitar, os exercícios aos quais se dedicar, as regras

> da temperança, todo o método de formação, e todo o regime cotidiano que contribui para esta grande finalidade foram tratados em certos manuais escritos de instrução para aqueles que amam os detalhes. Mas existe uma orientação mais segura da instrução verbal, é aquela da experiência. Cada teoria isolada dos exemplos vivos, qualquer que seja a beleza da sua exposição, assemelha a uma estátua privada da respiração, cujo aspecto agradável é devido à aplicação do adorno e das cores. Mas o homem que age segundo o que ensina, como o Evangelho diz, que vive verdadeiramente, que possui o desabrochar da beleza, que é eficaz e estimulante, para aquilo que se deve caminhar!

Aos olhos de Gregório, como diz ele mesmo na introdução, a virgindade é "a porta de entrada necessária para uma vida mais santa". É ainda "o canal que atrai Deus para vir condividir a condição humana; ela guarda as asas de nosso desejo de nos elevar rumo às coisas do céu; é uma ponte entre o divino e o humano, dado que exatamente por seu trâmite são harmonizadas estas existências assim tão largamente divididas" (2). Gregório vê o conjunto da economia divina, cadeia inteira da salvação à luz da virgindade: essa cadeia parte das três pessoas da Santa Trindade e desce através das potências angélicas do céu, até a humanidade, seu último desejo. Por isso ele chama Cristo de "o arquivirgem" (*árkhipárthenos*).

A Santa Virgem é o exemplo luminoso da virgindade. Produz-se uma encarnação espiritual em cada alma virginal:

> Isto que acontece em Maria, a Imaculada, quando a plenitude da divindade que residia no Cristo brilhou através dela, produziu-se em cada alma que viva sob a regra a vida virginal. Com efeito, o Mestre não vem mais com sua presença corpórea; "Não conhecemos mais o Cristo segundo a carne" (2Cor. 5,16); mas espiritualmente ele reside em nós e nos traz seu Pai com ele, como diz em alguma parte o evangelho. (2)

A virgindade é o fundamento de todas as virtudes: "A vida virtuosa tenha por fundamento o amor da virgindade; mas sobre esta todo fruto de virtude seja cultivado" (17). A virgindade prepara a visão de Deus:

> Está demonstrado que esta união da alma com a divindade incorruptível não pode ser cumprida sem que esta (a alma) atinja essa mesma, com o seu estado virginal, o mais alto grau de pureza possível, e este estado, dada a sua semelhança com Deus, lhe permitirá colher o seu semelhante, enquanto essa se coloca como um espelho debaixo da divina pureza e modela a própria beleza no contato e à vista do arquétipo de toda beleza. (11)

"A verdadeira virgindade, o zelo verdadeiro pela castidade, não tem outra finalidade senão a de tornar possível a visão de Deus" (11). Gregório, que foi ele mesmo casado, sofre ao se ver excluído deste estado de virgindade:

> Pudesse eu também ter uma possibilidade de tirar proveito de um tal zelo! Mas serei impulsionado com mais entusiasmo a este dever fatigoso, se me fosse aplicado ao meu argumento com a esperança, como diz a Escritura, de condividir os produtos da aradura e da pisa (da uva). Mas agora o meu conhecimento dos bens da virgindade é, de certo modo, vão e inútil, como são as espigas para o boi que gira na eira com os tapa-olhos ou como é para um homem sedento a água inacessível que corre no fundo de uma escarpa a pique. Felizes aqueles aos quais a escolha dos bens superiores ainda é possível, e que não são mantidos longe como de um muro, para serem antes deixados para tomar parte da vida comum, é este o nosso caso, de nós que estamos separados por uma espécie de abismo deste título de glória da virgindade, ao qual não se pode mais voltar, quando se tenha metido uma vez posto o pé na vida do mundo (3; MG 46,328 C). Se, se pudesse, antes da experiência, aproveitar daquela dos nossos predecessores! Se fosse possível,

segundo uma outra hipótese, que um homem comprometido na vida tivesse uma imprevista revelação dos fatos, quantos trânsfugas correriam do estado de matrimônio para o estado de virgindade! (3; 46, 328 C).

No Capítulo 20, ele confronta as duas espécies de matrimônio, aquele terrestre e aquele espiritual, e demonstra que não podem coexistir no mesmo coração:

> As nossas potências emotivas não são de natureza tal de poder perseguir os prazeres dos sentidos e ao mesmo tempo aspirar a união espiritual. De outra parte estes dois fins não podem ser atingidos através dos mesmos modos de vida; a continência, a mortificação das paixões, o desprezo das necessidades carnais são os agentes da única união espiritual; mas todos os seus contrários são os agentes da coabitação corporal quando dois matrimônios são oferecidos à nossa escolha, não podendo contrariá-los, a ambos de uma só vez. A resolução de uma alma saudável é não deixar de escolher o mais vantajoso... A alma que se entrega ao Esposo imortal é chamada para a alegria do seu amor da verdadeira sabedoria que é Deus. (20)

Com essas considerações e outras semelhantes, Gregório segue os traços de Orígenes e de Metódio, mas, usando frequente e deliberadamente termos filosóficos, demonstra que, na vida ascética, reconhece ainda o cumprimento dos sonhos urdidos pelos filósofos da Grécia Antiga a propósito da vida contemplativa.

Com base no número conspícuo dos manuscritos, pode-se deduzir que esse tratado foi muito lido durante a Idade Média. Johannes Livineius (Quasten, 1980) publicou a primeira impressão em Anversa, em 1574, muito tempo antes da edição *princeps* das obras de Gregório, publicada por Morellus, em Paris, em 1615.

Ainda de acordo com Quasten (1980), Carvanos, autor da nova edição, demonstra que Gregório fez emendas ao seu tratado favorito, depois de sua própria publicação, por isso a existência de duas versões levemente diferentes e de certas variantes nos manuscritos. Segundo Carvanos, a carta de introdução e a *capitulatio* pertencem à revisão posterior. É possível que o subtítulo do tratado, *Protreptiké épistolé eis tòn kat'aretên bíon*, refira-se somente à carta introdutória.

Qual é o nome e a profissão do cristão?

> O tratado *Qual é o nome e a profissão dos cristãos* se apresenta como uma carta endereçada a um certo Armônio, o que não é uma pura ficção literária, dado que essa personagem escreveu muitas vezes a Gregório. Dado que este compara o seu correspondente a um plectro que tocou as cordas da sua velha lira, pode-se razoavelmente deduzir daí que ele escreveu este tratado nos últimos anos da sua vida. Gregório define a profissão cristã como "a imitação da natureza divina" e responde antecipadamente ao seu correspondente que poderia ver aí um ideal "muito elevado pela baixeza de nossa natureza", expondo um dos pontos fundamentais da sua teologia da vida espiritual, a doutrina do homem criado à imagem de Deus: Ninguém represente com culpa a definição como excessiva e muito acima da baixeza da nossa natureza, dado que essa não lhe é desproporcionada. Caso se considere a primeira condição do homem, aprender-se-á, pelas lições da Sagrada Escritura, que essa definição não excede os limites da nossa natureza, uma vez que a primeira condição do homem era para a imitação da semelhança de Deus. Moisés o explica quando diz: "Deus fez o homem; o fez à imagem de Deus" (Gên 1, 27). A profissão de cristianismo é, pois, a restauração do homem na sua primitiva boa sorte. Se, desde o início, o homem foi uma semelhança de Deus, talvez não tenhamos avançado muito além a nossa definição afirmando que o cristianismo é a imitação da natureza divina (244 C-D). (Quasten, 1980, p. 275-276, tradução nossa)

Sobre a perfeição necessária ao cristão

De acordo com Quasten (1980, p. 261, tradução nossa),

> Esse tratado é endereçado a um certo monge Olímpio, que tinha pedido ao autor um conselho para atingir a perfeição "através de uma vida de virtude". Funda-se inteiramente sobre os grandes textos cristológicos de São Paulo, em que Gregório reconhece a melhor orientação do cristão imitador de Cristo. Gregório não descreve a santificação somente nos termos de uma doutrina da vontade livre, mas naqueles das operações de Cristo mesmo na alma. Cristo é o poder e a sabedoria de Deus, a paz da alma, a verdadeira luz, a redenção, a nossa Páscoa e o nosso grande sacerdote, a propiciação, o fulgor da glória de Deus e a marca de sua substância, o alimento e a bebida espirituais, a rocha, o fundamento da fé e a pedra angular, a imagem do Deus invisível, a cabeça do corpo da Igreja, o primogênito de toda criação, o primeiro nascido de entre os mortos e o primogênito de um grande número de irmãos, o mediador entre Deus e o homem, o rei de justiça e de paz. Todas essas denominações são analisadas detalhadamente. Gregório distingue entre primogênito e unigênito, o que o leva a falar de cristologia. Mas o argumento verdadeiro, a perfeição, é tratada aí, de modo mais completo, do que na carta a Armônio. Concluindo, Gregório afirma: "a verdadeira perfeição não é nunca realizada, mas sempre em movimento em direção ao melhor: a perfeição não está contida por nenhum limite" (285 C-D).

Parece que esse tratado foi composto depois da carta a Armônio. O destinatário é o mesmo Olímpio ao qual Gregório dedicou sua *Vida de Macrina*. A forma epistolar é aqui pura ficção.

Sobre o propósito cristão

Devemos a W. Jaeger a primeira edição completa desse tratado, até agora conhecido sob a forma de um defeituoso estrato da época do baixo bizantinismo, e que Migne (MG 46, 287-306) estampou sob o título *De proposito secundum Deum et exercitationem iuxta veritatem et ad religiosos qui proposuerant quaestionem de pietatis scopo*. Migne assinala, no cabeçalho de cada página, o título *De istituto Christiano*, mas o título grego é *Perí toû katá Theon skopoû kaì tés katà alétheian askêseos*. A segunda parte da "Grande Carta" de Macário corresponde à segunda parte desse tratado, e este último foi julgado apócrifo e acusado de copiar a Carta em sua segunda parte, mas a descoberta do *De istituto Christiano* integral em sua forma original estabeleceu a prioridade com respeito à Carta e, consequentemente, lançou uma nova luz sobre o "problema de Macário", fazendo-se cumprir, assim, um passo considerável rumo à solução.

Esse ensaio de Gregório é particularmente importante, visto que parece trazer sua última palavra sobre a natureza do ascetismo, e a quintessência de seu pensamento. Jaeger coloca a composição nos últimos anos de sua vida, isto é, depois de 390, já que ele aí faz largos mútuos dos próprios escritos anteriores, do tratado *De virginitate* ao *De vita Moysis*, distantes entre si um quarto de século e que fornecem a maior parte da matéria. O *De istituto Christiano* atua, assim, como a síntese de todas as ideias-guias do grande platônico do cristianismo, em um tudo perfeito e harmonioso. Gregório confessa tê-lo composto escolhendo entre "os frutos que lhe foram concedidos em precedência pelo Espírito Santo". O tratado constitui, consequentemente, o vértice de seu pensamento espiritual.

Ele descreve brevemente o conteúdo (41, 10-24) referindo a ocasião da composição: certos monges pediram (1) um sumário de sua doutrina sobre o verdadeiro objeto da vida contemplativa e sobre os meios para consegui-la; (2) conselhos para os superiores sobre a direção de suas comunidades; e (3) instruções sobre os exercícios que pudessem preparar suas almas para receber o Espírito.

É sobre essa forma admirável que o ensinamento de Gregório difundiu-se no mundo monástico e influenciou o método oriental de formação. O objetivo do autor é conciliar a ideia da graça com a tradição moral do helenismo e o ideal clássico da virtude (*àreté*). As raízes de sua "filosofia cristã" afundam até o platonismo e o estoicismo, mas, nesse conúbio entre o helenismo e o cristianismo, ele forma um produto inteiramente novo.

A nova edição se funda só sobre cinco manuscritos, três dos quais podem depender de um manuscrito do abade Arsênios, que remonta a 911, desgraçadamente desaparecido. Um arquétipo mais antigo do século IX está representado por um manuscrito tessálico hoje em Milão.

Sobre os que castigam

Esse tratado, o mais breve dos escritos ascéticos, é de interesse menor em razão do argumento. O título exato, *Adversus eos qui castigationes aegere ferunt*, recorda que esse texto está endereçado a alguns membros do rebanho de Gregório "exageradamente vexados por admoestações de seu mestre" e que, por tal razão, deixaram a Igreja (MG 46, 307-316).

Vida de Macrina (irmã de Basílio e de Gregório)

Na introdução do *De virginitate*, Gregório escreve: "Somos todos levados a adotar este ou aquele modo de vida com mais entusiasmo, descobrindo personalidades que a isso são destinadas. Eis porque temos mencionado, como nos foi pedido, santos que encontraram a glória no celibato". Fiel ao mesmo princípio, Gregório escreveu *Vida de Macrina*, sua dileta irmã, a fim de que o exemplo dessa mulher, "que tinha atingido os mais altos vértices da virtude humana mediante a verdadeira sabedoria (*diá filosofías*), não afunde no esquecimento, mas possa trazer vantagem aos outros". Por isso essa biografia, composta depois da morte de Macrina em dezembro 379, sob pedido do monge Olímpio, pertence, não obstante sua forma literária, à série de suas obras ascéticas. Macrina aparece como o modelo da perfeição cristã, proposta para a imitação daqueles que nutrem a mesma ambição. O autor sublinha sua intenção de apresentar uma narração exata e segura de sua vida e de excluir, por essa razão, tudo aquilo que não fosse fundado sobre o conhecimento e informações pessoais. Em um estilo límpido e comovente, refere como Macrina amava ler as Sagradas Escrituras e como ajudou a mãe a educar os jovens irmãos e as irmãzinhas. Ele não esquece a influência que ela exerceu sobre Basílio e sobre ele mesmo, contando, com todo candor, como Macrina encaminhou Basílio para a vida ascética:

> Quando a mãe teve regulado a situação das irmãs com decência, segundo o que parecia apropriado a cada uma, o grande Basílio, irmão da precedente (Macrina), voltou da escola depois de ter dedicado muito tempo ao exercício da palavra. Exaltado além da medida do orgulho da eloquência, ele olhava de alto a baixo todas as dignidades e se julgava muito acima dos homens que brilhavam nas magistraturas. Todavia (Macrina) tomou-o pela mão e o arrastou com tal rapidez para o objeto da filosofia que, desviando-se da celebridade mundana, ele renunciou à glória da eloquência, que abandonou para se dedicar àquela vida laboriosa a qual prover com as próprias mãos, e, por meio da pobreza perfeita, preparou para si uma vida sem obstáculos para a busca da virtude (*Vita Macrinae* 27; MG 46, 965 B). (Quasten, 1980, p. 278, tradução nossa)

Gregório excele quando pinta a irmã como o modelo da mãe espiritual, em seu convento situado sobre as margens do Rio Íris. Ela encoraja com o comando e o exemplo a vida angélica que condivide com suas irmãs em religião e goza de um extraordinário equilíbrio entre os dons naturais e os sobrenaturais para essa obra de direção entre as mulheres consagradas com todo o coração a serviço de Deus e do próximo. O bispo de Nissa faz uma comovente narrativa de sua última conversa com a santa irmã. Em seu diálogo *De anima et resurrectione*, ele retoma essa cena para fazer dela a moldura de sua doutrina sobre a ressurreição. Em *Vida de Macrina*, a morte aparece somente como a premiação da esposa de Cristo. Trata-se de uma joia da literatura hagiográfica da Antiguidade e uma fonte importante para a vida dos dois grandes Capadócios, Basílio e Gregório de Nissa. Ela traz, ademais, preciosas informações sobre os hábitos eclesiásticos, litúrgicos e monásticos do IV século.

> O conspícuo número dos manuscritos testemunha a estima de que gozou. V. Woods Callahan, o seu último editor, demonstrou que um certo número desses provém de um monastério em que a memória de Macrina não foi cancelada jamais. A *editio princeps* foi publicada em 1618 por J. Gretser. Essa não comparece, pois, na primeira edição impressa das obras completas de Gregório publicada em Paris por Morellus em 1615, mas naquela aumentada, de 1638. (Quasten, 1980, p. 280, tradução nossa)

Discursos e sermões

Além das homilias já lembradas, há uma coleção de sermões e discursos que, apesar do número pequeno, oferecem uma grande variedade de argumentos. Ainda mais do que seus outros escritos, eles manifestam o gosto de Gregório pelo ornamento retórico. A cronologia dos sermões se avantaja em razão do excelente estudo de J. Daniélou.

Sermões litúrgicos

> A maior parte é dedicada às solenidades do ano eclesiástico. O sermão *In diem Luminum sive in baptismum Christi* (MG 46, 577-600) foi pronunciado provavelmente na Epifania de 383; aquele *In diem sanctum Pascha et in resurrectionem* (MG 46, 652-681), o domingo de Páscoa de 379, e se religa ao tratado *Sobre a criação do homem*, composto nos meses precedentes. Parecem autênticos somente o primeiro, o terceiro e o quarto dos sermões de *Pascoa Insanctum Pascha sive in Christi resurrectionem* (MG 46, 599-690); o primeiro

foi tido na Páscoa de 382. Depois vem o sermão *In ascentionem Christi* (MG 46, 690-694), em 18 de maio de 388, que constitui o primeiro testemunho atendível de uma festa da Ascensão distinta de Pentecostes. Ao mesmo mês do mesmo ano (28 de maio de 388) pertence aquele sermão *De Spiritu Sancto sive in Pentecostem* (MG 46, 1128-1149), importantíssimo para a festa da Natividade, pronunciado em 25 de dezembro de 386. H. Usener nega a sua autenticidade (*Veihnachtsfest*, p. 247), enquanto K. Holl (*Amphiochius v. Ikon.*, p. 231) a defende e encontra amplos consensos. (Quasten, 1980, p. 281, tradução nossa)

Panegíricos sobre mártires e santos

O primeiro dos dois *Sermões sobre Santo Estevão* (MG 46, 701-721) defende (1) a divindade do Espírito Santo contra a objeção tirada do fato de que o mártir não viu só duas pessoas divinas no momento da morte e (2) a divindade do Filho contra a interpretação ariana das palavras "que está à direita do Pai". Esse primeiro sermão foi pronunciado em 26 de dezembro de 386, e o segundo (MG 46, 721-736) no dia seguinte.

O longo *Panegírico sobre Gregório, o Taumaturgo* (MG 46, 893-958) descreve as grandes provas de seu herói na ciência sagrada, na filosofia e na retórica e o compara a Moisés. O *Elogio de Teodoro, o mártir* (MG 46, 735-748) suplica a Teodoro para salvar o Império de uma invasão que arruinaria os santuários e os altares. Esse elogio foi tido a 7 de fevereiro de 381 em *Euchaïta*, onde se encontrava seu *martyrium*, do qual Gregório faz uma longa descrição (MG 46, 737-740). Os primeiros dois dos três *Sermões sobre quarenta mártires* (MG 46, 749-772) foram pronunciados em Sebaste, lugar do martírio, em sua capela, a 9 e 10 de março de 383. O terceiro, pronunciado em Cesareia a 9 de março de 379, narra sua paixão.

Orações fúnebres

Estritamente falando, não há mais que três orações fúnebres de Gregório de Nissa, todas tidas em Constantinopla, em ofícios de trigésima. O fato é que ele foi chamado para proferir esses discursos na capital, por preferência de tantos outros personagens de seu tempo, testemunhas de sua fama de orador. Esses discursos adotam a forma da *Consolatio* cristã, modelada essa mesma, como demonstrou J. Bauer, sobre *paramuthikós logos* dos antigos rétores. O primeiro foi pronunciado sobre o bispo Melécio de Antioquia (MG 46,851-864), que morreu em maio de 381, enquanto participava do segundo Concílio Ecumênico de Constantinopla; o segundo sobre a princesa Pulcheria, filha única de Teodósio, o Grande, morta em 385, na idade de seis anos (MG 46, 864-877). O último dos três (MG 45, 877-892), pronunciado em 15 de setembro de 385, é a oração fúnebre da imperatriz Flaccilla, esposa de Teodósio, que morreu pouco depois da filha.

> O discurso sobre o irmão Basílio (MG 46, 787-818) é autêntico, se bem que se possa considerá-lo uma oração fúnebre. Foi pronunciado em qualquer aniversário da morte de Basílio, mas não saberíamos precisar se se trata do primeiro, do segundo ou do terceiro. J. Daniélou afirma que foi pronunciado em Cesareia dia 1º de fevereiro de 381, o que parece exato. Inteiramente dedicado ao louvor de Basílio, sem nenhuma mistura de *threnos* ou de *paramythia*, merece antes ser elencado entre os panegíricos. Gregório aí compara o irmão maior a João Batista e a s. Paulo e se preocupa em fixar-lhe uma festa no martirológio, já que está persuadido que Basílio é um santo. H Delehaye e K. Holl lhe defenderam a autenticidade contra H. Usener. (Quasten, 1980, p. 282, tradução nossa)

O sermão sobre Santo Efrem Sírio exalta seu herói (MG 46, 819-850) e o compara a São Basílio. Também este deveria ser classificado entre os panegíricos. Restam graves incertezas sobre sua autenticidade.

Sermões morais

Os sermões menos fragmentados e mais naturais são aqueles que tratam de questões morais. Dois são intitulados *De pauperibus amandis et benignitate complectendis*; o primeiro (MG 40, 455-469) foi pronunciado em março de 382, e o segundo (MG 40, 472-489), ao que parece, em março de 384.

O sermão contra os usurários (MG 46, 433-453) menciona explicitamente aquilo de Basílio sobre o mesmo argumento e acusa o usuário de violar todas as leis da caridade. Ao que parece, foi pronunciado em março de 379.

O sermão *Adversus eos qui differunt baptismum* (MG 46, 415-432) dissuade energicamente os catecúmenos de adiar o batismo e correr assim o risco de morrer em pecado. Encontram-se, portanto, numerosas alusões ao batismo de Cristo no Jordão, e ao tema da Epifania, a festa que era, depois da Páscoa, data solene do batismo no Oriente. Foi pronunciado em Cesareia no dia 7 de janeiro de 381.

Sermões dogmáticos

Gregório esclarece pontos da doutrina trinitária ainda em questionamento pelos movimentos de hereges. Examinemos o discurso dogmático *Oração sobre a divindade do Filho e do Espírito Santo* (MG 46, 553-576).

É o mais importante dos sermões dogmáticos. Gregório aí compara os hereges de seu tempo aos estoicos e aos epicuristas do tempo de São Paulo, refuta certas opiniões deles sobre a Trindade, defende a divindade do Filho e do Espírito e louva a fé de Abraão. Essa oração foi tida no Sínodo de Constantinopla em maio de 383. É frequentemente citada e tida em alta consideração pelos escritores posteriores da Igreja Grega.

A divindade do Espírito Santo constitui, além do mais, o argumento de um breve sermão conhecido habitualmente sob o título *In suam ordinationem* (MG 46, 544-553) e teria sido pronunciado, segundo O. Bardenhewer (vol. 3, p. 205), no Sínodo de Constantinopla em 394. Caso fosse assim, esse sermão representaria, por quanto nos é dado saber, o último sermão de Gregório, que de fato morreu pouco depois. É, todavia, mais provável que esse sermão tenha sido pronunciado no Sínodo de Constantinopla em maio de 381, já que seus temas teológicos são os mesmos do concílio: alude, em particular, ao pneumatômacos; também razões históricas militam a favor dessa data, como demonstrou J. Daniélou.

Cartas

Ainda de acordo com Quasten (1980, p. 284, tradução nossa), as trinta cartas da edição Pasquali

> revelam a variedade dos interesses e das relações de Gregório. Algumas, como as Ep 7, 11, 12 e 28, são simples comunicações sociais. Outras servem de apresentações teológicas; assim a Ep. 5 contém uma breve defesa da Doutrina trinitária, e a Ep. 24 expõe a unidade de substância e a trindade de pessoas em Deus. Conforme recentes investigações de Cavallin, a Ep. 38 de Basílio, idêntica à carta de Gregório de Nissa ao irmão Pedro, bispo de Sebaste, pertence efetivamente a Gregório de Nissa, se bem que o Concílio de Calcedônia (451) a atribui a Basílio. Essa estuda de modo analítico em que coisa difere *ousía* e *hypostasis*. Leôncio de Bisâncio e João Damasceno citam uma passagem da *Epistola ad Philippum* de Gregório, cujo texto grego original desapareceu. O fragmento citado trata das duas naturezas de Cristo e deve ser considerado autêntico depois do estudo diligente de Bardy. Uma versão latina da carta completa foi descoberta por G. Mercati. A Ep. 4 expõe a razão da mística pela qual a festa do Natal cai no solstício de inverno e não no equinócio de primavera.

Duas cartas de Gregório têm produzido vivas controvérsias entre protestantes nos séculos XVI e XVII: a Ep. 2, que aconselha as peregrinações em comum de ascetas masculinos e femininas para a Terra Santa, e a Ep. 3 endereçada a três piedosas senhoras palestinenses, Eustasia, Ambrósia e Basilissa, em que o autor refere a profunda impressão provada por ocasião da visita aos lugares santos, quando visitou a Plestina durante sua viagem para a Arábia. Ele fala com dor da desventurada situação da Terra Santa e recorda suas correspondentes que, não obstante a santidade do ambiente em que vivem, não estão seguras do contágio do vício e da heresia.

A I Ep. 2 é testemunha da popularidade das peregrinações e protesta contra a estima excessiva da qual gozavam. Gregório se dirige, em particular, àqueles que adotaram a "vida superior", a "vida segundo a filosofia", e os aconselha a se abster dessas viagens, antes de tudo porque em nenhuma passagem o Senhor lhes prescreve como necessárias para a salvação: "Quando o Senhor convida os benditos para sua herança no reino dos céus, não está entre as suas boas obras uma peregrinação a Jerusalém. Quando proclama as bem-aventuranças, não nomeia entre elas esta espécie de devoção". Em segundo lugar, essas peregrinações estão cheias de perigos morais, especialmente para a mulheres e para "aqueles que entraram na vida perfeita". Finalmente,

> que vantagem encontra aquele que chega a esses lugares ilustres? Não pode certamente imaginar que Nosso Senhor aí viva corporalmente hoje, depois de ter abandonado, nós, os estrangeiros; o que o Espírito esteja abundante em Jerusalém, mas seja incapaz de deslocar até nós. Ao contrário, se é verdadeiramente possível deduzir a presença de Deus a partir de símbolos visíveis, é então mais justo supor que ele tenha preferido permanecer na Capadócia mais que em qualquer outro lugar. Quantos altares existem, de fato, sobre os quais é glorificado o nome do Senhor! Não se poderiam contar outros tantos em todo o resto do mundo.

Gregório confessa não ter ele mesmo constatado um aumento de sua fé em seguida da própria peregrinação:

> Nós confessamos que o Cristo que se manifestou é verdadeiramente Deus, tanto antes como depois da nossa permanência em Jerusalém. A nossa fé nele não foi aumentada em seguida a isso, também não ficou diminuída. Antes de chegar a Belém, sabíamos que aí se fizera homem por meio da Virgem Maria. Antes de ver o seu túmulo, críamos na ressurreição dos mortos. Também antes de ter visto o Monte das Oliveiras, confessávamos a verdade da sua Ascenção ao céu. Um só benefício tínhamos tirado de nossa viagem, aquela de aprender, podendo confrontá-los, que os nossos lugares são muito mais santos do que aqueles estrangeiros.
>
> Mudar de lugar não traz nenhum progresso para Deus, mas, em qualquer que estejais, Deus virá a vós, se os quartos de vossa alma, são tais que possa habitar em vós. Mas se conservais o vosso homem interior cheio de maus pensamentos, estivésseis até mesmo sobre o Gólgota, sobre o Monte das Oliveiras, sobre a pedra que lembra a ressurreição, estaríeis tão longe de receber o Cristo em vós o quanto se pode estar se nem ter começado a confessá-lo.

As Cartas 2 e 3 parecem anteriores a 383. A autenticidade da Ep. 2 foi contestada por muitos católicos, como o cardeal Belarmino e o jesuíta Gretser, mas hoje é geralmente aceita.

A Ep. 25, endereçada a Anfilóquio de Icônio, é muito interessante para nossa história da arquitetura e da arte cristã. Ela descreve particularissimamente um *martyrion*, para a construção do qual Gregório contribuiu e pediu a *Anfilóquio* para procurar operários para ele. O santuário deve ser cruciforme, conforme o tipo comum de construção eclesiástica contemporânea, nota Gregório. Este prefere, uma vez que se sustenta por si uma cúpula apoiada sobre suportes. Pilastras e capitéis devem ser esculpidos em estilo coríntio. Nomeia também os diversos materiais: tijolos cozidos ao forno, pedras encontradas nas vizinhanças, madeira. Tudo isso faz da carta uma fonte excelente para a arqueologia cristã.

Teologia de Gregório de Nissa

Se confrontarmos Gregório de Nissa como teólogo com os outros dois Capadócios, Basílio e Gregório Nazianzeno, imediatamente se torna evidente sua superioridade. Suas especulações doutrinais superam consideravelmente os limites das controvérsias contemporâneas e são uma grande contribuição para o progresso da teologia.

Filosofia e teologia

> Nenhum outro Padre do século IV fez tão largo uso da filosofia quanto Gregório de Nissa nos seus esforços para aproximar os mistérios da fé com a inteligência humana. Ele compara a filosofia com a Esposa do Cântico dos Cânticos, porque nos ensina qual atitude a ser adotada em face do divino (Cant. Cant. Hom. 6; MG 44, 885 B). Todavia, não hesita em criticar a filosofia pagã e comprá-la à filha estéril e não fecunda do rei egípcio (Es. 2, 1-10). Tal é, na verdade, a educação profana, que concebe sempre sem gerar. Qual fruto, depois de uma assim tão longa gravidez, produziu a filosofia que seja digna de tantos esforços? Todos, vazios e informes, abortam-se antes de vir à luz do conhecimento de Deus (De vita Moysis 2, 11; MG 44, 329 B). Ele julga indispensável fazer um uso discreto da sabedoria pagã. Como os tesouros dos egípcios foram destinados a servir a um destino melhor entre as mãos dos filhos de Israel, assim a sabedoria deve ser resgatada da escravidão da filosofia pagã, para servir à vida mais elevada da virtude. Há, na cultura profana, de fato algo que não precisa ser refutado na formação da virtude. A filosofia moral, com efeito, e a filosofia da natureza podem auxiliar aqueles que as amam e as cultivam para se elevar mais alto, com a condição, porém, de que o fruto delas não conserve nada da contaminação estranha (De vita Moysis 2, 37-38; MG 44, 337ª). (Quasten, 1980, p. 287, tradução nossa)

Aqui, como em sua atitude geral para com a filosofia, Gregório se demonstra fiel discípulo de Orígenes. Ele sabe, naturalmente, que a filosofia não pode ser absoluta e independente:

> Não temos o direito de afirmar aquilo que nos agrada. Nós fazemos da Sagrada Escritura a regra e a medida de todos os nossos dogmas. Não aprovamos senão isto que pode se conciliado com a intenção destes escritos (*De nim et resurr.*, MG 46, 49 B). A Sagrada Escritura é "a guia da razão" (*Contra Eunom.* 1, 114, 126), "o critério da verdade" (107), uma vantagem sobre a sabedoria dos pagãos (*De anima et resurr.*, MG 46, 46 B). Por isso "tudo isto que era útil, ele o fez seu, e descartou tudo o que era sem proveito" (*De vita Ephr. Syr.*, MG 46, 82 B). Com estas palavras Gregório refere a atitude de Efrem o Sírio com respeito à filosofia pagã, mas também a sua própria atitude.
>
> Gregório recorre tão frequentemente à cultura profana, que muitos eruditos modernos, sem razão, subvalorizaram sua contribuição teológica, se enganaram a respeito da sua atitude substancialmente cristão e sublinharam muito pesadamente a sua estreita dependência platônica. Cherniss (p. 62) ousa afirmar que, além de poucos dogmas ortodoxos que não podia contornar, Gregório não tinha feito mais que aplicar nomes cristãos a doutrinas de Platão, chamando isso de teologia cristã. (Quasten, 1980, p. 287, tradução nossa)

Esse julgamento excessivo demonstra uma compreensão defeituosa do grande pensador cristão e do lugar que ocupa na corrente da tradição patrística. Se Platão exercitou a influência mais profunda sobre Gregório, sua formação, suas perspectivas, sua terminologia e sua maneira de afrontar um problema, ele, porém, não constitui de modo nenhum o único fundamento de seu sistema. Sem dúvida, o neoplatonismo deixou traços evidentes em seu ensinamento, especialmente Plotino, e assim alguns elementos estoicos aparecem em sua doutrina moral. Todavia, é necessário recordar, determinando esses diversos fatores, que muitos dados platônicos ou neoplatônicos em Gregório de Nissa tornaram-se, em sua época, patrimônio comum de todas as escolas de filosofia. Resta um mérito de J. Daniélou, em seu estudo da dependência platônica de Gregório: o de ter claramente demonstrado, de um lado, a relação literária, e de outro, a total metamorfose cristã do pensamento de Platão. A seu modo, Gregório concede assaz mais atenção que Basílio e Gregório Nazianzeno à *ratio theologica*. Ele retém o dever de usar a razão para estabelecer, enquanto for possível, os mistérios, mesmo os mais profundos, da revelação. No entanto, em todos esses esforços para penetrar a fé com a inteligência, ele se deixa guiar pela tradição dos Padres: "Se o nosso raciocínio se demonstra ímpar com o problema, devemos manter sempre firme e imutada a tradição que recebemos da sucessão dos Padres" (*Quod non sint três dii*, MG 45, 117).

Doutrina trinitária

Gregório caminha sobre os traços de Platão e, ao mesmo tempo, antecipa o extremo realismo da Idade Média em seus esforços para reconciliar a trindade e a unidade. No parágrafo que abre o tratado *Quod non sint três dii*, escreve:

> Nós, para começar, afirmamos que o costume de chamar aqueles que não estão divididos por natureza com o mesmo nome da sua natureza no plural, ao dizer "muitos homens", é um abuso ordinário de linguagem, e seria a mesma coisa que dizer que há "muitas naturezas humanas"... Assim, há muitos que condividem a mesma natureza humana –, muitos discípulos, por exemplo, ou apóstolos, ou mártires –, mas o homem em todos esses é uno, pois, como dissemos, o termo "homem" não pertence à natureza do indivíduo como tal, mas isto que é comum... melhor seria corrigir o nosso errôneo costume, para não estender mais a uma pluralidade o nome

da natureza. Não seríamos, então, mais tentados a projetar o nosso erro de linguagem na doutrina teológica. (45, 117 C)

Gregório parece aqui admitir, sob a influência da doutrina platônica das ideias, a unidade numérica de essência ou de natureza nas mesmas coisas finitas. Ele confunde o abstrato, que exclui a pluralidade, com o concreto, que postula a pluralidade, quando afirma que o termo *homem* designa a natureza, e não o indivíduo, e que Pedro, Paulo e Barnabé deveriam ser chamados um só homem, e não três homens. Atribui, pois, a realidade à ideia universal para melhor dar conta da Trindade divina, a fim de refutar a acusação de triteísmo:

> Dado que a correção do hábito é irrealizável, nós não erramos se não caminharmos em sentido contrário ao costume no caso de natureza da palavra; mas, no caso de uma afirmação concernente à natureza divina, não é mais sem perigos o usar diversamente os termos, dado que isto que é de mínima importância, passando para argumentos semelhantes, não resta mais coisa de pouco valor. Eis por que devemos confessar um só Deus, segundo o testemunho da Escritura: "Ouve, Israel, o Senhor teu Deus é um só Senhor", se bem que o nome da divindade se estenda à Santa Trindade. (MG 45, 119 C)

Para Gregório, a distinção das três pessoas consiste exclusivamente em suas mútuas relações imanentes. Por isso, sua atividade *ad extra* não pode ser uma, e as pessoas divinas a possuem em comum:

> Dado que entre os homens se distinguem as ações de cada um nas mesmas obras, diz-se com razão que são muitas, cada uma sendo separada da outra com aquilo que a circunda, segundo o caráter especial da sua operação. Mas, no caso da natureza divina, não aprendamos de mesmo modo que o Pai faça de por si algo que o Filho não cumpra conjuntamente, ou então, que o filho possua uma operação especial fora do Espírito Santo, mas em toda operação que se estenda de Deus para a criação traz o seu nome das diversas

concepções que delas fazemos têm sua origem no Pai, procede do Filho e elevada à perfeição no Espírito Santo. Dado que a Santa Trindade cumpre toda operação de maneira semelhante àquela da qual falei, não uma ação separada segundo o número das pessoas, mas de maneira tal que seja uma só ação e disposição da boa vontade, comunicada pelo Pai através do Filho ao Espírito Santo, não é mais possível chamar Três deuses aqueles que exercitam este poder e esta operação divina e supereminente respeito a nós e para com cada coisa criada, conjuntamente e inseparavelmente, com a sua ação mútua. (MG 45, 125 B)

Existe, todavia, uma diferença entre sua atividade *ad extra* e suas relações mútuas e imanentes:

> Mesmo confessando o caráter invariável da natureza, não negamos a diferença sob a relação da causa e daquilo que é causado, através do qual somente nós aprendemos que uma pessoa se distingue da outra, isto é, crendo que uma é a causa e a outra o produto da causa. Ademais, no produto da causa, reconhecemos ainda uma outra distinção. Uma é de fato o produto direto (*prosekōs*) da primeira causa, e a outra de modo somente imediato e através daquela que é produto direto da primeira causa. Assim o caráter de ser unigênito (*monogenés*) reside sem dúvida nenhuma no Filho, em impedir que o Espírito provenha do Pai, e a mediação (*mesiteía*) do Filho, mesmo preservando o seu caráter de unigênito, não exclui o espírito da sua relação natural com o Pai. (MG 45, 133 B)

Essa passagem revela que Gregório concebe com os outros padres gregos o Espírito Santo com o procedente do Pai através do Filho, e isso é imediatamente a mesma ideia do Filho e imediatamente a do Pai. Ele exprime exatamente a mesma ideia em seu tratado *De Spiritu Sancto* 3, em que compara o Pai, o Filho e o Espírito Santo a três forças das quais a primeira comunica sua luz à segunda e através da segunda à terceira. Vai ainda mais adiante na passagem do *De oratione* que citamos antes, pois afirma: "O Espírito Santo é também dito que é do Pai, e está atestado ser do Filho (*ék toû uioû*). Portanto, o Espírito de Deus é também o Espírito do Cristo". Gregório não ensina somente a divindade e a consubstancialidade do Espírito Santo e sua procedência do Pai, mas aprofunda sua relação com o Filho, mais que os outros dois Capadócios.

Cristologia

Sua cristologia caracteriza-se por uma diferenciação extremamente nítida das duas naturezas em Cristo:

> A nossa contemplação das propriedades respectivas da carne e da divindade permanece sem confusão até que estas são consideradas em si mesmas, por exemplo: "O Verbo foi feito antes dos séculos, mas a carne veio a ser nos últimos tempos". Não podemos, todavia, inverter a afirmação e dizer que esta última é pré-temporal, o que o Verbo veio a ser nos últimos tempos. O Verbo era no princípio com Deus; o homem era submisso à prova da morte; a natureza humana não podia existir desde sempre, nem a natureza divina ser mortal; e todos os outros atributos devem ser considerados do mesmo modo. Não é a natureza humana que ressuscita Lázaro, e não é a potência impassível que chora ele repousa no túmulo: as lágrimas procedem do homem, mas a vida da verdadeira Vida (*Contra Eunom.* 5,5)

Gregório, todavia, reconhece plenamente a possibilidade da *communicatio idiomatum* e a justifica com muita clareza:

> Por causa do contato e da união das naturezas, os atributos próprios de cada uma pertencem a todas as duas; assim o Senhor recebe os golpes do servidor, enquanto o servidor é glorificado pela honra do Senhor. Por isso a cruz é chamada a cruz do Senhor da glória (Fil. 2,2), e toda língua confessa que Jesus Cristo é Senhor, para a glória de Deus Pai.

Essas frases demonstram, pois, que as duas naturezas permanecem sempre distintas depois da exaltação do Cristo, o pensamento de Gregório. Contudo, não obstante as duas naturezas, não são duas pessoas em Cristo, mas uma só: "Tal é a nossa doutrina que não prega uma pluralidade de Cristos, como nos acusa Eunômio, mas a união do homem com a divindade". Assim, não há senão uma só pessoa (*èn prosopôn*).

Mariologia

Contra Apolinário e seus discípulos, Gregório defende o caráter completo da humanidade de Cristo. No *Antirrheticus* (45), ele afirma que Cristo possuía uma verdadeira alma humana, um *noûs* humano, e que gozava de uma vontade livre, do contrário, sua vida não poderia ser um verdadeiro exemplo e um modelo moral para nós, nem teria podido resgatar a raça humana. O Filho de Deus formou para si uma natureza humana da carne da Virgem (*Adv. Apollin.*, MG 45, 1136), que devemos, pois, chamar Mãe de Deus. Gregório usa cinco vezes o nome *theotókos* ("mãe de Deus") e refuta o termo *anthropotókos* ("mãe do homem"), adotado por certos inovadores, os antioquenos. Na carta a Eustácia, Ambrósia e Basilissa (Ep. 17), coloca a pergunta: "Anunciamos nós um outro Jesus? Produzimos outras Escrituras? Há entre nós quem ousou chamar a Mãe do homem! a Santa Virgem, a Mãe de Deus, como aprendemos que certos deles fazem sem discrição?". Reconhece na irmã de Moisés, Miriam, uma figura de Maria, a Mãe de Deus. Sua virgindade despedaçou a potência da morte: "No tempo de Maria, a Mãe de Deus essa (a morte), que tinha reinado de Adão até então, se deu conta, quando veio dela e infringiu as suas forças contra o fruto da sua virgindade como contra uma rocha, que essa se transformara em pedaços sobre ela" (*De virg.* 13). Ele atesta a *virginitas in partu*: "Como consequência, o seio da beata Virgem, que serviu para um nascimento imaculado, é proclamado santo no Evangelho (Lc 11,27), dado que esse nascimento não destruiu a virgindade, e este não colocou obstáculo a um assim tão grande nascimento" (De virg. 19). Na trigésima homilia sobre o Cântico dos Cânticos, declara: "A morte veio por meio de um homem, e a redenção por meio de um outro homem. O primeiro caiu pelo pecado, e o segundo o levantou. A mulher encontrou a sua advogada em uma mulher" (MG 44, 1052). Maria é aqui a *advocata Evae*, pensamento que remonta a Irineu de Lião.

Escatologia

Mais do que em outros lugares, Gregório se mostra como discípulo de Orígenes, em particular nas posições escatológicas. Mesmo que não se condividam as teorias sobre a pré-existência e a migração das almas, refuta especialmente a doutrina do aprisionamento em corpos materiais como castigo pelos pecados cometidos em mundos anteriores (*De an. et resurr.*, MG 46, 125). Ele concorda, todavia, com o alexandrino ao afirmar que as penas do inferno não são eternas, mas temporais, porque de natureza puramente medicinal. Ainda que fale constantemente do "fogo inextinguível" da imortalidade do "verme" e da "sanção eterna" (*Orat. Cat.* 40), ainda que ameace o pecador com a pena e o castigo eternos, ele não pode imaginar uma separação eterna de Deus e suas criaturas racionais e explica, em outras passagens, que essas expressões não se referem mais que a "longos períodos de tempo" (26). Crê, com Orígenes, na ressurreição universal no fim dos tempos (*àpokatástasis = apocatástase* = juízo final no fim do mundo) e na vitória completa do bem sobre o mal, ainda que recuse a opinião de Orígenes, que vê no fim do mundo só uma fase transitória, um simples momento na sucessão ilimitada dos mundos, em que a apostasia e o retorno a Deus se alternariam sem fim. Gregório vê na apocatástase a conclusão magnífica e harmoniosa da história inteira da salvação, quando cada criatura entoará o hino de ação de graças ao Salvador, e o mesmo inventor do mal será curado:

> Da mesma maneira, depois que a natureza, com estes meios complicados e longos, tiver sido libertada do mal que se tinha misturado e atacado, quando forem restabelecidos na sua condição primitiva aqueles que agora são imersos no vício, o concerto das ações de graças se levantará de toda a criação, e da boca daqueles que foram punidos no decorrer desta purificação, e da boca daqueles não tiveram nem mesmo tido necessidade de se purificar. Esses ensinamentos e outros do mesmo gênero nos dá o grande mistério da encarnação divina. Dado que exatamente misturando-se com a humanidade, revestindo todos os caracteres próprios da natureza, o nascimento, a educação, o crescimento, e superando todas as etapas até o final com a prova da morte, Deus executou tudo isso de que falamos acima, libertando o homem do vício e curando o próprio autor do vício. (*Orat. Cat.* 26; MG 45, 69 B)

Para salvar a ortodoxia de Gregório, certos admiradores bem-intencionados, mas mal informados se empenharam em demonstrar que seus escritos foram interpolados pelos hereges origenistas. A primeira tentativa dessa natureza tem por autor o patriarca Germano de Constantinopla (+733) na segunda parte de seu *Antapodotikos* ou *Anodeutikos*. Segundo Fócio (*Bibl. Cod.* 233), Germano acreditava que a *Oratio catechetica* e o tratado *De anima et resurrectione* tivessem sido particularmente golpeados por tais interpolações. Essa hipótese carece de fundamento, tanto que a concepção de Gregório sobre a restauração universal não se encontra apenas nesses dois tratados, mas também nos seus outros escritos. Gregório, diremos nós, simplesmente cometeu um erro aventurando-se lá onde não se pode entrar.

Doutrina mística de Gregório de Nissa

De acordo com Quasten (1980), Gregório dá o melhor de sua obra em sua *Teologia mística*, para a qual os eruditos olharam com grande interesse só recentemente. F. Diekamp e K. Holl foram os primeiros que chamaram a atenção para essa parte de sua atividade, e H. Koch demonstrou que Gregório conhecia a intuição direta de Deus. Porém, os verdadeiros pioneiros, que apresentaram um resumo completo da doutrina do "fundador da teologia mística", foram Daniélou e Marrou (1985), em sua importante monografia sobre a dependência platônica de Gregório, em que este último é confrontado com Orígenes.

Para Quasten (1980), foi sobre uma base muito ampla que W. Völker estudou as relações entre sua doutrina mística e aquela dos alexandrinos, de Metódio, de Atanásio e dos outros dois Capadócios, e sublinha, em particular, a orientação ascética e moral das ideias de Gregório sobre a perfeição. Gregório ocupa certamente um lugar significativo na fundação e no desenvolvimento do misticismo cristão. Ele religa Fílon e os alexandrinos, por meio de Plotino, a Dionísio Areopagita, a Máximo, o Confessor, e ao misticismo bizantino.

Se mais tarde a autoridade do Pseudo-Dionísio o confinou na sombra e se os ocidentais da Idade Média como Ugo e Ricardo de São Vitor, Guilherme de Paris, São Boaventura, Dionísio, o Cartuxo e João Gerson comentaram a *Theologia mystica* do "discípulo de Paulo" em vez dos tratados de Gregório, todos são, aliás, em larga medida, indiretamente tributários do bispo de Nissa (Daniélou; Marrou, 1985).

A imagem de Deus no homem

A doutrina da imagem de Deus no homem é uma das ideias fundamentais de Gregório e constitui a base de seu ensinamento, não somente sobre a intuição de Deus, mas também sobre a ascensão mística do homem.

A beleza divina não é o resplendor exterior de uma figura ou de uma bela aparência; ela consiste na beatitude indizível de uma vida perfeita. Da mesma forma que os pintores, nas cores que utilizam para representar um personagem num quadro, organizam suas tintas de acordo com a natureza do objeto, a fim de transmitir, em seu retrato, a beleza do modelo, assim também imaginai aquele que nos modela; as cores e relação com a sua beleza aqui são as virtudes que ele deposita e faz florescer em sua imagem, para manifestar em nós o poder que possui. A variada gama de cores que se encontra nessa imagem e que representa verdadeiramente a Deus nada tem a ver com o vermelho, o branco ou qualquer mistura de cores, com o preto que serve para pintar as sobrancelhas e os olhos e cuja dosagem correta acentua a sombra recortada pelos traços, nem, de modo geral, com o que os pintores podem ainda inventar. No lugar de tudo isso, pensai na pureza, na liberdade espiritual, na beatitude, no afastamento de todo mal e em tudo o mais através do qual assume forma em nós a semelhança com a Divindade. Foi com cores semelhantes que o autor de sua própria imagem desenhou nossa natureza.

Se examinardes os outros caracteres da beleza divina, vereis que também nesses aspectos é mantida a semelhança na imagem que possuímos. A Divindade é Espírito e Verbo. "No princípio, com efeito, era o Verbo". E, segundo Paulo, os Profetas "têm o Espírito de Cristo" a falar neles. A natureza humana, da mesma maneira, não está distante desses atributos: em vós mesmos, vedes a Razão e o Pensamento, imitação d'Aquele que é, na verdade, Espírito e Verbo.

Deus é ainda Amor e fonte de amor. João, o Sublime, diz que "O amor vem de Deus" e "Deus é amor". O modelador de nossa natureza pôs também em nós esse caráter: "Nisso, diz, com efeito, ele, todos saberão que sois meus discípulos, se vos amardes uns aos outros". Portanto, se o amor estiver ausente, todos os traços de imagem em nós estarão deformados. Gregório de Nissa (335-394), A criação do homem, cap. V. **(Comby, 1984, p. 111)**

Esse coroamento da obra criadora é um microcosmo que revela as mesmas memórias que aparecem no macrocosmo, no Universo:

> Se o universo inteiro é uma harmonia musical de cujo artista e o autor é Deus, como diz o Apóstolo, o homem é um pequeno universo, já que foi feito à imitação daquele que organizou o universo. Isto que a razão apreende do grande universo, o descobre segundo cada evidência no pequeno, dado que a parte do todo tem a mesma origem que o todo... Por isso no microcosmo, isto é, na natureza humana, reencontra-se toda a música que se descortina no conjunto, correspondente ao todo em relação ao parcial, pois que o todo é o produto do parcial. (Psalmos I, c. 3; MG 44, 441 C)

Essa antiga filosofia está superada pela doutrina cristã, visto que o homem é muito mais que um microcosmo e uma imitação do universo material. Sua excelência e sua grandeza se fundam "não sobre sua semelhança com o universo criado, mas sobre o fato que foi criado à imagem da natureza do criador" (*De hom. opif.*, c. 16; MG 44, 180 A). É sobretudo por sua alma que o homem é a imagem fiel de seu autor e, mais precisamente, porque esta é dotada da razão, da vontade livre e da graça sobrenatural. Para Gregório, a palavra *imagem* serve aqui para exprimir a posse inteira, da parte do homem, dos dons divinos, ou seja, em outras palavras, seu estado original de perfeição. Ao passo que Clemente e Orígenes viam a imagem de Deus na parte racional do homem e Irineu via na vontade livre, Gregório a reconhecia não somente no *noûs* e na *autexoûsion*, mas também na virtude, a *àreté*. Ele não adota a distinção alexandrina entre *eíkôn* e a *òmoíosis*, que vê nesta última os esforços morais do homem sobre a base da *eíkôn*, mas faz dela dois sinônimos, que servem para exprimir "pureza a libertação da paixão, a santidade, a recusa de todo mal, e todos os atributos da mesma espécie, que contribuem para formar no homem a semelhança de Deus" (*De opif. hom.* 5, 1). Para essa semelhança, o homem "não é qualquer maravilha do mundo de interesse secundário, mas uma realidade que sem dúvida supera em grandeza tudo isso que conhecemos, pois é só a humanidade, entre os seres, que é semelhante a Deus" (*De opf. hom.*, MG 44, 128 A).

Por meio dessa imagem, o homem se emparenta com Deus e se torna capaz de conhecê-lo. Gregório adota o célebre axioma dos antigos: "O semelhante é conhecido a partir do seu semelhante" (Quasten, 1980, p. 297), quando sublinha que a semelhança da alma com Deus é a *conditio sine qua non* de nosso conhecimento da natureza divina. Esse princípio, que teve uma função importante na história da filosofia grega, foi introduzido por Pitágoras, formulado de modo preciso por Empédocles, e representava um lugar comum no tempo de Platão. Este assumiu um relevo particular no misticismo neoplatônico, para reassumir a ideia segundo a qual o divino não pode ser conhecido a não ser pelo divino. Gregório repete a fórmula platônica que aduz que o olho pode contemplar os raios da luz porque esta faz parte de sua natureza, e, da mesma maneira, o homem pode ver Deus porque há nele um elemento divino:

> O olho goza dos raios da luz em virtude da luz que possui em si mesmo por natureza, para que possa apropriar-se disto que lhe é afim... A mesma necessidade requer, enquanto concerne à participação divina, que haja na natureza destinada a gozar de Deus alguma coisa de afim com aquele do qual se deve participar (*De infant.*, MG 46, 113D, 176 A)

A imagem divina no homem permite, pois, ao homem atingir a visão mística de Deus e compensa as deficiências da razão humana e, ainda, a limitação de nosso conhecimento racional de Deus, como Gregório explica em seu sexto *Sermão sobre as beatitudes*:

> A natureza divina, nisto que ela é por si mesma segundo a própria essência, supera toda apreensão do pensamento, dado que é inacessível e inatingível pela penetração da inteligência, e o poder

de compreender o incompreensível não está absolutamente ao alcance do homem, dado que o meio para aceder ao impossível não está ainda imaginado. Eis porque o grande Apóstolo chama as suas vias impenetráveis, querendo exprimir com esta palavra a inacessibilidade do caminho que levaria ao conhecimento da essência divina. Ninguém daqueles que usufruíram da vida revelou à nossa inteligência outra coisa a não ser um vestígio de compreensão daquilo que supera a inteligência. Tal sendo segundo a sua natureza que transcende toda natureza, só com outro procedimento se poderá ver e entender o invisível e indescritível, e os modos de uma tal percepção são numerosos. É possível, de fato, através da sabedoria que abre no todo, ver conjunturalmente aquele que fez todas as coisas em sabedoria. Do mesmo modo, a propósito das obras humanas a mente pode de certo modo ver o autor da obra que tem diante de si, dado que ele imprimiu no seu trabalho a marca da sua arte. Sem dúvida, não se vê a natureza daquele que trabalhou, mas somente o talento artístico manifestado pelo operário na sua obra. Consequentemente, quando contemplamos a ordem da criação, nós formamos uma ideia não da essência, mas da sabedoria daquele que fez todas as coisas com sabedoria. E se consideramos a causa da nossa própria vida, observamos que esta não está preparada para a criação do homem sob a pressão da necessidade, mas a seguir de uma livre escolha: podemos, pois, dizer que Deus se deixou ver neste modo e que sejamos assim chegados ao conhecimento não da sua essência, mas da sua bondade. A mesma coisa acontece por todas as outras que solicitam o nosso espírito para aquilo que é melhor e mais elevado, e podemos assim falar de uma ciência de Deus, pois que cada pensamento elevado coloca Deus ao alcance de nosso olhar. De fato, a potência, a pureza, a constância, a não mistura com o próprio contrário, e semelhante, representam nas nossas almas a ideia de alguma coisa de divino e de transcendente. Mas a constância da beatitude não diz respeito somente ao poder de conhecer por analogia o operador partindo da operação, dado que então também os próprios sábios deste mundo poderiam chegar a conhecer a sabedoria e a potência transcendentes através da harmonia do universo. Mas a grandeza desta beatitude parece-me sugerir ainda para aqueles que são capazes obter a vista do objeto desejado: a ideia de prosseguir o caminho. Quem purificou o seu coração de todo objeto criado e de toda afeição desregulada, vislumbra na própria beleza a imagem da natureza divina, parece-me que, nas poucas palavras que disse, o Logos exprime este conselho: Homens em que existe o desejo de conhecer o verdadeiro Bem, quando ouvis dizer que a divina majestade está elevada acima dos céus e que sua glória é indecifrável, que a sua beleza é inefável e a sua natureza infinita, não desespereis por isto, de chegar a contemplar o objeto dos vossos desejos. A medida na qual podeis conhecer Deus está em vós mesmos. Aquele vos criou quais vos sois dotou ao mesmo tempo a vossa natureza dessa excelente qualidade, dado que Deus imprimiu na vossa constituição as semelhanças das qualidades da sua mesma natureza, como se imprime na cera a forma de uma escultura. Mas o mal que se derramou sobre a marca divina tornou inutilizável a qualidade que permanece escondida sob indignos revestimentos. Pois quereis cancelar com o zelo da vossa conduta a sujeira que se espalhou no vosso coração, tornará a brilhar em vós a beleza criada à imagem de Deus... A divina pureza, a libertação das paixões e remoção de todo mal: se todas estas coisas estão em vós, Deus realmente está em vós. Se vosso pensamento está livre de todo mal, libertado da paixão, limpo de toda impureza, vós sois beatos, porque vedes claro, porque sendo vós mesmos purificados, percebeis isto que é invisível por aqueles que não estão purificados, e, uma vez removida dos olhos da vossa alma a obscuridade carnal, vereis claramente a visão beata. (MG 44, 1263 B)

Ascensão mística

Só então pode começar a ascensão mística:

> a via que reconduz ao céu a natureza humana outra coisa não é senão o afastamento dos males deste mundo com a fuga; de outra parte, a intenção de fugir dos males me parece precisamente produzir a semelhança com Deus. Tornar semelhante a Deus significa tornar justo, santo e bom etc. Se alguém, até que está em si, apresenta manifestamente em si mesmo as marcas destas virtudes, passará automaticamente e sem esforço desta vida terrena para a vida do céu, uma vez que a distância entre o divino e o humano não é questão de lugar que exija um processo mecânico para transportar essa carne tão pesada até a vida inteligível e incorpórea. Não, se a virtude se encontra realmente isolada do mal, ela permanece, unicamente no interior da livre escolha do homem, para estar lá onde o seu desejo o leva. Por isso a escolha do bem não é seguida da mesma pena – já que a posse do objeto da escolha segue o ato da escolha –, vós estais no direito de encontrar no céu imediatamente dado que tendes compreendido Deus como o vosso espírito. Se, pois, segundo o Eclesiastes (5,1), "Deus está nos céus", e se, segundo o profeta (Sal. 72, 28), "Vós aderíeis a Deus", disto consegue necessariamente que deveis estar lá onde Deus se encontra, a partir do momento em que estais unidos a ele. Pois que ele vos ordenou que, quando rezais, chameis Deus de Pai, vos diz para tornar, sem dúvida, semelhante ao vosso Pai celeste com uma vida digna de Deus, como nos ordena mais claramente em outro lugar: "Sede perfeitos como é perfeito o Vosso Pai celeste (Mt 5,48). (*De Orat. dom* 2)

Por fim, destacamos a importância da escola de Antioquia para a redescoberta do método exegético de Alexandria, em especial no contexto dessa escola asiática com os três capadócios: Basílio Magno, Gregório de Nazianzo e Gregório de Nissa.

3.3 Os quatro primeiros concílios ecumênicos

Afirma Alberigo (2015, p. 13) a respeito do tema:

> Dentre os quatro primeiros concílios da antiguidade cristã ainda hoje tidos como ecumênicos pela maioria das Igrejas, destacam-se, pela autoridade doutrinária e importância histórica, os quatro primeiros, de Niceia (325) a Calcedônia (451). O primado a eles concedido deriva sobretudo do fato de que formularam os dogmas fundamentais do cristianismo, relativamente à Trindade (com Niceia e o Constantinopolitano I) e à Encarnação (com Éfeso e Calcedônia). Por isso, já Gregório Magno (Ep. I 25) os via, junto aos evangelhos, como a pedra quadrangular colocada como fundamento do edifício da fé.

A situação do Império e da Igreja antes dos Concílios mencionados era um tanto singular. De fato, Constantino Magno havia dado liberdade à Igreja, mas também ligara a Igreja ao Império. Os historiadores notam que o problema maior era o primeiro entre os dois chefes. O fato é que tanto a Igreja quanto o Império estavam perturbados por controvérsias religiosas nas quais se tocava no que é mais elevado: a pessoa do fundador. A Igreja primitiva o adorava como seu Senhor (o *Kyrios*) e o colocavam ao lado de Deus, do qual Ele havia dado o testemunho de Filho. A Igreja conferia o Batismo em nome do Pai, do Filho e do Espírito Santo. A dificuldade era a seguinte: Como se podia conciliar a fé no *Kyrios* (Senhor) e a família tripartida mencionada no Batismo com o pensamento monoteísta herdado do judaísmo?

No século II, a especulação teológica iniou um movimento irresistível e voltou-se para esse mistério. Foi o primeiro pensamento de marca grega aquele da ideia do Logos (Verbo) e o pensamento sobre o

Demiurgo (o instrumento intermediário), concebido como o primeiro, na escala dos seres intermediários entre Deus e o homem; parecia indicar à inteligência que se havia encontrado uma boa solução de um aparente dilema. Sobre essa pista, de concepção grega, muitos teólogos do século III, quando, como Sabélio, não se explicava como modos de aparição do único Deus as três Pessoas do Pai, do Filho e do Espírito Santo (o chamado *modalismo*), propunham a teoria do subordinacionismo, isto é, subordinavam o Filho ao Pai. O sacerdote alexandrino Ario tomou essa concepção de seu mestre, Luciano de Antioquia, tornando-se mais grave: o Logos, segundo Ario, é uma "criatura" do Pai e, por isso, está privado do atributo da eternidade: "houve um tempo em que ele não existia".

Ario não foi um pensador isolado. Era um personagem muito religioso, dotado de grande força de atração e proselitismo; um escritor talentoso, que agrupou em torno de si muitos seguidores, formando uma comunidade. Seu bispo Alexandre o excluiu da Igreja, em razão dessa doutrina, em um grande sínodo de 318, mas seus seguidores já formavam um grande grupo. Uma tentativa de reconciliação foi empreendida por um homem de confiança do imperador, Osio, bispo de Córdova, mas permaneceu sem resultado. O conflito suscitou uma tempestade em todo o Oriente. Eis a razão da convocação dos concílios.

3.3.1 O concílio de Niceia e suas consequências

O imperador Constantino investiu todos os esforços para resolver os litígios entre os bispos orientais, como já tinha feito no Ocidente, em virtude do cisma donatista, promovendo os Sínodos de Roma (311) e de Arles (314), desde o outono de 324, por isso convocou os bispos para um sínodo, semelhante às reuniões (àquelas do Império Romano), para se realizar em Ancira (hoje Ankara). Depois foi transferido para Niceia, cidade próxima de Nicomédia. O imperador pôs à disposição do padres sinodais, bispos considerados como funcionários do Império, todo o serviço da correspondência deste, para facilitar a viagem dos convocados.

A finalidade principal do sínodo era dupla: acalmar a questão ariana e resolver a questão pascal. A primeira tentativa foi feita por Óssio, bispo de Córdova, principal de Constantino para questões de política religosa, junto ao bispo Alexandre de Alexandria. Pedia-se que o bispo Alexandre se reconciliasse com Ario. A tentativa não teve sucesso. Ao contrário, o sínodo realizado em Antioquia, durante o inverno de 324-325, confirmou a condenação do bispo Alexandre contra o grupo dos primeiros arianos, emitida pelo sínodo local, que tinha reunido uma centena de bispos do Egito e da Líbia.

Constantino inaugurou seu concílio em 20 de maio de 325, no dia seguinte à data de aniversário de sua vitória sobre Licínio, celebrada em Nicomédia. Já há alguns dias, alguns padres sinodais estavam presentes em Nicomédia. Após um discurso de boas-vindas da parte do imperador, pronunciado em latim, falaram, em primeiro lugar, os simpatizantes de Ario, propondo uma formulação de fé lida por Eusébio de Nicomédia, que, porém, foi rejeitada. Eusébio de Cesareia usou, então, sua fórmula de fé a título pessoal para se desculpar de sua suspeita de heresia. Pesava sobre ele uma censura dada pelo Sínodo de Antioquia. Foi uma tentativa de ajudar os padres sinodais a encontrar uma fórmula que satisfizesse a todos. Como conta Atanásio, bispo de Alexandria, 25 anos depois, na carta *De Decretis* (*Sobre Decretos*), as discussões do Concílio de Nicomédia foram longas e difíceis. Com acréscimos sucessivos, foram melhoradas determinadas fórmulas tradicionais do símbolo, no sentido anti-ariano, até o ponto de inserir o atributo *hómoousios* (consubstancial) para qualificar a unidade de essência entre o Pai e o Filho. Não se sabe quem tomou a iniciativa de propor essa inserção, que se tornou o ponto essencial para avaliação da ortodoxia nicena. No término dos debates, apenas Ario e dois bispos, Segundo de Tolemaida e Teona de Marmárica, recusaram subscrever a decisão e foram excomungados, isto é, declarados fora da comunhão eclesial. Os dois bispos foram depostos e todos os três exilados no Ilírico. Apenas três meses depois do concílio, foi exilado também Eusébio de Nicomédia.

A originalidade da fé de Niceia está nestas palavras: "da substância do Pai" e "Deus verdadeiro de Deus verdadeiro, gerado, não criado, consubstancial ao Pai". Esse modo de definir a divindade de Cristo é particularmente próximo da posição de Alexandre de Alexandria, sem, todavia, reproduzir literalmente os enunciados de sua teologia. Parece que nem Alexandre nem, depois dele, Atanásio utilizaram, por conta própria, a palavra *hómoousios*, que, para muitos bispos orientais, tinha se tornado fonte de dificuldades doutrinais, mesmo que condenassem Ario. Os desenvolvimentos políticos da crise assim chamada *ariana* levaram o seio desse episcopado a uma oposição a Niceia, que durou abertamente até o início do reinado de Teodósio I e até a celebração do I Concílio de Constantinopla (381).

Entre os decretos disciplinares de Niceia, o mais importante é aquele que se refere à data da Páscoa, segundo o uso romano e o uso alexandrino, a saber, no domingo imediatamente posterior ao primeiro plenilúnio (lua cheia) do equinócio de primavera. O cômputo dos cálculos astronômicos necessários estava a cargo da sede de Alexandria. Os cânones de Niceia, em número de vinte, falam das estruturas da Igreja (can. 4-7, 15,16), do clero (can. 1-3,9,10,17), da penitência pública (can. 11-14), da remissão dos cismáticos e dos hereges (can. 19) e, finalmente, estabelecem normas a respeito da liturgia (can. 18 e 20).

O imperador encerrou o concílio, do qual ele tinha assumido pessoalmente a presidência de honra, durante as sessões principais, com um banquete e com a oferta de presentes aos padres.

3.3.2 Consequências doutrinais após Niceia

Poucos anos após o Concílio de Niceia, o partido considerado do centro, favorável aos arianos, era conduzido por Eusébio de Nicomédia, que, mesmo vencido em Niceia, conquistou influência sobre Constantino e serviu-se dele para conduzir uma luta, sem igual, contra o líder dos ortodoxos, Atanásio, que tinha se tornado bispo de Alexandria. Em 335, Atanásio foi exilado em Tréviros e aí escreveu a famosa *Vida do eremita Antônio* (também conhecido com Antão). Essa obra serviu para dar a conhecer, no Ocidente, a ideia do monaquismo egípcio. Ario foi readmitido na comunidade eclesial e, logo depois, morreu.

> Houve um novo concílio imperial em Sárdica, atual Sofia, no ano 342, que não conseguiu reconstituir a unidade eclesial, mas terminou com uma nova divisão: os ocidentais declararam ilegal a deposição de Atanásio e reconfirmaram o Concílio niceno: os orientais, que tiveram reuniões separadas, condenaram não somente Atanásio, mas também o papa Júlio I, junto ao qual Atanásio tinha sido acolhido. Eles procuraram uma fórmula que excluísse o termo niceno "consubstancial" (*hómoousios*). Foram forjadas, com grande cuidado, fórmulas de compromisso, como, por exemplo, que o Filho é "semelhante" ou "em tudo semelhante" ao Pai ou, então, de "substâcia semelhante à do Pai". Os adversários de Niceia convenceram o imperador Constâncio, favorável aos arianos, a reunir um novo sínodo imperial, que, no ano 359, teve sessões pelo Ocidente em Rimini (cerca de 400) e pelo Oriente em Selêucida, mas nem mesmo este conseguiu a reconciliação. O imperador Constâncio ameaçou exilar todos os bispos que não quisessem subscrever uma

fórmula: Pai e Filho são semelhantes segundo a Sacra Escritura, fórmula esboçada em Nice (*Nicenum como Nicaenum*). Ainda que o papa Libério e S. Hilário de Poitiers se recusassem a subscrevê-la, a expressão foi cunhada mais tarde por São Jerônimo: "o mundo gemeu e notou com estupor que se tornara ariano", porém tinha algo de verdade". (Quasten, 1980, p. 294-299, tradução nossa)

Somente a morte de Constâncio (361) trouxe mudanças. A esperança de seu sucessor, Juliano, o Apóstata, de que o retorno dos bispos exilados de ambas as partes (orientais e ocidentais), por ele proposto, reconduzisse o cristianismo, por ele aborrecido, a dilaniar-se e esfacelar-se, não se tornou verdadeiro; nem o imperador Valente, de sentimentos arianos, conseguiu estancar o desmembramento e a decadência do arianismo e do semiarianismo, nome sob o qual se reunia uma grande variedade de arianos moderados. A política filocatólica do imperador Graciano (375-383) e do papa Dâmaso (366-384) se impôs também no Oriente e tanto mais rapidamente enquanto os assim chamados *neonicenos*, os três grandes Capadócios Basílio, Gregório de Nazianzo e Gregório de Nissa, tinham desimpedido o terreno dos conceitos teológicos malcompreendidos, que se opunham à justa compreensão da fórmula nicena, a qual eles expressaram nas palavras "Uma substância, três Pessoas". Compreende-se que os velhos e rígidos assertores da velha fé nicena em Alexandria e no Ocidente vissem, no início, essa solução com desconfiança e que, por exemplo, em Antioquia, onde tinha surgido uma divisão, favorecessem o niceno Paulino contra o neoniceno Melécio. O imperador Teodósio concebeu um plano para eliminar as tensões ainda existentes e selar a paz mediante um novo concílio imperial. Este deveria, ao mesmo tempo, colocar a pedra final na confissão trinitária: a divindade do Espírito Santo.

Consequentes com seu ponto de vista, os arianos e semiarianos tinham, por assim dizer, interpretado o Espírito Santo como criatura do Filho. Também contra ele Atanásio tinha feito uma intervenção em dois sínodos havidos em Alexandria nos anos 362 e 363. Muitos sínodos romanos tinham condenado os "adversários do Espírito Santo" (os chamados *pneumatócos*). Desse grupo fazia parte o bispo Macedônio de Constantinopla; por isso eram chamados, às vezes, de *macedônios*.

3.3.3 Concílio de Constantinopla

A paz conseguida em Niceia estava bastante fragilizada. As querelas recomeçaram logo em seguida. Os problemas eram bastante graves; não se tratava nada menos que da fé em Jesus Cristo, Filho de Deus, em tudo igual ao Pai. Essa fé tinha sua expressão definitiva, aprovada em Niceia, na fómula *hómoousios*, que significa "mesma substância". Todavia, era recusada absolutamente por alguns, e outros a tinham aceitado contra a vontade.

Mais tarde, no decorrer dos anos seguintes, surgiram partidos que desejavam suprimir a expressão *hómoousios* ("mesma substância") e foram denominados *anhomeanos*, entendendo que o Logos, isto é, o Filho, não é igual ao Pai. Era a posição de um dialético temido de nome Aécio. Também seu discípulo Eunômio tinha a mesma concepção de seu mestre: eram bispos ditos *anomeanos* (*não homos* = "não igual"). Alguns, querendo atenuar a palavra, que causava litígios, falarão de *homéousios* ("semelhante"), considerando que o Verbo é semelhante (*homoios*) ao Pai. Outros, ainda, acrescentarão "em todas as coisas". São os chamados *semiarianos*. Pelo sim e pelo não, eles, mesmo evitando de todas as maneiras o vocábulo em questão, mantinham o essencial da doutrina ortodoxa de Niceia.

Contudo, por trás da questão dogmática, que não existia, é necessário esclarecer que se tratava de uma querela de palavras; havia aí rivalidade de pessoas, ambições, intrigas, aquelas de Eusébio de Nicomédia, e os oportunismos, como aquele de Eusébio de Cesareia.

O sínodo imperial convocado por Teodósio em Constantinopla reuniu, na catedral da cidade, 150 bispos em maio de 381 e durou até julho do mesmo ano. Foram convocados somente os bispos orientais. Melécio de Antioquia presidiu o concílio. Logo no início surgiram problemas. Alguns bispos não estavam de acordo com a presidência, pois Melécio não havia sido eleito apropriadamente para ser o bispo de Antioquia. Na verdade, o bispo da cidade era Paulino, cuja eleição fora aprovada por Roma. Porém, por razões desconhecidas, Melécio teve o apoio de muitos bispos, inclusive três santos, Basílio, Gregório de Nissa e Gregório Nazianzeno. Todavia, a paz foi restabelecida por Melécio, que morreu repentinamente antes da reunião do concílio.

O papa Dâmaso foi informado sobre o concílio, mas não enviou nenhum representante, visto que havia somente confirmação agendada dos decretos de Niceia. O bispo de Constantinopla era Gregório Nazianzeno, que então presidiu o concílio.

Os primeiros dias do concílio foram dedicados à revisão do Credo de Niceia e ao estudo da palavra *Homooúsion*, que foram aprovados. Em seguida, os Padres analisaram o caso de Macedônio.

Macedônio era um padre de Constantinopla. No início de 342, tornou-se bispo e, no mesmo ano, quando o bispo católico Paulo foi exilado, veio para ser bispo da cidade. Começou a ensinar uma doutrina conhecida como *macedonismo*, segundo a qual o Espírito Santo é uma mera criatura e um anjo ministerial; consequentemente, não é Deus.

Considerando-se que os católicos e os arianos se opuseram à sua teoria, teve início uma era de perseguições a ambos os grupos. Aqueles que não aceitaram sua teoria foram expulsos; alguns foram encarcerados alguns e outros, levados aos tribunais. Em muitos casos, houve torturas e destruição de igrejas. Chegou-se, mesmo, a profanar o sepulcro do imperador Constâncio, visto que era o criador do Credo Niceno.

Finalmente, Macedônio foi deposto, e os adeptos do macedonismo foram desacreditados. A pedido de São Basílio, seu irmão, o arcebispo de Constantinopla, escreveu um livro condenando os ensinamentos de Macedônio. Nesse momento, os padres do Concílio de Constantinopla dedicaram-se ao caso de Macedônio. Depois de condenar suas doutrinas, formularam uma nova declaração para definir a natureza do Espírito Santo:

> "Cremos no Espírito Santo, Senhor e dispensador da vida, procedente do Pai e do Filho, que falou através dos profetas e da Santa Igreja Católica Apostólica. Nós buscamos a ressurreição do corpo e a vida do mundo que há de vir" (Di Beradino, 2002).

Esse trecho foi acrescentado ao Credo Niceno. Em seguida, o Concílio estudou o caso de Apolinário, bispo de Laodiceia, que ensinava que Jesus não tinha alma e, consequentemente, não era um homem, mas apenas Deus. Ele era o filho de Apolinário, o ancião, que foi bispo de Laodiceia. Depois da morte de seu pai, tornou-se o bispo daquela cidade.

Suas doutrinas foram condenadas e ele teria de retratar-se e de voltar para o verdadeiro caminho. No entanto, recusou-se e morreu impenitente em 392.

Em seguida, os padres analisaram a petição de Máximo, que foi consagrado clandestinamente como bispo de Constantinopla em oposição a São Gregório Nazianzeno. Máximo foi rebaixado ao estado leigo e obrigado a fazer penitência.

No final, o concílio aprovou que o bispo de Constantinopla teria a honra da primazia sobre todos os bispos, logo abaixo do bispo de Roma, uma vez que Constantinopla era a Nova Roma. No dia 9 de julho de 381, o concílio chegou a um fim.

A confissão de fé, aprovada no Concílio de Constantinopla, depois do reconhecimento do concílio de 381 como ecumênico, tornou-se a profissão de fé oficial da Igreja Oriental. Essa profissão de fé se afirmou, também, na Igreja Ocidental e ainda hoje é usada na liturgia de Rito Romano, porém com um pequeno acréscimo que, historicamente, teve um papel de graves consequências. Os gregos entenderam a fórmula "que procede do Pai" como processão "do Pai **por meio** do Filho": os Ocidentais, ao contrário, admitem assim: "do Pai **e** do Filho". O acréscimo "Filioque" aparece pela primeira vez na Espanha, mas se encontra também na profissão de fé, em latim, ritmada, erroneamente atribuída a Santo Atanásio, conhecida na Igreja Latina com as primeiras palavras: *Quicumque vult salvus esse*, que se traduz assim: "todo aquele que deseja ser salvo". O pequeno acréscimo na fórmula da profissão de fé acabou se tornando o ponto de conflito entre a Igreja Oriental e a Ocidental. Os gregos não a consideram uma amplificação explicativa, mas uma falsificação do texto sagrado.

3.3.4 Concílio de Éfeso (431)

O Concílio de Éfeso é o ponto de chegada de uma querela já antiga. Em Constantinopla, Nestório, patriarca desde 418, grande pregador e divisor de heresias, recusa violentamente e termo de *Theotókos*, "Mãe de Deus", que já há bastante tempo a piedade cristã tinha gosto de aplicar à Virgem Maria, Mãe de Jesus. A questão que se coloca não é apenas sobre palavras. Trata-se do mistério de Cristo, Verbo feito carne, Deus que se faz homem. Aprendemos a distinguir as naturezas na unidade da pessoa, mas, no século V, o vocabulário ainda não tinha atingido essa precisão. Nestório se formou em Antioquia em uma teologia dualista que, distinguindo as naturezas, distingue também as pessoas. Nestório faz sermões indignado com o que ele considera uma heresia;

"Deus pode ter uma mãe/Eu recuso ver um Deus formado no seio de uma mulher, envolvido em panos, sendo amamentado...". A própria palavra *Theotókos* se tornou para ele "um espantalho". A agressividade do pregador provocou reações violentas no auditório.

A partir de Constantinopla, a perturbação e a agitação se espalharam para Alexandria, onde Cirilo defendeu vigorosamente a unidade da pessoa do Cristo, pessoa divina, tomando sobre si toda a realidade da natureza humana.

Cirilo escreveu aos bispos do Egito e aos monges, perturbados pelos ecos dessa controvérsia; ele quis informar uns e outros a respeito da questão e colocá-los de sobreaviso contra os erros de Nestório.

Em abril de 430, um sínodo romano exigiu de Nestório, sob pena de excomunhão, que ele se retratasse em dez dias após a recepção do documento. Celestino, em um escrito a Cirilo, confiou-lhe o encargo de fazer a execução dessa sentença, em seu nome e com a autoridade da Sé Apostólica, para receber a retratação de Nestório.

Em novembro, após um sínodo em Alexandria, Cirilo envia a Nestório outra carta, acompanhada de doze "anatematismos", expondo a doutrina de Nestório tal como a vê. Ultrapassando, ao que parece, as instruções do papa, ele impôs a Nestório subscrever esses anátemas.

Foi, então, sob a instigação de Nestório que o imperador Teodósio II, a 19 de março de 430, convocou todos os metropolitas do Império do Oriente para um grande concílio que deveria realizar-se em Éfeso, na festa de Pentecostes do ano seguinte (431).

Depois do anúncio do concílio, Nestório escreveu ao papa Celestino que ele não recusava o *Theotókos* (Mãe de Deus), ainda que ele preferisse a fórmula *Christotókos* (Mãe de Cristo). Para ele, essa questão de palavras não deveria representar uma dificuldade para tratar a divindade do Cristo Senhor e o concílio deveria ocupar-se de outros problemas eclesiásticos.

Foi convocado para Éfeso, com uma carta escrita pessoalmente pelo imperador, também o maior teólogo da Igreja do Ocidente, Aurélio Agostinho. Mas, antes que o convite imperial chegasse, ele morreu em sua cidade de Hipona, que estava sendo assediada pelos Vândalos. A personalidade dominante do concílio, por isso, foi Cirilo de Alexandria. Ele o abriu, também como representante do papa, no dia 22 de junho de 431, com um atraso de 16 dias.

O comissário imperial para o concílio, de nome Candidiano, protestou contra a abertura do evento na ausência dos antioquenos, em razão de alguns problemas inesperados no caminho. Os padres esperaram até o dia 22 de junho. Visto que não haviam chegado notícias dos bispos antioquenos, foi anunciado que o concílio seria aberto no dia seguinte. Nestório e os representantes imperiais foram contra a reunião, mas ainda assim os padres se encontraram na Catedral de Santa Sofia no dia 23 de junho de 431.

Somente 159 bispos chegaram para a reunião. Cirilo foi eleito para presidir o concílio. O primeiro tema na agenda era o ensinamento de Nestório. Um tabelião leu o resumo do caso contra Nestório e a carta de Cirilo ao bispo de Constantinopla. Foi lida também a carta do papa. Uma delegação de bispos foi enviada à casa de Nestório para intimá-lo ao concílio, mas ele se recusou. Consequentemente, a discussão sobre Nestório começou sem sua presença.

O Credo foi lido junto com os doze anátemas de Cirilo contra Nestório. Cirilo solicitou a votação para confirmar o Credo Niceno e pela condenação de Nestório. Votaram a favor 125 bispos; os 34 restantes pediram algumas mudanças nos anátemas.

Nesse momento, aconteceu algo muito incomum na assembleia dos bispos. Um bispo se levantou e em voz alta declarou: "Quem não o anatematizar, que seja anatematizado. Toda a assembleia da Igreja diz anátema à religião de Nestório e seus seguidores".

> Já era noite. Os fiéis de Éfeso se reuniram ao redor da Igreja e esperavam ouvir a condenação de Nestório. Finalmente foram abertas as portas de Santa Sofia e Cirilo apareceu seguido dos bispos. As primeiras palavras que pronunciou foram "Maria Theotókos" (Maria Mãe de Deus). Éfeso estava em festa e a multidão exaltada escoltou os bispos até seus aposentos. (Thomas, 1999, p. 25-33)

Nestório foi exilado para um mosteiro nas proximidades de Antioquia e, finalmente, foi enviado para o Alto Egito. Até hoje se discute até que ponto tenha sido realmente um herege.

Cirilo voltou para Alexandria levando a palma da vitória teológica e da política.

3.3.5 Concílio de Calcedônia (451)

Calcedônia, díade da Bitínia (hoje chamada Kdiköy), sobre o Bósforo, em frente de Constantinopla, foi fundada por colonos de Megara em 685 a.C.

Depois do concílio de 451, Calcedônia se tornou uma metrópole eclesiástica, mas sem igrejas dependentes, isto é, sufragâneas; era terra florescente de instituições monásticas: no concílio de 536 foram mencionados cerca de quarenta mosteiros sob a autoridade do bispo Fotino. Era uma cidade importante do Império oriental.

O Concílio de Calcedônia, considerado o quarto concílio ecumênico, foi convocado pelo imperador Marciano, que apenas tinha sucedido a Teodósio II, para a data de 14 de maio de 451, no outono seguinte. Devia resolver as querelas da heresia monofisita (teoria que admitia uma só natureza em Cristo), que havia triunfado no Concílio de Éfeso, mas com procedimentos e irregularidades tais que suscitaram violentas reações, sobretudo, mas não apenas, dos orientais antioquenos e de Leão Magno, que se fez representar por Pascasino de Lilibeo.

O concílio, que tinha sido convocado para Niceia, foi transferido para Calcedônia, pelo desejo do imperador, por ser uma cidade mais próxima de Constantinopla. Foi inaugurado em 8 de outubro na Igreja de Santa Eufêmia, na presença de mais de 500 bispos e alguns representantes do imperador. Pascasino, que tinha sido escolhido como presidente da reunião a pedido de Leão, imediatamente acusou Dióscoro e os outros protaganistas do Concílio de Éfeso de 449. Depois da leitura das atas de tal concílio, acrescentaram-se a reabilitação de Flaviano de Constantinopla e a proposta de depor Dióscoro, João de Jerusalém e outros bispos de tendência monofisita. Na sessão de 10 de outubro, estando ausentes Dióscoro, os outros acusados e os bispo egípcio, os comissários imperiais propuseram que se abrisse o debate sobre as questões doutrinais e que se chegasse a uma nova fórmula de fé. A proposta suscitou perplexidade, porque o próprio Leão tinha exigido que tal questão fosse abordada, e o Concílio de Éfeso de 431 tinha proibido o uso de outra fórmula de fé que não fosse aquela de Niceia de 325. Estava, pois, claro que os pareceres da assembleia, em tal questão, eram totalmente discordantes. Diante das insistências dos comissários, optou-se por começar com a leitura dos documentos relativos à controvérsia cristológica, entre os quais os textos de Cirilo e o Tomo a Flaviano de Leão, enquanto ficavam sob silêncio os anatematismos de Cirilo. Em 13 de outubro, retomou-se a acusação contra Dióscoro, que foi unanimemente condenado e declarado deposto. Em 17 de outubro, retomou-se a discussão sobre doutrina: foram solenemente confirmados o símbolo niceno de 325 integrado pelo constantinopolitano de 381, as cartas de Cirilo a Nestório (somente a segunda) e a carta para João de Antioquia de 433, o Tomus de Leão, e foram rejeitadas as objeções provocadas pelos bispos do Egito e pelos monges monofisitas, enquanto Juvenal de Jerusalém e os outros bispos postos sob acusação passavam para a maioria, abandonando Dióscoro à sua sorte.

A questão doutrinal foi retomada, entre grandes dificuldades; em 22 de outubro e depois de laboriosas discussões, chegou-se à proposição de uma fórmula. Essa fórmula, que ressente o influxo seja da fórmula de união de 433, seja do Tomo leonino, proclama as duas naturezas em Cristo (a divina e a humana) e somente em um *prosopon* (hipóstase), isto é, coexistem a natureza humana e a divina, íntegras e completas, sem mistura, sem transformação nem separação ou divisão. Ele é consubstancial ao Pai segundo a divindade e consubstancial a nós segundo a humanidade. Em 25 de outubro, essa fórmula foi proclamada solenemente na presença de Marciano.

Nas sessões seguintes, foram reabilitados Teodoreto de Ciro e Ibas de Edessa, condenados em Éfeso (449), e discutiram-se os problemas relativos às relações entre os vários patriarcados do Oriente. Nesse contexto, foi aprovado o cânon 28, que reafirmava o segundo lugar de Constantinopla, a Nova Roma, depois do primeiro lugar de Roma, não obstante as pretensões dos delegados romanos aos quais tal graduação parecia ofensiva ante a real primazia romana: com efeito, Leão não teria subscrito esse cânon. Com essas discussões, encerrou-se o Concílio em 1º de novembro, novamente na presença do imperador.

3.4 João Damasceno, o último Padre da Igreja do Oriente

Pouca coisa se conhece sobre a vida de João Damasceno. Em linhas gerais, diz-se que era oriundo de uma rica família árabe cristã de Damasco. Deve ter nascido por volta de 650. Depois de ter estado, junto ao pai, a serviço dos califas, retirou-se, depois de 700 (data incerta), para o mosteiro de São Sabas, próximo de Jerusalém, onde se tornou monge. Ordenado sacerdote por João, patriarca de Jerusalém (705-735), ensinava, pregava e continuava a composição de suas numerosas obras. Diz-se, ainda, que se ilustrou tomando a defesa da ortodoxia, defendendo o culto das imagens, no início da perseguição iconoclasta[2]. Sabe-se que ele morreu, no mosteiro de São Sabas, em idade avançada, no dia 4 de dezembro 750. Foi muito estimado na Igreja bizantina e, do século XII em diante, na Igreja Latina, foi declarado doutor da Igreja em 1890. É mais conhecido pela contundente defesa da veneração de ícones.

Escreveu obras explicando a fé cristã e compôs hinos que, ainda hoje, são utilizados nas liturgias das igrejas de rito oriental. João Damasceno é geralmente chamado de *Doutor da Assunção* em razão de suas obras sobre a Assunção de Maria.

3.4.1 Obras de João Damasceno

A obra considerável de João Damasceno aborda todos os problemas teológicos de seu tempo. Notemos o essencial, não se podendo citar as obras em sua ordem cronológica:

- **Obras teológicas**: a mais importante é, sem dúvida, *A fonte do conhecimento*, conhecida no Ocidente sob título inexato de *De fide orthodoxa*. Foi escrita após 742, obra dedicada a seu amigo, irmão adotivo de João, Cosmas, bispo de Maiuma, eleito para essa sede em 743, e talvez o texto tenha conhecido duas redações sucessivas. É possível que essa obra tenha pertencido aos dois últimos anos da vida de atividade de João. Está organizada da seguinte forma:

---

[2] Iconoclasmo ou iconoclastia foi uma doutrina bizantina que se opunha ao culto das imagens ou dos símbolos religiosos.

a. *Dialética*, introdução filosófica à exposição do dogma, inspirada, em boa parte, da *Isagogê* de Porfírio.
b. Um catálogo de heresias; os 79 primeiros títulos retomam o final (*Anakephaleiosis*) do *Panárion* de Epifânio; os três últimos, que falam do Islam, dos iconoclastas e dos paulicianos, são próprios de João Damasceno.
c. Uma *Exposição da fé ortodoxa* em cem (100) capítulos (na tradução latina, tem o título de *De fide orthodoxa*, está dividido em 4 livros, ao modo das *Sentenças* de Pedro Lombardo, mas essa divisão não está no texto original). Os números de 1-14 tratam de Deus e da Trindade, os números de 15-44 tratam da criação e da Providência; os números de 45-73 tratam da encarnação e de suas consequências; os números de 74-100, bastante discordantes, tratam da cristologia, dos sacramentos, da Virgem Maria, do pecado, da escatologia. Podemos dizer que há, aqui, a primeira exposição sintética do dogma cristão.

João Damasceno não pretendia produzir obras originais: ele nada manifesta que é dele[3], mas, como uma abelha, recolhe tudo o que foi dito de bom antes dele. Não cita suas fontes, mas é fácil descobrir os autores que ele usa, às vezes, reproduzidos textualmente: Atanásio, Basílio, Gregório de Nazianzo, que parece ser seu autor preferido, Cirilo de Jerusalém, João Crisóstomo, Nemésio, João Crisóstomo (sobre a eucaristia), o Pseudo Dionísio, Leôncio de Bizâncio, Máximo, o Confessor, a *Doctrina Patrum* ("Doutrina dos Pais"). João não menciona os autores latinos, exceto o *Tomo a Flaviano*, de São Leão, que ele pode ter conhecido pelas *Atas* do Concílio de Calcedônia.

Em resumo, João Damasceno soube, ao final da era patrística, reunir o essencial da tradição dos Pais para transmitir para a teologia bizantina.

---

3 A Eciclopédia Francesa; CATHOLICISME, tomo VI, col. 452.

Além da *Fonte do conhecimento*, João escreveu muitas obras de polêmica dogmática contra os nestorianos, os monofisitas (*Contra acephalos, Contra jacobitas, De ymno Trishagio*), os monotelitas, os maniqueus, os melecianos. É necessário mencionar os três discursos contra os iconoclastas, escritos em 726 e 730, quando os éditos do imperador Leão III, o Isáurio, ataca violentamente o culto das santas imagens. A violenta perseguição duraria mais de cem anos.

- **Moral e ascética:** João escreveu uma obra paralela àquela intitulada *Fonte do conhecimento*, uma vasta compilação intitulada *Hiera o Sacra* (coisas sagradas): "Sem querer, não mais, produzir uma obra original, ele quis coletar uma antologia, ao mesmo tempo, bíblica e patrística, sentenças de exortação moral ou ascéticas sobre tudo o que pode concernir à vida do cristão". A obra se dividia em três partes: (1) Deus, a Mônada trina, que nos ilumina; (2) a vida humana em sua constituição e em seu exercício; (3) as virtudes e os vícios: em face de cada virtude, o autor colocava, em paralelo, o vício oposto. É esse terceiro livro que faz com que o título seja *Sacra Parallela*. Nem todos os manuscritos das duas recensões chegaram até nós.

  João Damasceno escreveu, também, diversas pequenas obras ascéticas: *Os oito espíritos de malícia* (os pecados capitais, segundo a tradição monástica que remonta a Evágrio), *As virtudes e os vícios, Os santos jejuns* (de interesse para a história da quaresma e as controvérsias sobre a duração do jejum quaresmal).

- **Exegese:** São João Damasceno compilou um comentário das cartas de São Paulo, tomando de empréstimo de São João Crisóstomo e, em parte, de Teodoreto.

- **Pregação:** João, muitas vezes, foi chamado para pregar em Jerusalém. Nem todas as homilias atribuídas a ele têm autenticidade garantida. São consideradas de São João Damasceno, pelo menos, a primeira homilia sobre a Natividade de Maria (a segunda deve ser atribuída a Teodoro Estudita) e, sobretudo, as três homilias sobre a Dormição, pronunciadas, todas as três, no mesmo dia (provavelmente a 15 de agosto), em Jerusalém, no Getsêmani, no lugar onde se venerava o túmulo da Virgem Maria.

- **Poemas**: a hinologia bizantina considera João Damasceno como um de seus grandes poetas. Aqui, ainda, colocam-se questões sobre a autenticidade que estão longe de ser resolvidas. O *Octoechos*, o livro de cantos litúrgicos ainda em uso na Igreja Grega, contém muitas peças que são dele. Mas sua fama de poeta se deve, principalmente, a seus cânons, compostos de nove odes, nas quais ele combina a métrica antiga (trímetros jâmbicos) com a métrica rítmica que se impõe desde então.

Doutrina e influências

Como vimos, João Damasceno não pretende fazer obra original; ele não quer ser senão um eco, a ressonância da Escritura e dos Padres, seus antecessores. Porém, ele tem um senso teológico muito seguro e soube coletar na tradição grega o essencial e o melhor.

Sobre a teologia trinitária e a processão do Espírito Santo, ele sustenta com a tradição grega que o Espírito Santo procede do Pai pelo Filho. Entretanto, pela fidelidade à letra da Escritura, não quer dizer que ele procede também do Filho: o Filho não é princípio. Ele é o melhor representante da cristologia grega tal como esta se desenvolveu após Calcedônia, graças a teólogos como Leôncio de Bizâncio (distinção entre natureza humana e divina no Verbo) – é por ele que o Ocidente conheceu essa teologia. Ademais, ele é o representante mais autorizado da tradição antiga concernente à morte (dormição) e à assunção da Virgem Maria, a mariologia: ele soube interpretar teologicamente essa tradição, situar o papel de Maria no conjunto do desígnio redentor, religar a morte e a assunção da Virgem à morte e à ressurreição do Cristo.

Quanto ao culto das imagens, ele conseguiu, em um período extremamente perturbado, explicar exatamente o princípio teológico: a imagem não pretende representar a divindade invisível, mas a carne visível de Deus (Or., 1,4); o culto das imagens não se dirige a ela mesma, mas à pessoa que a imagem representa (1,21); as imagens são úteis para instrução dos simples: assim como o livro é para os iniciados, a imagem é para os iletrados; aquilo que a palavra é para o ouvido, a imagem é para a vista (1,17).

A influência de João Damasceno foi considerável: ele foi para a teologia bizantina o autor clássico. O Ocidente latino o conheceu antes pela tradução do *De fide orthodoxa*, realizada por volta de 1150 por Burgúndio de Pisa, a pedido do papa Eugênio III (ed. E. M. Buytaert, Louvain-Paris, 1955), depois por aquela de Robert Grosseteste, bispo de Lincoln (+1253). É, em grande parte, por ele que os teólogos escolásticos conheceram o essencial da tradição grega. Apesar de não ser como os teólogos especulativos do Ocidente, João Damasceno não é um simples compilador. Ele encerra o período patrístico, cuja riqueza e tradição transmitiu para toda a Idade Média, tanto no Ocidente quanto no Oriente. Mais, talvez, que São Cirilo de Alexandria, João Damasceno pôde fazer as honras de ter sido o "carimbo dos Padres".

Síntese

Iniciamos o estudo deste capítulo pela escola de Antioquia, que, embora tenha sido menor na quantidade e na influência e mais modesta do que a Escola de Alexandria, abrigou bispos, mestres e gênios de importância capital no trabalho de reflexão teológica. Como vimos, as fases da evolução da escola de Antioquia foram as seguintes: os anos de 260 a 360, considerado o primeiro período, também chamado *do esplendor*, foram o tempo de mestres famosos como Flaviano, Diodoro de Tarso, Teodoro de Moptsuéstia e João Crisóstomo; no segundo período, temos João Crisóstomo como grande teólogo, bispo e orador; o terceiro período foi o tempo da decadência, tendo percorrido todo o ano de 430.

Depois disso, analisamos a doutrina de alguns Padres da Igreja. Inicialmente, esclarecemos que a doutrina de São João Crisóstomo é rica e aborda temas significativos na defesa da teologia de Niceia. A mariologia, por exemplo, afirma que Maria é realmente a Mãe de Cristo, que é Deus. Além disso, ele admite a confissão pública ou feita a alguém da comunidade; não trata da confissão individual a um sacerdote. Admite uma culpa original que é perdoada pelo batismo e pela unção dos enfermos, conforme as circunstâncias. Outros pontos de doutrina de Crisóstomo são a eucaristia, a penitência e a unção dos enfermos; admite o primado do papa, mas não o menciona; finalmente, proíbe o juramento.

Na sequência, apresentamos os Padres da Ásia menor, os Capadócios, vendo que eles estão mais próximos de Antioquia, no espaço e na importância para o aprofundamento da reflexão sobre o dado da fé. A grande figura que sobressai entre os Padres Capadócios é Basílio de Cesareia (330-379), que teve um tríplice empenho em seu episcopado: organização da caridade em um tempo de miséria; organização da vida monástica comunitária; preocupação com a ortodoxia e a unidade.

Basílio, além de bispo e pastor, foi um escritor fecundo, deixando um acervo de escritos doutrinais nas seguintes áreas: teologia, dogmas e ascética. Seu discurso contém os mais variados aspectos da doutrina e da fé cristã. Foi considerado bispo de organização romana com cultura grega. Como exemplo, mencionamos com destaque a doutrina da consubstancialidade do Verbo com o Pai e da humanidade e divindade do Filho.

Gregório de Nazianzo, por sua vez, grande amigo de Basílio, deixou escritos de enorme valia para o conhecimento da teologia. Escreveu sobre o Espírito Santo, a cristologia como foi definida pelo concílio da época e a eucaristia e admitiu o caráter sacrificial que ele chama de *sacrifício exterior*, antítipo dos grandes mistérios (*Orat.* 2,95).

Gregório de Nissa, irmão mais novo de Basílio e de Macrina, foi escritor fecundo interessado por uma grande quantidade de temas e assuntos. Começando pelos dogmas, contra as heresias. Escreveu também para explicar termos da teologia e da cultura corrente. Produziu poesias, deixou textos de orações e obras de exegese. Entre seus escritos, destaca-se a *Vida de Macrina*. Nesse texto, Gregório se supera quando descreve a irmã como modelo da mãe espiritual em seu convento das monjas, fundado pelo irmão Basílio. A ideia central do texto é que a ressurreição supera a ideia de reencarnação. Os numerosos escritos deixados por Gregório de Nissa estão repletos de informações e contribuições teológicas de grande valor para a vida cristã, do nascimento até à morte.

Por fim, João Damasceno, o Padre da Igreja Oriental, encerra com "chave de ouro" a série de teólogos de língua grega, representantes das tradições orientais. Quanto ao pensamento teológico, é de se notar que João Damasceno inseriu entre a teologia e a economia uma longa exposição sobre os problemas cosmológicos e antropológicos. Assim, ele contribuiu para o desenvolvimento de ideias teológicas particulares, como as notáveis definições de algumas noções trinitárias: *physis* (natureza), *ypostasis* (substância), sobretudo *pericorésis* (distinção entre vontade antecedente e vontade consecutiva de Deus). Além disso, são famosas suas explicações sobre a união hipostática e sobre as duas vontades de Cristo e, mais ainda, a consideração sobre o culto das imagens como meio de aprendizado dos iletrados. Ele foi o teólogo da Assunção da Virgem Maria; foi monge, poeta, pregador do Evangelho e santo.

Indicações culturais

MEMÓRIA de São João Crisóstomo, Bispo e Doutor (Homilia Diária. 1264). Disponível em: <https://www.youtube.com/watch?v=wKOxmHmSiYo>. Acesso em: 6 jun. 2022.

Atividades de autoavaliação

1. Assinale alternativa que expressa corretamente como foi a escola teológica de Antioquia:
    a) Foi uma escola filosófica um pouco mais modesta do que a escola de Jerusalém, mas teve grande importância nas disputas a respeito das heresias e teve teólogos fiéis às determinações de Niceia e no manejo de uma exegese futura.
    b) Foi uma escola um pouco mais modesta do que a escola de Alexandria, mas não teve grande importância.
    c) Foi uma escola um pouco mais modesta do que a escola de Alexandria, mas teve grande importância nas disputas a respeito das heresias e não teve teólogos fiéis às determinações de Niceia.
    d) Foi uma escola um pouco mais modesta do que a escola de Alexandria, mas teve grande importância nas disputas a respeito das heresias e teve teólogos fiéis às determinações de Niceia e no manejo de uma exegese madura e correta.

2. Sobre os estudos deste capítulo, assinale a alternativa correta:
    a) A escola de Antioquia teve seis períodos importantes, sendo o último deles a Ascensão.
    b) A doutrina de São João Crisóstomo é rica e aborda temas de capital importância na defesa da teologia de Niceia, bem como temas como a eucaristia, a penitência, a unção dos enfermos;

admite o primado do papa, mas não o menciona; e proíbe o juramento.

c) A doutrina de São João Crisóstomo admite apenas a confissão feita a um sacerdote.

d) Crisóstomo admite uma culpa original que, para ele, não é perdoada pelo batismo e pela unção dos enfermos.

3. Sobre São Basílio, assinale a alternativa correta:
   a) Teve um tríplice empenho em seu episcopado: organização da caridade em um tempo de miséria; organização da vida monástica comunitária; preocupação com a ortodoxia e a unidade.
   b) Embora tenha sido um escritor fecundo, deixou um acervo de escritos doutrinais apenas na área da ascética.
   c) Não admite a doutrina da consubstancialidade do Verbo com o Pai e da humanidade e divindade do Filho.
   d) Admitiu o caráter sacrificial que ele chama de *sacrifício exterior*, antítipo dos grandes mistérios.

4. Sobre Gregório de Nazianzo e Gregório de Nissa, analise as afirmativas a seguir e assinale V para as verdadeiras e F para as falsas.
   ( ) Gregório de Nissa, irmão mais novo de Basílio e de Macrina, foi escritor fecundo interessado por uma grande quantidade de temas, começando pelos dogmas, contra as heresias.
   ( ) Gregório de Nissa escreveu também para explicar termos da teologia e da cultura corrente. Produziu poesias, deixou textos de orações e obras de exegese. Entre seus escritos, destaca-se a *Vida de Macrina*, sobre sua irmã, que teve com ele um colóquio no leito de morte a respeito de mortalidade e ressureição.
   ( ) Gregório de Nazianzo nasceu por volta de 330 em Arianzo, na parte sudoeste da Capadócia, em uma propriedade rural próxima de Nazianzo. Sua santa mãe era filha de pais cristãos e

teve uma influência decisiva na conversão do filho, que, em um dos discursos, declarou que foi consagrado a Deus pela mãe antes mesmo do nascimento.

( ) Gregório de Nazianzo nasceu por volta de 330 em Arianzo, na parte sudoeste da Capadócia, em uma propriedade rural próxima de Nazianzo, e não tinha mãe.

Agora, assinale a alternativa que corresponde à sequência correta:
a) V, V, V, V.
b) V, F, V, F.
c) V, V, V, F.
d) F, V, V, F.

5. Sobre João Damasceno, assinale alternativa correta:
   a) João Damasceno, embora tenha sido um escritor fecundo, pouco contribuiu para a exposição sobre os problemas cosmológicos e antropológicos.
   b) João Damasceno produziu poesias, deixou textos de orações e obras de exegese. Entre seus escritos, destaca-se a *Vida de Macrina*, que teve com o irmão Gregório um colóquio no leito de morte a respeito de mortalidade e ressureição.
   c) Teve um tríplice empenho em seu episcopado: organização da caridade em um tempo de miséria; organização da vida monástica comunitária; preocupação com a ortodoxia e a unidade.
   d) São famosas suas explicações sobre a união hipostática e sobre as duas vontades de Cristo e, mais ainda, a consideração sobre o culto das imagens como meio de aprendizado dos iletrados. Ele foi o teólogo da Assunção da Virgem Maria; foi monge, poeta, pregador do Evangelho e santo.

Atividade de aprendizagem

Questão para reflexão

1. Diversos concílios aconteceram no decorrer da história da Igreja. Com base nos conhecimentos que você adquiriu sobre o assunto, como você considera que esses eventos impactaram o desenvolvimento da própria Igreja? De que modo eles reverberam atualmente?

4
Grandes Padres da Igreja Latina

Neste capítulo, abordaremos as grandes figuras da patrística, por apresentarem a teologia revestida de suas características ocidentais, sendo, portanto, considerados os grandes Padres da Igreja Latina: Ambrósio de Milão, Agostinho de Hipona, Jerônimo, o exegeta, e Gregório Magno.

Ambrósio de Milão foi teólogo, pastor, compositor de hinos religiosos e de uma liturgia. Santo Agostinho de Hipona, convertido por Ambrósio após uma vida tumultuada do ponto de vista moral e filosófico, encontrou, na busca da verdadeira filosofia, a fé verdadeira. Depois de convertido, Agostinho foi bispo, pastor, monge, escritor e deixou uma valiosíssima contribuição para o pensamento do cristianismo ocidental. Já Jerônimo foi um homem culto, tornou-se monge e encarregado pelo papa da época de revisar da tradição latina da Sagrada Escritura. Seu trabalho final é conhecido como a *Vulgata Latina*, que é a bíblia oficial da Igreja Romana. Por fim, Gregório Magno é considerado o derradeiro representante do pensamento antigo cristão e o Padre que introduziu esse pensamento na Idade Média.

4.1 Ambrósio de Milão

Ambrósio de Milão nasceu em Treves, em uma família aristocrática cristã, provavelmente entre os anos 337 e 339. Seu pai, também chamado Ambrósio, administrava a prefeitura das Gálias (334 a 340), mas não há documentos que nos deem certeza sobre essas datas.

Depois da morte prematura do pai, Ambrósio mudou-se com a mãe e os dois irmãos para Roma, onde se encontrava seguramente antes do Natal de 353, quando sua irmã Marcelina recebeu do papa Libério o véu das virgens, na Basílica de São Pedro.

Não há documentos sobre a adolescência de Ambrósio, mas é possível saber que ele estudou retórica e foi orientado para a advocacia – função que exerceu a partir de 368, na Prefeitura de Sírmio. Por volta do ano 370, foi nomeado *consulares Liguriae et Aemiliae*, em Milão.

O testemunho mais explícito sobre a sabedoria do governo de Ambrósio está relacionado à morte do bispo ariano Aussêncio. À época, por questões da eleição do sucessor, surgiram fortes contrastes entre católicos e arianos, e Ambrósio, na função de *consulares*, interveio para restabelecer a paz com tal êxito que foi aclamado bispo, tanto por arianos quanto por católicos, recebendo o batismo uma semana após sua consagração.

Para enfrentar as novas obrigações de sua função, Ambrósio se dedicou, sob as orientações de Simpliciano, a adquirir um conhecimento profundo das Sagradas Escrituras, dos Padres gregos e de escritores hebreus e pagãos, como Fílon e Plotino. O estudo, que se completava com a oração prolongada sobre a Palavra de Deus, foi, portanto, a fonte da atividade pastoral e da pregação ambrosiana. É também nesse cenário e nesse contexto que estão os eventos históricos, políticos e sociais que Ambrósio vivenciou, bem como as repercussões que estes tiveram sobre seu pensamento teológico, moral e ascético.

Teve influência decisiva sobre a situação religiosa e política de seu tempo e lutou com coragem intrépida e inflexível pelo direito exclusivo da Igreja em face do paganismo e de outras heresias. Lutou também pela liberdade e independência da Igreja em relação ao poder do Estado.

Nos Sínodos de Aquileia, em 381, e de Roma, em 382, empenhou-se, sem tréguas, em fazer recuar o arianismo, particularmente nas províncias ilíricas. Como era amigo e conselheiro de três imperadores, foi o primeiro bispo a ser solicitado por soberanos para sustentar seu trono vacilante (contra o usurpador Máximo e o franco Arbogasto). Em face do mesmo imperador Teodósio I, Ambrósio fez valer a exigência eclesiástica da penitência: quando o imperador, em virtude de uma revolta em Tessalônica, mandou massacrar 7 mil homens, Ambrósio revelou a seus olhos, em uma carta repleta de franqueza, a enormidade de sua culpa e a necessidade de fazer penitência (Ep. 51). Morto o imperador, Ambrósio pronunciou sua oração fúnebre (395) (Quasten, 1980).

Grande força moral emanava de sua personalidade leal e desinteressada. Ambrósio pertence àquela falange de bispos cuja atividade histórica e cujos pensamentos lançaram sólidos fundamentos para as épocas subsequentes.

Ambrósio morreu em 4 de abril do ano 397 e foi inumado na Basílica de Milão.

4.1.1 Obras de Ambrósio de Milão

Apesar de sua intensa operosidade pastoral (que aparece em vários de seus textos), Ambrósio reservou tempo suficiente para publicar muitos escritos: obras exegéticas, em grande parte fruto de suas homilias. Frequentemente, algumas dessas homilias aparecem retocadas em livros e são dadas à publicidade. Ambrósio, autêntico ocidental, não era muito afeito a especulações teológicas, embora tivesse uma boa cultura filosófica e fosse bom conhecedor do neoplatonismo de sua época.

Em seus trabalhos morais e ascéticos, ele se mostra bastante independente, ao passo que, nas obras exegéticas, se revela bastante dependente dos Padres gregos orientais. A linguagem de suas obras, com frequência, demonstra vigor retórico e beleza prática, sobretudo nos sermões. Além disso, a cultura clássica, particularmente seus bons conhecimentos de Virgílio, aparece nitidamente em numerosas alusões.

Por fim, para a sequência de nossos estudos, é importante ressaltar que não temos datas exatas acerca dos escritos de Ambrósio, bem como, por vezes, não temos definição exata sobre as categorias *homilia* ou *tratado* para determinadas obras. Em virtude dessas dificuldades, apresentaremos, aqui, a seguinte ordem: escritos exegéticos, escritos morais e ascéticos, escritos dogmáticos, escritos catequéticos, discursos e cartas, hinos, escritos espúrios e doutrina.

Escritos exegéticos

Assim como Fílon e Orígenes, Ambrósio aceita o tríplice sentido escriturístico – literal, moral e alegórico-místico –, mas, de fato, prevalece em sua obra a exegese alegórica tipológica e moral. A maior parte desses escritos teve origem em homilias reelaboradas e completadas pelo próprio Ambrósio.

Os argumentos escolhidos para a pregação (homilias) e para os ensinamentos (tratados), excetuando-se o comentário sistemático ao Evangelho de Lucas, são retomados do Antigo Testamento e encontrados na literatura de que Ambrósio dispunha das homilias de Orígenes.

Hexaemeron

A obra comenta a redação de Gênesis (1, 1-26), relativa aos seis dias da Criação, e é formada de nove discursos homiléticos reunidos em seis livros. Os discursos foram pronunciados em seis dias de uma semana santa, entre os anos 386 e 390.

Os livros 1, 3 e 5 têm, cada um, dois discursos homiléticos, o que provavelmente nos indica que, no primeiro, no terceiro e no quinto dia de discursos, Ambrósio pregou uma vez pela manhã e uma vez à tarde.

A sorte dessa obra ambrosiana é atestada por numerosos manuscritos que a reportam. Sua classificação é obra de Schenkl (cf. CSEL 32, 1 Praefatio XXXIII-LII). O Códice 192 de Orléans do século VII, que contém somente os fragmentos I 29-II,3, é de particular interesse para a tradição manuscrita, visto que se considera que remonta a um arquétipo perdido.

A utilização ambrosiana da obra homônima de Basílio de Cesareia e, segundo a afirmação de Jerônimo (Ep. 84,7), também de obra perdida de Orígenes e Hipólito de Roma condicionou às vezes a leitura do texto de Ambrósio, tornando os estudiosos mais atentos para acolher daí a presença de outros autores (por exemplo, Cícero, Fílon, Virgílio), avaliando-se sua originalidade. Os escritores medievais tomavam peças literárias dos clássicos gregos como exemplo. O *Hexamerão*, que foi fortemente influenciado pelo de Basílio, era um texto oratório ou homilia em que se comentavam os 7 dias da Criação narrado em Gênese, cap. 1.

Sobre o paraíso

De acordo com Quasten (1978), por meio da Epístola 41, 1, enviada ao bispo Sabino, sabemos que os escritos sobre o paraíso pertencem ao início do episcopado de Ambrósio. A data provável da obra, no entanto, não é consensual entre os estudiosos: Von Campenhausen afirma que a data seria 374, enquanto Schenkl defende que o ano mais provável é 383; por sua vez, Rauschen, Bardenhewer, Schanz e Palanque são consensuais ao dizer que os escritos sobre o paraíso devem datar dos anos 375 a 378. A última edição crítica feita sobre o assunto é de Schenkl, que toma como base fundamentalmente dois códices do século XI.

No texto, Ambrósio comenta a Gênese relativa ao paraíso terrestre e ao pecado original e, na intenção pastoral da obra, não faltam manifestações em tons polêmicos, de confronto com gnósticos, maniqueus, sabelianos, fotinianos e arianos.

Sobre Abel e Caim

Segundo Palanque, essa obra é composta de dois livros, mas, de acordo com alguns críticos, essa divisão foi feita mais tarde (Quasten, 1978).

Palanque, Kellner, Foerster, Bardenhewer e Shcanz (Quasten, 1978) consideram esses escritos como uma coleta de sermões pelos tons oratório e parenético que dominam.

Ainda segundo Palanque, a obra está ligada ao *De Paradiso*, a que o autor faz referência no início, prosseguindo com um comentário sobre o Capítulo 4 do Gênese, versículos 1-15; no *De Paradiso* Ambrósio tinha tratado dos Capítulos 2,8-3,19.

Ambrósio ressente o influxo filoniano e comenta amplamente a diversidade dos sacrifícios de Caim e Abel, respectivamente recusados e aceitos por Deus.

Sobre Noé

A data mais provável da obra *Sobre Noé* pode ser algum ano variável entre 378 e 384. Mesmo comentando ainda o Gênese, não continua a obra precedente, começando pelo Capítulo 6. Kellner, Foester e Bardeenhewer sustentam a origem homilética – diferentemente de Palanque, que a considera escrita desde o início –, ponderando que essa obra pertença à mesma série dos tratados sobre os Patriarcas: "Ambrósio teria seguido a sucessão do patriarca Noé ao patriarca Abraão" (Quasten, 1978, p. 145, tradução nossa).

A exegese ambrosiana, mesmo dessa vez, é influenciada por Fílon e permanece tratando particularmente da interpretação da arca como corpo humano, sobre o dilúvio, sobre a piedade de Noé e a impiedade de Cam. Na obra, não faltam referências à vida que se tornara difícil pela calamidade e que atinge mais explicitamente a Igreja.

Obras variadas

Há uma longa série de outros escritos de Ambrósio sobre a Bíblia. No entanto, seu alcance teológico não traz muita contribuição para nosso fim, apesar de reconhecermos a importância de Ambrósio para a vida da Igreja e para teologia pastoral no Ocidente.

Os outros escritos sobre assuntos bíblicos são os seguintes: *De Abraham, De Isaac vel anima, De bono mortis, De Iacob et vita beata, De Ioseph, De patriarchis, De fuga saeculi, De interpellatione Iob et David, De apologia prophetae David, Apologia David altera, De Helia e ieiunuo, De Nabuthae, De Tobia.*

Há, ainda, muitas explicações sobre salmos: *Explanatio super Psalmos* XII I (35-40, 43, 45, 47s, 61) e *Expositio de Psalmo* CXVIII, muito prolixa. De sua *Explicação de Isaí* restam apenas fragmentos.

A obra mais volumosa de Ambrósio é o *Comentário do Evangelho de Lucas*, e 10 livros, contando aproximadamente com 25 sermões e diversos tratados; os livros 1 e 2 dependem inteiramente de Orígenes.

Os três livros *De officiis ministrorum*, redigidos depois de 386 e dedicados aos clérigos da Igreja de Milão, constituem a primeira exposição sinótica de ética cristã, um decalque da obra homônima de Cícero, de orientação estoica.

Em vários escritos, Ambrósio exalta a virgindade e, em especial, o estado das virgens consagradas a Deus: *De virginibus ad Marcellinam sororem* (3 livros), *De viduis*, *De virginitate*, *De institutione virginis* e *Exhortatio virginitatis*.

Escritos dogmáticos

Compõem os chamados *escritos dogmáticos* os cinco livros *De fide ad Gratianum* (1-2, 387), (3-5, 380), nos quais Ambrósio defende a divindade do Filho contra os arianos, bem como os três livros *De Spiritu Santo*, que foram escritos a pedido do imperador Graciano e a ele dedicados.

Além disso, em escritos dessa mesma categoria, Ambrósio combate o arianismo por meio da obra *De incarnatione dominicae sacramento* e, na *De paenitentia impugna*, escrita entre 387 e o início de 390, fala sobre o rigorismo dos novacianos: somente a Igreja Católica, com a exclusão dos hereges, tem o poder de perdoar os pecados. A disciplina penitencial em vigor na Igreja refere-se unicamente aos *peccata graviora* e é possível uma só vez: "*nam se vere agrent paenitentiam, interdum postea non putarent, quia sicut unum baptisma, ita una paenitentia, quae tamem publica agitur*" (Paenit. 2,10,95).

Por fim, temos a autenticidade da *Expositio fidei*, conservada apenas em uma citação bastante longa de Teodoreto de Ciro, que suscitou discussões entre os exegetas.

Escritos catequéticos

Entre as obras dessa categoria, temos *De mysteriis*, que trata do batismo, da crisma e da eucaristia. Os mesmos temas são abordados, juntamente à oração *O Senhor fala um catequista*, nos 6 livros *De sacramentis*, sem respeitar, no entanto, a chamada *disciplina do arcano*, de modo que, por esses livros, conhecemos pormenores importantíssimos para a história da liturgia. Trata-se, certamente, de notas estenografadas de catequese e que não foram publicadas inicialmente.

Problema análogo apresenta a *Explanatio Symboli ad initiandos*, explicação catequética do símbolo em preparação para o batismo.

Discursos e cartas

As obras dessa categoria são valiosas para estudar a história da época e por suas formas artísticas. Existem 2 *Orações fúnebres*, pronunciadas por ocasião da morte de Sátiro (+378), irmão de Ambrósio; um discurso que foi feito no enterro do imperador Valentiniano II, que fora assassinado em 392; outro discurso pronunciado nas exéquias do imperador Teodósio I, em 395; e um *Sermo contra Auxentium de basilicis*, criado quando Velentiniano II ordenou a entrega das igrejas de Milão aos arianos, em 386.

As cartas publicadas pelo próprio Ambrósio não chegaram completas até nós. Atualmente, existem apenas 91 delas – cartas oficiais, de conselhos, relatórios de deliberações sinodais etc. A Epístola 23 é apócrifa.

Hinos

Ao contrário de Hilário de Poitiers, os esforços de Ambrósio por produzir o canto popular na liturgia foram cercados de êxito. Foi ele o criador do canto *Hinos Litúrgicos na Igreja do Ocidente*. Em 386, o canto dos hinos e o canto antifônico dos Salmos já eram instituição permanente na Igreja de Milão, de onde ambos os gêneros se difundiram por todo o Ocidente. "Ambrósio, além de autor de hinos, era também compositor; em música, dependia amplamente das melodias litúrgicas da Igreja Grega, como testemunha expressamente Santo Agostinho (cf. 9,7)" (Quasten, 1978, p. 165, tradução nossa).

Para Quasten (1978), desde o século VII, os hinos litúrgicos foram chamados *ambrosianos*; no entanto, nem todos os que nos foram legados são de sua autoria. Estes quatro hinos, compostos de dímetros jâmbicos, de métrica correta, divididos em estrofes de quatro versos, são atestados já por Agostinho como sendo de Ambrósio: *Deus creator omnium* (hino vespertino, cf. 9,12), *Aeterne rerum conditor* (hino matutino, *Retract*. 1,21); *Jam surgit hora tertia* (hino sobre a morte de Cristo na Cruz, *De nat. Grat*. 63); *Intende, qui regis Israel* (hino de Natal, sermão 372).

Outros 8 hinos, pelo menos, são supostamente de autoria de Ambrósio. Dreves assinala 14 por autênticos, Walpole 18, Simonetti 9 e acrescenta mais outros 4 como possivelmente genuínos (Quasten, 1978).

Ambrósio compôs, outrossim, *Inscrições métricas para batistério* da Igreja de Santa Tecla, em Milão, por exemplo, e também *Tituli* para explicação de imagens.

Escritos espúrios

Hegesipus sive de bello Iudaico é uma tradução latina da *Guerra Judaica*, de Flávio José; é obra anônima e data do fim do século IV. Morin (citado por Quasten, 1978) julga poder comprovar que as *Res gestae Machabaeorum*, nomeadas no prólogo do escrito supracitado, identificam-se com uma *Passio Machabaeorum*, cujo autor seria Dexter, amigo de são Jerônimo. A *Lex Dei sive Masaicarum et Romanarum legum collatio*, de real importância para a história do direito, infelizmente hoje truncada, apresenta o direito romano como dependente da Lei do Antigo Testamento (cerca de 394-395); nada de certo sabemos sobre o autor.

A hipótese de ser Ambrósio o autor do *Exultet* dificilmente é admissível. Quanto ao *Te Deum*, desde o século VIII é atribuído a Ambrósio, mas as provas não são convincentes, como também para o *Symbolum Qicumque* (Um símbolo qualquer), apesar de pesquisas e hipóteses (já foi atribuído a Ambrósio, Eusébio de Vercelli, Vicente de Lérins, Hilário de Arles, Cesário de Arles, Martinho de Braga, Fulgêncio de Ruspas). Será quase impossível descobrir ainda o verdadeiro redator; pode-se dizer, no entanto, que há boas razões para aceitar que *Symbolum Quicumque* procede da Gália meridional, pelos fins do século V.

Doutrina

Com grande segurança, Ambrósio, depois de seu batismo, conseguiu elaborar, haurindo em fontes de qualidade e assimilando textos parcialmente sujeitos a ressalvas, como os de Fílon e Orígenes, um sistema das verdades cristãs intrinsecamente bem equilibrado e, desde o início, completo no essencial, eliminando os erros e transmitindo elementos exatos, de modo que se tornou a melhor testemunha da fé da Igreja do Oriente e do Ocidente.

Trindade

> Como Hilário de Poitiers, Ambrósio professou a fé de Niceia, mediante as fórmulas nicenas e outras ortodoxas. Depois de Hilário, é o mais notável campeão da ortodoxia contra o arianismo e o macedonianismo. Ambrósio não se cansa de ensinar e destacar a verdadeira divindade do Espírito Santo e a sua integral igualdade com as outras pessoas da Santíssima Trindade (Spr. S. 2,11, 118).

> Ao escrever em Spir. S. 1,11-120: *Spiritus Sanctus procedit a Patre et Filio*, entende o termo *procedere* no sentido de *missio ad extra*. Quanto à processão intratrinitária do Pai e do Filho (*operatio ad intra*), Ambrósio não se pronunciou com exatidão. Convém observar que, no entanto, ele segue de perto a obra homônima de Dídimo de Alexandria, não deixando de lado o *Adversus Eunomium librum III* de Basílio e a *Epistula ad Serapionem* (I e IV) de Atanásio. (Quasten, 1978, p. 159, tradução nossa)

Cristologia

Diferentemente de Hilário, Ambrósio ensina inequivocamente a verdadeira humanidade de Cristo contra docetas, maniqueus e apolinaristas. Uma vez (*De fide* 2, 8, 61) fala de *persona hominis* (*Christi*), o que podemos considerar um eco do conceito grego de *prósopôn*. Ele afirma, porém, que Cristo é, em ambas as naturezas, um só e completo nas duas (*Excess. Sat.* 1,12) (Altaner; Stuiber, 1972).

Os anjos

São órgãos da execução da vontade salvífica de Deus. Entre os anjos e os humanos, existe um parentesco espiritual. Os anjos pertencem à "cidade de Deus" (*Domicilii Caelestis Habitaculum* Ep. 76 ,12). Como Orígenes, também Ambrósio acredita nos anjos da guarda das igrejas e das diversas categorias sociais e parece até mesmo admitir a existência de um anjo custódio para cada pessoa (Salmo 37,43; 38,8).

Pecado

> Ambrósio fala expressamente de um estado de pecado que cada ser humano herda e parece ele mesmo admitir, e que o envolve em uma culpabilidade (*noxiae conditionis haereditas*; Salmo 38,29); por conseguinte, mesmo as crianças devem ser batizadas. O ser humano não batizado está unido organicamente ao demônio, como "membro" e "sémen". Há, certamente, passagens em que a ideia da concupiscência e da inclinação hereditária para o pecado se acha

em primeiro plano, como se fosse a essência do pecado original (Apol. David 56). A herança transmitida por Adão parece ser antes um *lubricum delinquendi* do que um *pecatum*, do qual não seremos punidos no dia do juízo (Psl. 40, 8). Em *De myst* (6,32), Ambrósio declara até mesmo serem lavados pelo batismo apenas os "própria" e no lava-pés os *hereditaria peccata*. O batismo de desejo é atestado em ob. Val 51-3. (Quaster, 1978, p. 159, tradução nossa)

Mariologia

Da oração que fecha a explicação do Salmo 118 deduz-se, muitas vezes, um reconhecimento por parte do Padre da Igreja da isenção de Maria do pecado original. Nesse lugar, Ambrósio quer ser homem (*suscipe me in carne, quae*), conforme a imagem de "Maria, incorrupta *ab omni integra labe peccati*", já que do fato de ser homem, aqui, não se pode referir a isenção do pecado original, tampouco considerar Maria como tipo deturpado pelo pecado original. Ambrósio pensa, antes, em Maria unicamente como figura da isenção de todo pecado pessoal. Ainda não conhece interpretação mariológica de Gên. 3,15. A mulher é Eva; sua descendência, os homens. Ocasionalmente, aplica também ao Cristo essa passagem da Escritura.

Santa Missa

Em Ambrósio (Ep. 20,4) encontramos pela primeira vez a palavra *missa* para designar a celebração eucarística entre os fiéis. A única vez em que Agostinho a emprega (Sermo 49,8), a expressão significa a despedida dos catecúmenos (*missio = dimissio*), que significa "envio". Mais de uma vez e de modo inequívoco, Ambrósio alude ao caráter sacrificial da eucaristia, como em: "*Ante agnus offerebatur, offerebatru et vitulos, nunc Christus offertur*" (*Offic.* 1,48, 238): "Antes se oferecia o cordeiro, e se oferecia novilho, agora Cristo se oferece?".

Penitência

Ambrósio atesta uma "penitência", isto é, uma penitência pública (sacramental), admitida uma única vez, de acordo com a praxe da Igreja antiga. Censura aqueles que querem reiterar amiúde a penitência porque, se fizessem verdadeira penitência, não pensariam em renová-la (*quia sicut unum baptisma, ita uma paenitencia, quae tamen publice agitur*). Por princípio, Ambrósio exige, mesmo para os pecados graves secretos (*oculta crimina*, no sentido da Igreja antiga), uma penitência pública, precedida, naturalmente, por uma confissão secreta ao sacerdote. O segundo gênero de penitência eclesiástica mencionado por Ambrósio é a particular, a ser praticada diariamente por causa dos *delicta leviora*; essa se realiza sem a intervenção da Igreja (Paen. 1,16; 2,10, 95). Quanto à penitência eclesiástica privada, nada pode deduzir da narrativa de Paulino, alegada por muitos em seu favor (Vita Ambrosii 39). (Altaner; Stuiber, 1972, p. 383)

Primado do papa

Ambrósio escreve ao imperador Graciano, no interesse do papa Dâmaso, ameaçado por Ursino: "Não permitas que a cabeça do mundo inteiro, a Igreja romana, e a santíssima fé apostólica sejam confundidas; pois daí partem para todas (as Igrejas) os direitos da venerável comunhão eclesiástica" (Ep. 11,4). Ambrósio conta que seu irmão Sátiro, antes de receber o batismo, se havia certificado da ortodoxia do bispo a quem pedira a administração do sacramento: *"percontatus ex eo (sc. epíscopo) est, utrumnam cum episcopais catholicis hoc est cum Romana ecclesia conveniret"* (*Exc. Styr.* 1,47). Para a história do fundamento bíblico da doutrina sobre o primado, é muito significativo verificar o modo como Ambrósio avalia a confissão de Pedro, em Cesareia de Felipe (Mt 16,15ss) – por causa de sua confissão de fé em Cristo, Pedro teria o primeiro lugar: *"primatum egit, primatum confessionais utique, non honoris, primatum fidei, non ordinis"* (Incarnat. 4,32).

Céu, purgatório e inferno

As almas de todos os defuntos hão de passar pelas chamas, mesmo João, discípulo amado (*Psl.* 118; *Sermo* 20,12); os justos passam, como Israel atravessou o Mar Vermelho; para os infiéis, como o faraó, o fogo se tornará *"ultor ignis"*, de duração eterna. Quanto à terceira categoria, a dos pecadores, Ambrósio distingue dois grupos, conforme as boas ou as más ações passem na balança do julgamento. O segundo grupo sofrerá a mesma sorte que os ímpios. Para o primeiro grupo, haverá fogo purificador e, em seguida, o paraíso (*Psl.* 36,26; *Apol. David* 6,24; *Ep.* 2,14,16). Não obstante, Ambrósio deixa subsistir também para o segundo grupo uma esperança de salvação. Espera, sem, contudo, ensiná-la em parte alguma, a *"apocatastasis"* origenista para os cristãos falecidos em pecado mortal (*Exc. Sayr.* 2,116; *Psl.* 1,54).

Piedade

Na história da piedade, Ambrósio ocupa um lugar de destaque. Ele traça uma imagem ideal da virgem Mãe de Cristo e esboça sua vida como escola de virtude, nos seguintes escritos: no comentário ao Evangelho de Lucas (2,1ss); no tradado sobre a virgindade (*Vir.*2 ,2.6ss; *Inst. Vir.* 5ss), a Virgem Maria é a nova Eva, portadora da salvação, que venceu o demônio (*Ep.* 63,32: 49,2). Ambrósio, mesmo afirmando a total isenção do pecado em Maria, nem por isso nada diz a respeito do pecado original (*Inst. Vir.* 33; *Lc.* 10,42; *Psl.* 118; *Sermo.* 22,30). Exteriorizou muitas vezes, até enfaticamente, seu entusiasmo pelo culto dos anjos, dos santos, dos mártires e das relíquias. A cruz e os cravos de Cristo são dignos de veneração por causa de Cristo, a quem unicamente é devida a adoração; do contrário, seria uma atitude insana de pagãos (*De obit. Theod* 46). Nas orações fúnebres de Ambrósio ecoa sempre uma prece de intercessão pelos defuntos e por eles oferece o sacrifício eucarístico (*Ep.* 39,4).

Destacamos aqui a belíssima oração fúnebre que Ambrósio pronunciou na morte de seu irmão Sátiro.

Fé na imortalidade

Diante da realidade da morte, a única coisa que pode dar uma sustentação a quem perdeu um ente querido, para o cristão, é a fé na imortalidade. Não só é uma maneira de encarar a fatalidade; para os que ficaram, é um estímulo à condução de uma vida melhor, enquanto estiverem vivos, na esperança da eternidade feliz. Portanto, fé, esperança e caridade são virtudes que nos fazem viver a vida material na esperança da espiritual. A morte é certa para todos.

> Não devemos chorar a morte dos entes queridos. Não é certo lamentar-se como particular desgraça o que se sabe atingir a todos. Seria desejar subtrair-se ao destino geral, não aceitar a lei comum, não reconhecer a igualdade de natureza, seguir os sentimentos carnais e ignorar a finalidade do corpo. Haverá algo mais tolo do que desconhecer o que se é, querer parecer o que não se é? Algo de menos inteligente do que, sabendo o que deve acontecer, não lograr superá-lo quando acontece? A própria natureza nos interpela e nos retira da dor com um modo de consolar que lhe é todo próprio. De fato, não há sofrimento tão profundo, tormento tão acerbo que não ache um lenitivo. É a natureza que o oferece aos homens, precisamente porque são homens, ela desliga o seu espírito da dor mesmo nas situações mais tristes e lutuosas. Houve povos, dizem, que se afligiam pelo nascimento de um homem, ao passo que celebravam festivamente sua partida. Isto não é totalmente destituído de significado, pois acreditariam dever lamentar os que se põem ao leme do barco em mar tempestuoso, como é a vida; pensariam, ao contrário, não ser errado alegrar-se com os que escapavam às borrascas

da vida. Mesmo nós, cristãos, esquecemos o dia do nascimento de nossos santos e festejamos o de seu retorno à pátria.

De acordo com a ordem natural, portanto, não é justo dar excessivo lugar ao pesar, se não se deseja reclamar uma especial exceção ao curso da natureza, recusando-se a sorte comum. A morte, com efeito, é comum a todos, sem distinção de pobres e ricos E embora tenha vindo ao mundo por culpa de um só homem, passou a todos, a ponto de devermos considerar autor da morte o que foi princípio do gênero humano. Mas igualmente por obra de um só veio para nós a ressurreição! Não há então que desejar subtrair-nos ao flagelo trazido pelo primeiro, para assim podermos obter a graça do segundo. Cristo, diz a Escritura, veio para recuperar o que estava perdido, a fim de reinar deste modo não só sobre os vivos, mas também sobre os mortos. Em Adão nós caímos, fomos expulsos do paraíso e morremos: como poderá o Senhor reconduzir-nos a si se não nos encontra em Adão? Nestes nós decaímos sob o poder do pecado e da morte, em Cristo nos tornamos justificados. A morte é um débito comum; todos devemos suportar lhe a paga...

Considero, porém, um ultraje que se faz à piedosa memória dos defuntos o considerá-los perdidos e o preferir esquecê-los antes que confortá-los com nossos sufrágios; o pensar neles com temor e não com amor e benevolência; o temer neles com temor e não com amor e benevolência; o temer recordá-los ao invés de procurar-lhes a paz; o nutrir, enfim, mais receio do que esperança, quando se pensa em seus méritos, como se lhes competisse mais o castigo do que a imortalidade.

Vem agora a objeção: "Mas perdemos os nossos caros!" Sim, porém não é esta a sorte que comungamos com a terra e com os elementos, a de não reter para sempre o que nos foi emprestado por algum tempo? A terra geme sob o arado, é frustrada pela chuva,

> batida pela tempestade, ressecada pela geada, queimada pelo sol: tudo isto para que frutifique e dê a colheita de cada ano. Apenas se reveste de múltiplos encantos e logo deles vem a desfeita. De quanto coisa se vê privada! Mas não irá lamentar a perda de seus frutos, pois os produziu para perdê-los. Nem se recusa a produzir outros no futuro, embora lhes vão ser de novo tirados. O céu também, ele não está sempre fulgurando com a grinalda das estrelas, nem a aurora sempre o ilumina ou o douram os raios do sol, mas bem regularmente se torna velado pela fria neblina da noite. Que há de mais grandioso que a luz, de mais esplendoroso que o sol? Pois ambos desparecem cada dia e nós suportamos isto sem reclamar, pois sabemos que voltarão. Aqui se mostra a paciência que deves ter quando também se vão os que te são caros. Não te entristeces quando os astros desaparecem. Por que há de afligir-te a morte do homem?

Fonte: Gomes, 1973, p. 322-323.

4.2 Santo Agostinho de Hipona

Santo Agostinho de Hipona nasceu no dia 13 de novembro de 354. Talvez tenha sido primogênito, filho de um conselheiro municipal, Patrício, pagão que foi batizado pouco tempo antes da morte, em 371. O pai de Agostinho foi um funcionário do Império Romano e modesto proprietário em Tagaste, na África do Norte, localidade que está na atual Argélia, no povoado denominado Souk Ahras. A mãe de Agostinho, por sua vez, era uma cristã chamada Mônica.

O que sabemos é que o menino Agostinho, africano de nascimento, foi romano de língua, de cultura e de coração. Orientado por um concidadão chamado Romaniano, estudou em Tagaste, em Madauro e em Cartago, capital da província proconsular, na África do Norte.

Para a finalidade de nossos estudos, é importante conhecer os dados da vida de Agostinho, sobretudo aqueles que dizem respeito a seu retorno para a fé católica. Esses dados são, para aqueles tempos, muito conhecidos, porque Agostinho mesmo os "confessou" e, com base neles, seu discípulo e amigo Possídio escreveu, entre 431-439, uma preciosa biografia: *A vida de Santo Agostinho*.

Não temos dados específicos sobre quantos irmãos Agostinho teve, mas sabemos que ele tinha uma irmã, cujo nome não se conhece, e um irmão chamado Navídio, que o acompanhou a Milão, a Cassicíaco, um local aprazível fora da cidade, e à comunidade monástica de Tagaste. Também há menção a alguns sobrinhos e sobrinhas, o que nos faz pensar que a família possa ter sido numerosa.

Como não era costume batizar as crianças naquela época, Agostinho só foi batizado jovem, ainda que, quando recém-nascido, tenha sido inscrito entre os catecúmenos e educado pela mãe na fé cristã. Por isso, em todas as aventuras, erros e confusões que vivenciou até sua conversão, ele se considerou como cristão em busca de Cristo, ainda não católico – sua mãe Mônica nunca desistiu de o levar à Igreja.

Aos 30 anos (383), escapou do amor materno, que certamente lhe parecia inoportuno, e viajou a Roma secretamente. Mônica não teve dúvidas sobre o que fazer; deixou seus assuntos domésticos e foi atrás do filho em Milão. Em uma passagem de *Confissões* (III, 11,19), Agostinho fala de uma visão de sua mãe que manifesta seu caráter de mãe cuidadosa.

> Mônica se via em pé sobre uma prancha de madeira e um jovem radiante vindo em sua direção, alegre e sorridente, enquanto ela sentia-se inteiramente esgotada de tristeza. Depois de ele haver perguntado pelas razões de sua tristeza e das lágrimas diárias... e de ela ter respondido que chorava pela minha perdição... o jovem

> lhe disse que olhasse e prestasse atenção: onde ela estava, eu estava também. Logo que ela prestou atenção viu-me a seu lado em pé sobre a mesma prancha. (Agostinho, 1997, p. 82)

Um pouco mais tarde, sabemos que Mônica foi consolada por um bispo, que não é identificado mais detalhadamente, com estas palavras proféticas que também adquiriram celebridade: "um filho destas lágrimas é impossível que se perca" (*Conf.* III 12, 21) (Agostinho, 1997, p. 84).

Desde cedo, Agostinho mostrava-se com capacidade de um futuro digno de um cidadão romano, que merecia ter formação indispensável para seguir uma carreira profissional como professor, advogado ou político. Por isso, seus pais, embora com recursos limitados, procuraram lhe oferecer o que havia de melhor para a época.

Em Tagaste, onde nasceu, o programa da educação do qual Agostinho participou começava com o ensino na escola elementar, que consistia em aprender a ler, a escrever e a fazer contas. Essa etapa constava de dois estágios: os estudos da língua e da literatura com o *Grammaticus*.

Depois, para completar sua formação, foi necessário mudar, possivelmente em 370, para a capital de província, Cartago, centro político e cultural da África do Norte. Lá, a etapa de ensino que Agostinho concluiu era mais completa: abrangia dialética, retórica e artes liberais, que incluíam aritmética, música, geometria e filosofia, todas ministradas pelo *rhetor*.

Na obra *Confissões*, Agostinho pinta um quadro vivo de seu tempo de escolar. Depois de ter, quando criança, aprendido inconscientemente, em sua cidade natal, com liberdade, sua língua materna, repugnava-lhe o ensino forçado por meio de castigos físicos, com varas, na escola elementar, sistema escolar que seus pais aceitavam como natural. Essa pedagogia criou em Agostinho uma aversão também para o estudo do grego, que era parte essencial da cultura de um cidadão romano – rejeição tão marcante que ele nunca dominou fluentemente a língua grega, apesar de se discutir muito sobre a extensão de seus conhecimentos. Surgiu seu interesse pelo latim, que dominou perfeitamente.

Quando Agostinho completou 16 anos de vida, teve de voltar a Madauro e aí passar um ano inteiro no mais perfeito ócio forçado, porque seus pais necessitavam recolher recursos financeiros para a segunda etapa de seus estudos. Era a etapa mais longa, prevista para Cartago. Foi nessa época que ocorreu o despertar sexual de Agostinho, como ele mesmo relata em *Confissões* (III, 3,6) (1997). O Pai de Agostinho se entusiasmou com a descoberta de seu filho, pois desejava ter netos, mas não presenciou o nascimento do neto Adeodato, porque faleceu antes.

Agostinho juntou-se a um grupo de amigos jovens nesse período de inatividade e, ao mesmo tempo, de desenvolvimento pessoal tempestuoso, todos com as mesmas intenções de praticar toda espécie de traquinagem e malandragem.

Quando Agostinho escreveu essas memórias nas *Confissões*, já era bispo e lembrava-se dessa época com extrema aversão, sobretudo pelo roubo de peras, no que se tornou célebre, juntamente a seus comparsas, explicando não se arrepender exatamente pelas frutas, mas pela malandragem comum.

Durante o tempo de seu estudo em Cartago, Agostinho completou com êxito a formação retórica e teve três encontros que haveriam de marcar durante muito tempo o rumo de sua vida.

Após umas aventuras sexuais, claramente sem grande seriedade, já em Tagaste e depois em Cartago, o mais tardar a partir de 372, o ano de nascimento de seu filho Adeodato, ele cultivou uma comunhão constante e fiel em um quase matrimônio com uma mulher cujo nome é ignorado, com a qual não era possível um casamento oficial em razão da diferença de classe social. Não era recomendável para sua carreira futura. Por isso a despediu em Milão, após 384, exatamente depois de contrair um *matrimonium* oficial que favorecia a carreira.

Aos 19 anos, Agostinho leu o diálogo de Cícero intitulado *Hortensius*, do qual hoje só são conhecidos fragmentos conservados nas *Confissões* e que o despertou para o "amor à sabedoria" (*philosophia*). Para o homem da Antiguidade, a palavra *filosofia* jamais significaria uma estrutura teórica de pensamento, mas o reto conhecimento e o reto proceder de vida, isto é, a ética, o que, aliás, já havia possibilitado aos apologistas anunciar de maneira atraente o cristianismo como a "verdadeira filosofia".

Apoiado em sua educação, Agostinho associou naturalmente seu recém-descoberto "amor à sabedoria" com a questão de Cristo e, por isso, voltou à leitura da Bíblia. Contudo, diante das histórias violentas, narradas no Antigo Testamento, e em virtude de seu estilo inteiramente inculto em comparação com a elegância do estilo de Cícero, ficou profundamente decepcionado.

Foi nesse contexto de decepção que ele se deparou com o maniqueísmo, que parecia oferecer-lhe tudo o que ele procurava: o nome de Cristo, a racionalidade e a formação em lugar de uma fé baseada unicamente na autoridade da Igreja, a rejeição do Antigo Testamento, assim como a resposta plausível à questão que há muito já o atormentava: *Unde malum?* (De onde provém o mal?), com base em uma imagem materialista de Deus e em uma imagem dualista do mundo. Portanto, bem e mal existiriam como dois princípios (reinos) opostos e igualmente eternos, o reino da luz e o reino das trevas, cujo campo de batalha estaria no interior do ser humano, composto de espírito e matéria.

Agostinho aderiu a essa doutrina durante nove anos, no estágio inferior dos auditores do maniqueísmo, que não exigia deles as normas extremamente rigorosas de ética e de ascese dos *electi* (eleitos), embora essas regras tenham sido, em essência, determinantes para a grande força que o maniqueísmo exerceu sobre Agostinho ansioso de saber. Mônica, como fervorosa católica, ficou horrorizada com a conversão de seu filho ao maniqueísmo. Ela não queria ter nada a ver com um herege. Desse modo, em 374 ou 375, quando ele voltou a Tagaste, a fim de trabalhar como professor, ela, por algum tempo, proibiu-o de entrar em sua casa e, somente depois da visão que já descrevemos, voltou a ter contato com o filho herege, com o fim de salvá-lo.

Os anos de ensino em Cartago decepcionaram Agostinho; seus alunos eram mal-educados, e do maniqueísmo, que a princípio tão convincente lhe parecera, ele foi aos poucos se alienando, porque seus adeptos não sabiam responder às perguntas críticas sobre as incoerências de seu sistema, que ele percebia em medida cada vez mais crescente. Consolavam-no dizendo que aguardasse a chegada de seu líder espiritual, o bispo Fausto. Porém, quando finalmente ele chegou a Cartago, no 29º ano de vida, revelou-se como um lisonjeador sem substância, que também não tinha resposta para as perguntas de Agostinho. Não obstante, Agostinho não rompeu ainda publicamente com o maniqueísmo, mas fez-se recomendar por seus amigos para Roma, onde o esperavam um progresso melhor e, sobretudo, a perspectiva de encontrar alunos mais obedientes.

4.2.1 Rétor em Roma e em Milão: cético e platônico

No final de 383, em virtude das decepções com o ensino e com as ideias dos maniqueus, e ainda procurando uma ascensão em sua carreira, Agostinho mudou-se para Roma. No entanto, não rompeu os laços com os maniqueus, embora tenha se empenhado em preencher seu vazio interior com pensamentos da filosofia cética. Sua inclinação ao ceticismo, sem dúvida, foi perturbadora, mas teve curta duração. Esse período de incertezas o familiarizou com o ideal ciceroniano de sabedoria como uma procura prolongada.

Em 384, graças a uma recomendação do prefeito de Roma, Símaco, Agostinho foi a Milão como mestre de retórica. Ali esteve em melhores condições sociais e acompanhado por sua mãe, porém quebrado e infeliz interiormente, ligado, ainda, à sua sensualidade e desorientado, em busca de segurança religiosa. A leitura dos livros platônicos (Plotino e Porfírio) foi, para Agostinho, uma descoberta excitante, e eles envolviam um ascetismo como gênero de vida. Contudo, esse tempo de presunção platônica também foi de pouca duração. Ouvindo os sermões de Santo Ambrósio, com sua interpretação alegórica de textos do Antigo Testamento, Agostinho descobriu o método para superar a crítica dos maniqueus; foi assim que experimentou que a espiritualidade de Deus e da alma e o livre-arbítrio conciliavam-se com a doutrina da Igreja e, então, rompeu com o maniqueísmo. Ambrósio, ao resolver objeções e dificuldades anteriores referentes à doutrina cristã, o teria aproximado do cristianismo até o ponto de voltar a ser catecúmeno. Entretanto, naquele tempo, Agostinho estava mais interessado em fazer carreira e contrair matrimônio de acordo com a lei e com a fé.

Sua submissão intelectual ao cristianismo foi causada pela leitura dos textos das cartas de São Paulo, motivado pela curiosidade de ver que sua doutrina estava de acordo com a neoplatônica. Essa doutrina, por sua vez, serviu-lhe, pois, de ponte entre um maniqueísmo material e um cristianismo espiritual. Todavia, Agostinho, satisfeito intelectualmente com o cristianismo, não se sentia com forças para abraçar o celibato e parecia não satisfeito com um sem o outro. Foi então que o sacerdote Simpliciano começou a mexer com sua vontade, contando-lhe o exemplo de um certo Mário Vitorino, que se convertera. Contudo, a tomada de posição decisiva ocorreu após a narração que lhe foi feita pelo monge Ponticiano, sobre Santo Antão, os monges do deserto e a conversão de oficiais da corte de Tréviros, depois da leitura casual de *A vida de Antão*. A crise definitiva ocorreu em uma tarde, no jardim de sua casa, em que ouviu de um menino da vizinhança o *tolle e lege* ("toma e lê"), impulsionando-o a abrir a Epístola aos Romanos e tendo lido providencialmente Rom 13,13ss.

Essa posição não é aceita por muitos estudiosos de Santo Agostinho, que não admitem o fato, mas, depois disso, é certo que houve uma grande mudança atestada em passagens no texto das *Confissões* (X, 26).

4.2.2 Conversão

No ano 386, a conversão de Santo Agostinho marcou uma reviravolta decisiva que se manifestou em vários aspectos da sua vida: religioso, moral, social, filosófico, cultural; uma ruptura quase completa com a cultura literária. Foi uma conversão para a filosofia que não é um fato isolado, mas situado em uma ampla tradição. O problema central do pensamento agostiniano é o da felicidade e, nesse particular, ele é herdeiro de toda a tradição da filosofia helenista. Para Agostinho, a felicidade se encontra na sabedoria, que é a posse de um conhecimento que sacia nossa aspiração de beatitude. Sabedoria é um dos nomes de Deus.

Alcançar o conhecimento de Deus é cernir-se a uma disciplina rigorosa e é uma busca que implica vários aspectos: o moral, o intelectual e o religioso ou sobrenatural. Essa cultura filosófica supõe a aquisição e a ação prática de certa cultura "preparatória", de uma cultura em sentido estrito. A todos os que essa técnica austera elimina, Agostinho recorda que permanece aberta a via, que conduz igualmente à salvação: a via da fé; porém, essa sabedoria não se alcança até a outra vida.

Poucas semanas depois, no outono de 386, Agostinho renunciou à sua cátedra e foi a Cassicíaco, uma vila de um amigo, nos arredores de Milão, para se preparar para o batismo. Entrou em um ambiente de retiro criador, que passou a ser seu ideal até sua ordenação sacerdotal, em 391. Logo depois, houve uma reelaboração de seus diálogos para se adaptar a certas convenções. Pelo caráter dominante de seu conteúdo, esses escritos respondem às áreas filosóficas tradicionais: *philosophia rationalis, moralis, naturalis*. As diversas questões filosóficas se ordenam pelo interesse moral, e todos os seus enfoques se resumem no conhecimento de Deus e da alma, caminho para Deus.

> Mais à frente nesta obra, abordaremos mais detalhadamente os escritos de Agostinho. Por ora, é importante fazermos uma rápida exposição sobre alguns escritos, para que seja possível compreender o caminho seguido por ele na busca de Deus.
>
> - *Contra acadêmicos* é um combate contra o ceticismo dos neoacadêmicos, notando que a felicidade consiste não na procura, mas no conhecimento da verdade.
> - O tratado *De Beata Vita* se aprofunda, na mesma linha; a verdadeira felicidade consiste no conhecimento de Deus.
> - O tratado *De Ordine* (*Sobre a Ordem*) pergunta sobre a origem do mal.
> - Os *Solilóquios* tratam particularmente da imortalidade da alma.
> - As *Confissões* constituem uma obra autobiográfica, mas ainda uma obra de filosofia, de teologia, de mística e de poesia; a mais alegre, hoje, entre as obras de Agostinho e a mais estudada. Essa obra se divide em duas partes: a primeira (I-IX) narra que tipo de Agostinho existiu antes da morte de sua mãe[1]; a segunda

---

1 Antes da morte de sua mãe, Agostinho era um rapaz pagão, levando uma vida civil entre estudos e boemia, como se depreende das narrativas das *Confissões*.

parte (X-XIII), adicionada mais tarde (cf. 10, 3 ,4), narra qual seja enquanto escreve[2] (10, 4, 6). Essa segunda parte tem também caráter autobiográfico. Foram escritas depois de 4 de abril de 397 (morte de Ambrósio) e terminadas por volta de 400.

- *Retratações* é outra obra fundamental para o estudo dos escritos de Agostinho, mas também importante para conhecer o ânimo e os motivos religiosos que o inspiraram: um longo exame de consciência do velho escritor sobre sua própria atividade literária, as últimas *Confissões* de 425 e pouco depois da Epifania do ano seguinte suprem parcialmente o silêncio das *Confissões* sobre o período que vai do retorno para a África até o episcopado, nos informam sobre a fundação dos monastérios de Hipona e nos dão um quadro da vida de Agostinho. Educado cristãmente pela piíssima mãe, Mônica, permaneceu sempre, no espírito, um cristão, mesmo quando, aos 19 anos, abandonou a fé católica.

O momento da conversão de Agostinho e o que ela exerceu na leitura dos platônicos foi objeto de grande discussão; é necessário que se faça uma distinção importante entre o motivo da fé e o conteúdo dela: aquilo que o havia conquistado antes da leitura dos platônicos, isso o esclareceu, em parte, depois. Não obstante, restaram-lhe muitos questionamentos ainda obscuros; ele aderia, como sempre tinha feito, à autoridade de Cristo e, de novo agora, à autoridade da Igreja. "Permanecia, todavia, solidamente radicada no meu coração a fé da igreja católica... Certamente uma fé ainda rude em muitos pontos e flutuante além dos limites da doutrina justa, porém, o meu espírito não abandonava, ao contrário, dela me embebia cada vez mais" (cf. 7, 5, 7) (Agostinho, 1997, p. 180).

---

2 Nesse trecho, Agostinho (1997) faz uma oração relembrando as faltas passadas – "que perdoaste e esqueceste para me fazer feliz".

Os platônicos o ajudaram a resolver dois grandes problemas filosóficos: aquele do materialismo e aquele do mal. O primeiro ele aprendeu a superar descobrindo seu mundo interior, seguindo precisamente o conselho dos platônicos (7, 10, 160), a luz inteligível da verdade; o segundo ele superou intuindo a noção do mal como defeito ou privação de bem. Restava o problema teológico da mediação e da graça. Para resolvê-lo, voltou-se para São Paulo, de cuja leitura compreendeu que Cristo não é só Mestre, mas também Redentor. Superado, assim, o último erro, o naturalismo, seu caminho de retorno para a fé católica estava terminado.

Ainda de acordo com a obra *Confissões* (1997), nesse ponto renascia outro problema: a escolha do modo de viver, o ideal cristão da sabedoria; se seria conveniente renunciar por isso a toda sabedoria terrena e, portanto, também, à carreira e ao matrimônio ou não. Deveria haver renúncia também se a carreira se anunciasse brilhante? Ambas dificílimas, pois ele estava próximo de ser eleito a um cargo de presidência de um tribunal ou de uma província; além disso, aos 17 anos, para pôr um freio à rompente puberdade e permanecer em sintonia com a boa sociedade (Solil. 1,11,19), ele estava unido a uma mulher com a qual tivera um filho (morto entre 389 e 391) e a quem tinha estado sempre fiel (*Conf.* 4,2,2). Depois de longas hesitações (6, 11, 18-16, 26) e dramáticos contrastes, não sem um extraordinário auxílio da graça, a escolha foi feita segundo o conselho do Apóstolo e as mais profundas aspirações de Agostinho: "Volveste-me para ti assim tão plenamente que não procurava mais nem mulher nem outra esperança deste mundo" (8, 12, 30) (p. 231).

4.2.3 Da conversão ao episcopado (386-396)

Tomada a decisão de renunciar ao ensinamento e ao matrimônio, pelo fim de outubro de 386, Agostinho se retirou a Cassicíaco (provavelmente a hodierna Cassago, na Brianza) para se preparar para o batismo e, no início de março, voltou para Milão, inscreveu-se entre os catecúmenos, seguiu a catequese de Ambrósio e foi por ele batizado, junto do amigo Alípio e do filho Adeodato, na noite que deve ter sido entre 24 e 25 de abril, vigília de Páscoa: "e fugiu de nós a inquietude da vida passada" (Agostinho, 1997, p. 246). Depois do batismo, a pequena comitiva decidiu voltar para a África para efetuar por lá o santo propósito de viver juntamente no serviço de Deus. Antes do fim de agosto, deixou Milão e chegou a Ostia, onde a mãe, Mônica, adoeceu de repente e morreu. Morta a mãe de Agostinho, este decidiu voltar a Roma e ali permaneceu até depois da morte do usurpador Máximo (julho ou agosto de 388), interessando-se pela vida monástica e continuando a escrever livros; partiu para a África depois e retirou-se para Tagaste, onde, com seus amigos, pôs em ação seu programa de vida ascética (cf. Possídio, *Vita* 3,1-2).

De acordo com Altaner e Stuiber (1972), foi em 391 que Agostinho foi a Hipona para "procurar um lugar onde fundar um monastério e viver com os meus irmãos" (p. 418), mas então encontrou a surpresa da ordenação sacerdotal, que aceitou relutante (Ser. 355,2; Ep. 21; Possídio, *Vita* 4,2). Ordenado sacerdote, obteve do bispo a autorização para fundar, conforme o seu plano, um monastério, onde "começou a viver segundo a regra estabelecido nos tempos dos Santos Apóstolos" (Possídio, *Vita* 5,1), intensificando o ascetismo, aprofundando os estudos de teologia e começando o apostolado da pregação. A consagração episcopal ocorre em 395 ou em 396. Foi coadjutor de Hipona e, depois, a partir de agosto de 397, bispo. "Deixou então o monastério dos leigos, onde tinha vivido à frente daquela comunidade e, para ficar mais livre de usar a hospitalidade para todos, se retirou para a 'casa do bispo', fazendo dela um monastério de clérigos (*Sermo* 355,2)" (Patrologia, 1978, p. 328-329, tradução nossa).

4.2.4 Do episcopado até a morte (396-430)

A atividade episcopal de Agostinho foi verdadeiramente prodigiosa, tanto aquela ordinária e aquela pela sua diocese quanto aquela extraordinária, pela Igreja da África e pela Igreja universal.

Entre as **atividades ordinárias**, é importante assinalar:

- o ministério da palavra (pregou ininterruptamente duas vezes por semana, sábado e domingo, e frequentemente por mais dias consecutivos, ou também duas vezes por dia);
- a *audiêntia episcopi* para ouvir e julgar as causas, que o ocupavam não raramente todo o dia;
- o cuidado dos pobres e dos órfãos;
- a formação do clero, com o qual foi paterno, mas também rigoroso;
- a organização dos monastérios masculinos e femininos;
- a visita aos enfermos;
- a intervenção a favor dos fiéis junto às autoridades civis (citado por *Saeculi Potestates*), que não gostava de fazer, mas, quando o considerava oportuno, fazia;
- a administração dos bens eclesiásticos, a qual teria deixado, de bom grado, de lado, mas não encontrou nenhum leigo que pudesse ocupar-se deles.

Ainda maiores foram as **atividades extraordinárias**:

- as numerosas e longas viagens para estar presente nos frequentes concílios africanos ou para ir ao encontro dos pedidos dos colegas;
- o trabalho de ditar as cartas para responder a quantos que, de toda parte e de todos os grupos, recorriam a ele;
- a ilustração e a defesa da fé – exigência que o induziu a intervir sem descanso contra os maniqueus, os donatistas, os pelagianos, os arianos e os pagãos.

Em 411, Agostinho foi a alma da conferência entre os bispos católicos e os bispos donatistas e o artífice principal da solução do cisma donatista e da controvérsia pelagiana. Faleceu em 28 de agosto de 430, no terceiro mês do assédio de Hipona por parte dos Vândalos, e deixou três obras importantes incompletas, entre as quais a segunda resposta a Juliano, arquiteto do pelagianismo. O último escrito foi uma carta (Ep. 228), ditada talvez do leito de morte, sobre deveres dos sacerdotes em face das invasões bárbaras. Sepultado presumivelmente na Basilica Pacis – a catedral –, seus ossos, em data incerta, foram transportados para a Sardenha e de lá, por volta de 725, para a Pavia na Basilica di s. Pietro in Ciel d'Oro, onde repousam até o nosso tempo.

4.2.5 Herança de Agostinho para o cristianismo ocidental

Agostinho teve uma personalidade complexa e profunda: foi filósofo, teólogo, místico, poeta, orador, polemista, escritor e pastor. Todas as qualidades se completam e fizeram dele um homem "ao qual quase ninguém, ou melhor, pouquíssimos de quantos floresceram desde o início do gênero humano até hoje podem-se comparar" (Pio XI, AAS 22 (1930) 23).

O grande bispo unia em si a energia criativa de Tertuliano, a grandeza de espírito de Orígenes com o senso eclesiástico de Cipriano, a agudeza dialética de Aristóteles com o idealismo alado e a especulação de Platão, o senso prático dos latinos com a ductilidade espiritual dos gregos. Foi máximo filósofo da época patrística e, sem dúvida, o mais importante e influente teólogo da Igreja em geral. Sua obra encontrou, desde seu tempo, entusiásticos admiradores (Patrologia, 1978).

No âmbito do cristianismo, Agostinho criou a primeira grande síntese de filosofia que permanece um monumento essencial no pensamento do Ocidente. Partindo da evidência do autoconhecimento, ele amplia os temas do ser, da verdade, do amor e lança muita luz sobre a inteligibilidade e sobre os problemas da busca de Deus e da natureza do homem, da eternidade e do tempo, da liberdade e do mal, da Providência e da história, da beatitude, da justiça e da paz.

Com humildade e ordem, ilustrou os mistérios cristãos, determinando o maior progresso dogmático de que a história da teologia se lembra, e não só a respeito da doutrina da graça, mas também a respeito da Trindade, da Redenção, da Igreja, dos Sacramentos, da escatologia: podemos, de fato, dizer que não há argumento teológico que Agostinho não tenha iluminado. Explicou amplamente a doutrina moral centrada no amor, bem como a doutrina social e política; defendeu as vias da ascética cristã e indicou os pontos mais elevados da mística.

Como orador, soube colocar juntas a profundidade e a precisão dogmática do doutor, a elevação lírica do poeta, a vibrante comoção do místico e a simplicidade evangélica do pastor que deseja ser tudo para todos. Conhecia os diversos estilos de oratória, que ele mesmo descrevia pelo fim da vida no *De doctrina christiana*, e os usou, passando com muita naturalidade daquele simples para aquele moderado, e deste, muito frequente, para aquele sublime.

Foi um polemista formidável. Profundamente convicto da verdade e da originalidade da doutrina católica, defendeu-a contra todos – pagãos, judeus, cismáticos, hereges – com as armas da dialética e com os recursos da fé e da razão. Contudo, teve respeito pelos adversários. Estudou as obras deles, reportou os textos que deles combatia, reconheceu seus méritos, dissimulou e perdoou suas ofensas. Aprendeu da sofrida experiência do erro a ser bom com aqueles que erraram.

Foi mestre consumado da retórica. Dela se serviu e ensinou outros a se servir dela (cf. *De doctr. Christ.* 4), subordinando-a sempre, porém, ao conteúdo. "Deve-se considerar o conteúdo acima das palavras como a alma acima do corpo" (*De cat. rud.* 9, 13). Quando foi necessário, mesmo para se fazer compreendido, não teve medo de usar neologismos ou sair da gramática. "Prefiro ser criticado pelos gramáticos do que não ser compreendido pelo povo" (*In ps.* 36, *Sermo* 3,6). Se, nas primeiras obras, o estilo ainda imita os clássicos – "cheio do costume das letras seculares "(*Retract., prol.* 3) –, nas outras procede inspirando-se sempre na Bíblia e nos autores eclesiásticos, contribuindo validamente para criar um latim cristão. Não teve um estilo somente, mas vários, podemos dizer, quantos fossem exigidos pelos conteúdos de suas obras: as *Confissões, A Cidade de Deus,* os *Discursos,* as *Cartas* – nestas últimas, segundo a diversidade do argumento – têm um estilo claramente diferente na estrutura do período e no vocabulário adequado ao aspecto de cada obra (Patrologia, 1978).

É particularmente interessante o estudo sobre o ânimo de Agostinho. Às extraordinárias qualidades intelectuais somavam-se aquelas morais, que não eram inferiores. Um caráter nobre, generoso e forte; uma busca insaciável da sabedoria; uma necessidade profunda da amizade; um amor vibrante a Cristo, à Igreja, aos fiéis; uma aplicação e uma resistência surpreendentes no trabalho; e um ascetismo moderado e mesmo austero; uma sincera humildade que não teme reconhecer os próprios erros (cf. *Confissões* e *Retratações*); uma dedicação assídua ao estudo da Escritura, à oração, às ascensões interiores, à contemplação.

Foi um pastor que teve consciência de sua função e que se definiu como "servidor de Cristo e dos serviços de Cristo" (Ep. 117), e disso tirou consequências extremas: plena disponibilidade para as necessidades dos fiéis, desejo de não ser salvo sem eles ("não quero ser salvo sem vós", *Sermo* 17,2), oração a Deus para estar sempre a morrer por eles *aut effectu aut affectu* (*Misc. Agost.* I 404), amor para com os errantes mesmo que não quisessem, ainda que o ofendessem ("Dizem contra nós aquilo que querem; nós os amamos mesmo se não querem", *In os.* 36,3, 13). Foi pastor no sentido pleno da palavra (Patrologia, 1978).

Foi um mestre que se sentia como discípulo e desejava que todos fossem condiscípulos da verdade, que é Cristo. Nas controvérsias, não amava senão uma única vitória, aquela própria da Cidade de Deus, a vitória da verdade (*De civ. Dei*, 2, 29, 2).

> Quanto a mim não hesitarei em procurar se me encontro na dúvida, não me envergonho em aprender se me encontro no erro. Por isso... prossiga comigo quem juntamente a mim é certo; procure comigo quem condivide as minhas dúvidas; volte a mim quem reconhece o seu erro, me chame de novo quem se apercebe do meu" (De Trin 1,2, 4-3,5). (Patrologia, 1978, p. 334, tradução nossa)

Considerava, portanto, com grande favor ser corrigido, também não se escondia de que quem desejava corrigi-lo; devoa também se resguardar do erro (*De dono persev.* 21,55;24,68). Sobretudo não queria ser identificado com a Igreja da qual professava ser filho humilde e devoto. "Sou eu por acaso a Igreja?... A mim basta estar nela" (*In os.* 36, 3, 19).

Agostinho foi, em síntese, o mestre mais seguido no Ocidente, a quem se pode muito chamar *Pai comum*.

> Isto que tinha sido Orígenes para a ciência teológica do III e do IV século, Agostinho o foi, de modo bastante mais duradouro e eficaz,

> por toda a vida da Igreja nos séculos sucessivos até à época contemporânea. A sua influência se estendeu não somente do domínio da filosofia, da dogmática, da teologia moral e da mística, mas ainda na vida social e caritativa, na política eclesiástica, no direito público; ele foi numa palavra, o grande artífice da cultura ocidental da Idade Média. (Patrologia, 1978, p. 335, tradução nossa)

Ele queria ser, como estudioso e polemista, intérprete fiel do ensinamento católico, ensinamento este que permanece como a melhor chave para interpretar o pensamento. "E se, por vezes, da parte dos protestantes, se tentou e se tenta interpretar o seu pensamento como parcialmente, não consonante ao sentir da Igreja, deve-se ao contrário constatar com K. Holl (*A. innere Entwicklung*, 1922, 51) que a "igreja católica o compreendeu sempre melhor do que seus adversários" (Patrologia, 1978, p. 335, tradução nossa). O magistério eclesiástico, em suas decisões, não seguiu algum outro autor teólogo tanto quanto Agostinho, e isso também "para a doutrina da Graça" (Patrologia, 1978, p. 335, tradução nossa).

De fato, Celestino I defendeu sua memória e o elencou entre "os mestres ótimos" (Patrologia, 1978, p. 335, tradução nossa), declarando que sempre foi amado e honrado por todos (DS 237). Do mesmo modo, os pontífices mais próximos de nós – Leão XIII (Acta I, 270), Pio XI (AAS 22, 233), Paulo VI (AAS 62, 4200) – exaltaram a doutrina e a santidade dele. Além disso, os concílios de Orange, sobre o pecado original e a graça, de Trento, sobre a justificação, do Vaticano I, sobre as relações entre a razão e a fé, e do Vaticano II, sobre o mistério da Igreja, sobre a Revelação e sobre o mistério do homem, atingiram largamente – em especial o primeiro – sua doutrina, demonstrando com isso que esta não era de Agostinho, mas da Igreja, a qual, portanto, a reconhecia como sua. É inútil recordar que, nesses casos, não está mais em questão o bispo de Hipona, mas a Igreja em si.

De resto, ele permanece um pensador e um escritor ao qual os repetidos testemunhos do magistério e a estima dos teólogos posteriores – entre eles São Tomás – conferiram uma particular autoridade. Esta, se não autoriza ninguém a preferir o ensinamento àquele da Igreja, não consente nem mesmo, de outra parte, colocar em dúvida a ortodoxia ou desonrar o serviço incomparável prestado à Igreja mesma e à civilização cristã.

Que seu ensinamento tenha sido interpretado ao longo dos séculos de maneira tão diversa não é sinal de obscuridade: Agostinho não é um autor obscuro, mas tampouco um autor fácil, por muitas razões: pela profundidade de seu pensamento, pela multiplicidade das obras, pela vastidão das questões tratadas, pela diversidade da linguagem e, às vezes, pela incerteza própria dos grandes iniciadores, pela evolução do próprio pensamento e pela carência de sistematização, e ainda, por último, pelos limites que isso, como todo pensamento humano, tem. Somente quem consegue pacientemente superar essas dificuldades encontrará o verdadeiro Agostinho, aquele dos escritos, "nos quais os fiéis sempre o reencontram vivo" (Possídio, *Vita* 31,8), aquele da história, muito mais rico e mais harmonioso, que não aparece por meio das apressadas interpretações ou do agostinismo da moda.

Depois de ter recordado os escritos, apresentaremos, a seguir, um breve resumo do pensamento do autor, deixando de lado as citações, para que o leitor possa refazer, por sua conta, nosso trabalho de reconstrução.

Fontes literárias

As fontes literárias dos escritos são duas e ambas incompletas: as *Retratações* de Agostinho e o *Indiculus* (pequeno índice) de Possídio. Agostinho pensava nas *Retratações* já em 412 (Ep. 143, 2), mas começou a escrevê-las só em 426-427 (*Retract.* 2, 4, 51; *De doctr. Christ.*

4,26,53); foi um longo e minucioso exame de consciência sobre toda a sua produção. Dividiu-a segundo o gênero literário em livros, cartas e tratados. É possível listar somente os livros: eram 232 subdivididos em 93 obras, que recenseou em ordem cronológica, para que o leitor pudesse conhecer "como escrevendo tivesse feito progressos" (*Retract.*, prol. 1). Faltou-lhe tempo de recensear as cartas e os tratados, que constituem uma grande parte, mesmo que não seja a principal, de sua produção. Além do valor bibliográfico, as *Retratações* têm outros valores não menores: aquele doutrinal (oferece a chave para ler as obras do autor e para conhecer o último pensamento de Agostinho) e aquele autobiográfico do qual falamos.

Autobiografias

São duas obras entre as mais originais e importantes: as *Confissões* e as *Retratações*. Além delas, destacamos:

- *Filosóficos*: diálogos escritos entre a conversão e a ordenação sacerdotal (386-391).
- *Contra Acadêmicos*, ou *De Academicis libri 3*: rebate o ceticismo para reaver a esperança de atingir a verdade.
- *De beata vita liber 1*: diálogo tido nos dias 13-15 de novembro de 386, no qual o autor demonstra que a vida beata consiste no conhecimento de Deus.
- *De ordine libri 2*: examina se o mal entra na ordem da Providência, mas, em face das dificuldades do problema apontado pelos interlocutores, passa a descrever a ordem a ser seguida no estudo (*Retract.* 1,3).
- *Soliloquiorum libri 2*: expõe as condições para a busca e a posse de Deus e o argumento a favor da imortalidade da alma e da presença nela da verdade imortal (Retract. 1,4).

Obras compostas antes do batismo, em Milão

- *De immortalitate animae liber 1*: apontamentos excessivamente concisos, e por isso obscuros, destinados a completar a obra precedente (*Retrac.* 1, 5).
- *Disciplinarum libri*: vasta enciclopédia, inspirada naquela de Varrão, para demonstrar como das coisas materiais se passa e se deve subir a Deus.
- Obras finalizadas: *De grammatica* (perdido) e, mais tarde, *De musica*.
- Obras programadas (dialética, retórica, geometria, aritmética, filosofia).

Obras escritas em Roma (outubro de 387-julho/agosto 388)

- *De quantitate animae libri 1*: diversas questões em torno da alma: particularmente estudada aquela da espiritualidade e da gradual ascensão rumo à contemplação (*Retract.* 1,8).
- *De libero arbítrio libri 3*: começados em Roma e terminados em Hipona entre 391 e 395. Neles, discutem-se longamente a origem do mal e os problemas conexos: liberdade, leis morais, existência de Deus, presciência divina. É uma obra de confronto entre as posições agostinianas antes e depois da controvérsia pelagiana.

Obras escritas em Tagaste (388-391)

- *De música libri 6*: tratado sobre o ritmo, que devia ser coletado com um outro sobre a melodia (Ep. 101,34). O VI livro ensina a sair dos números mutáveis para o número imutável, que é Deus (*Retract.* 1,6.11).
- *De magistro liber 1*: diálogo com o filho Adeodato em que se demonstra que não há outro mestre que ensine ao homem a ciência senão aquele interior: Deus. Importante para o estudo da pedagogia (*Retract.* 1.12).

Escritos apologéticos

Nessa categoria, assinalamos as obras em defesa da fé cristã contra os pagãos ou contra aqueles que negavam a fé em nome da razão:

- *De vera religione liber 1*: escrito em Tagaste em 390. Deus-Trindade deve ser honrado com a verdadeira religião, que se encontra não junto dos pagãos ou com os hereges, mas na Igreja Católica, a única "ortodoxa", isto é, "guardiã integral da verdade"; o dualismo maniqueus é absurdo, Deus guia os homens para a salvação com a força da razão e com a autoridade da fé; também os vícios admoestam os homens a procurar Deus; o plano de salvação se atua através da história e da profecia.
- *A Cidade de Deus*: verdadeira pequena obra prima que contém em germe muitas ideias das *Retratações* (1, 13).
- *De utilitate credendi liber 1*: do ano 391, é a primeira obra de Agostinho presbítero. Análise aguda das relações entre razão e fé e demonstração da verdade católica, que não é cega porque se funda em argumentos infrangíveis (*Retract*. 1, 14).
- *De fide rerum quae non videntur liber 1*: tratado sobre o mesmo argumento da obra precedente, posterior às leis de Honório, de 399. Para verificar a autenticidade, cf. Ep. 231, 4.
- *De divinatione daemonum liber 1* (406-408): comparação entre as predições atribuídas aos demônios e às profecias (*Retract*. 2, 30).
- *Quaestiones expositae contra paganos n. 6*, de 406-412, editadas entre cartas: Ep. 102. Resposta a seis questões (sobre a ressurreição, o tempo da religião cristã, a distinção entre os sacrifícios cristãos e pagãos etc.) do filósofo Porfírio.

Fonte: Quasten, 1978, p. 372, tradução nossa.

Preste atenção!

A Cidade de Deus é talvez a maior síntese do pensamento filosófico, teológico e político de Agostinho e está entre as obras mais significativas da literatura cristã e universal. O próprio autor a chama de "obra grande e árdua", "obra gigantesca". Nela trabalhou em torno de 413 a 426 e a publicou em intervalos (em 414, os primeiros três livros; em 415, o 4º e o 5º; em 417, do 6º ao 10º; em 418-419, trabalhou no 14º), mas a obra corresponde incialmente a um plano unitário (*De civit. Dei* 1, 35-36).

A obra está dividida em duas partes: (1) a primeira (livros 1-10) é destinada a refutar o paganismo – os livros de 1-5 mostram a impotência social, e os livros 6-10 mostram a impotência espiritual do paganismo; (2) a segunda parte (livros 11-22) é destinada a expor e defender a doutrina cristã e está dividida em três seções de quatro livros cada: expõem respectivamente a origem, o curso, os destinos das duas cidades, de Deus e do mundo. A arquitetura da obra é perfeita, mesmo que as digressões, por razões contingentes, sejam muitas (*Retract.* 2,43; Ep. 212/A; 184/A).

A ideia central da obra é aquela da providência divina que ilumina e guia a história. Está dividida em duas cidades fundadas sobre dois amores, de si e de Deus. O drama da história compreende cinco atos: a criação, o pecado dos anjos e do homem, a preparação da vinda de Cristo, a encarnação e a Igreja, a sorte final. Agostinho afronta e resolve em cada um desses atos, à luz da razão e da fé – por isso filosofia e teologia juntas –, os grandes problemas da história, aqueles das origens, da presença do mal, da luta entre o bem e o mal, da vitória do bem sobre o mal, dos destinos eternos. *A Cidade de Deus* foi uma obra muito lida e teve grande influxo na Idade Média. Hoje, a bibliografia a respeito desse texto é extraordinariamente complexa e numerosa: sinal de seu valor perene e de sua atualidade.

Escritos dogmáticos

- *De fide et symbolo liber 1*: contém a explicação do símbolo tida em outubro de 393 diante dos bispos africanos reunidos em concílio em Hipona *in secretario Basilicae Pacis* (*Retract.* 1, 17). Importa para conhecer os inícios da doutrina trinitária de Agostinho.
- *De diveresis quaestionibus octoginta tribus liber*: foi composta entre 388 e 396, em conversações familiares, como resposta às questões de índole filosófica, dogmática e exegética que lhe vinham sendo colocadas; as proposições foram reunidas em um livro quando já era bispo (*Retract.* I).
- *De diversis quaestiniobus ad Simplicianum libri 2*: é uma obra exegética, mas tem uma importância dogmática fundamental. Dirigida a Simpliciano, bispo de Milão, sucessor de Ambrósio (397), contém a explicação das questões tomadas da Carta aos Romanos e do Livro dos Reis. O primeiro livro é indispensável para a doutrina da graça: Agostinho aí afirma claramente, corrigindo seu erro precedente, a necessidade e a gratuidade da graça também para o início da fé e o desejo da conversão (*Retract.*).
- *Ad inquisitionem Ianuari libri 2* (Epp. 54-55), de 400 c: sobre costumes e ritos da Igreja (*Retract.* 2,20).
- *De fide et operibus liber 1*, de 413: nesse livro, Agostinho demonstra que não basta a fé, obras são necessárias – a catequese pré-batismal deve ser informada sobre esse princípio (*Retract.* 2,28).
- *De videndo Deo liber 1* (Ep. 147), de 413: trata da visão de Deus por meio dos olhos do corpo (cf. *De civ. Dei* 22,29; *Retract.* 2, 41).
- *De praesentia liber 1* (Ep. 187), de 417: tratado sobre a inabitação do Espírito Santo na alma dos justos (*Retract.* 2, 49).
- *Enchiridion ad Laurentium* ou *De fide, spe et caritate liber 1*, de 421 c: manual de teologia distribuído segundo as três virtudes teologais e contendo a explicação do Símbolo (fé), da oração dominical

(esperança) e dos preceitos morais (caridade). Síntese breve e clara do pensamento teológico de agostinho (*Retract.* 2.63).

- *De cura pro mortuis gerenda liber 1*, de 424-425: resposta a Paulino de Nola sobre o culto dos mortos e a utilidade para estes de serem sepultados junto das "memórias" dos mártires (*Retract.* 2,65).
- *De octo Dulcitii quaestionibus liber 1*: escrito pouco depois do precedente (425). Só uma resposta é original – a quinta, sobre a eleição de Davi; as outras são tratadas pela obra precedente (*Retract.* 2,65).
- *De Trinitate quaestionibus liber 15*: é a principal a obra dogmática. Exerceu uma influência decisiva sobre a teologia trinitária ocidental. A obra ficou pronta em dois tempos: os primeiros doze livros (publicados escondidamente e com o desaponto do autor) entre 399-412; os restantes e a redação final provavelmente em 420. Estão organizados da seguinte forma: livros de 1-4, teologia bíblica da Trindade; 5-7, teologia especulativa e defesa do dogma; 8, introdução ao conhecimento místico de Deus; 9-14, busca da imagem da Trindade no homem; 15, resumo e complemento da obra. Aí estão, por isso, juntamente à exposição, a defesa, a formulação, a ilustração e a contemplação do dogma. Os aspectos são: a doutrina das relações, a explicação "psicológica", as propriedades pessoais do Espírito Santo (o Espírito Santo procede como Amor), a ligação entre o mistério e a vida da graça (*Retract.* 2,150).

Escritos de conteúdo moral e pastoral

- *De emendacio liber 1*, de 395: o próprio autor o julgou complicado, mas não inútil (*Retract.* 1,27).
- *Contra mendacium liber 1*, de 420-421: retoma o tema da mentira e demonstra ser ela não lícita.
- *De agone Christiano liber 1*: escrito no início do episcopado. Manual de vida cristã para instruir o povo simples na fé: contém a explicação

do Símbolo (elenco dos erros a se evitar) e os preceitos morais, deduzidos do exemplo do Filho de Deus (*Retract.* 2, 3).
- *De catechizandis rudibus liber 1*, de 400 c.: manual de instrução catequética, rico de instruções pedagógicas (*Retract.* 2, 14).
- *De bono coniugali 1*, escrito em torno de 401: retomando a controvérsia movida por Joviniano, põe em relevo a dignidade e os bens do matrimônio (*Retract.* 2, 22).
- *De sancta virginitate liber 1*: escrito logo depois do precedente, ensina a exaltar a virgindade sem desestimar o matrimônio e a cultivar a humildade para guardá-la (*Retract.* 2, 23).
- *De bono viduitatis libere seu epistola*, de 414: carta à viúva Juliana, mãe da virgem Demetríade, sobre o mérito da viuvez (Possídio, *Indic.* X).
- *De continentia liber 1*: tratado sobre a virtude e sobre o dom divino da continência (Ep. 231,7; *Indic.* X); composto em 365 ou, segundo estudos mais recentes, em 412.
- *De patientia liber 1*, de 415: tratado da virtude e dom divino da paciência (Ep. 231, 7).
- *De coniugis adulterinis libri 2*, de 420 c: demonstram a indissolubilidade do matrimônio mesmo em caso de adultério, mas o autor duvida de ter atingido a plena demonstração (Ep. 231, 7, 11).
- *Contra Hilarium liber 1* (perdido), escrito em 399: defende a prática de cantar os Salmos durante a celebração eucarística (*Retract.* 2,11).

Regras e orientações monásticas

- *Regula ad servos Dei*: breve, mas rica de sábias normas monásticas, a primeira do Ocidente. As discussões em torno do precioso "livrinho" não englobam a autenticidade agostiniana do texto, mas a destinação original, se foi dirigido às monjas (Ep. 211) ou se foi dirigido aos "servos de Deus" da primeira comunidade de Hipona (Possídio, *Vita* 5,11); de fato, salvo algumas variantes e o gênero feminino ou

masculino, o texto é o mesmo. A crítica moderna considera essa segunda hipótese a mais provável, mesmo que não se tenha chegado ainda a um esclarecimento definitivo.
- *De opere monachorum liber 1*, de 401 c.: dirigido aos monges de Cartago. Demonstra para os monges a necessidade de atender, além da oração, também ao trabalho manual quando não estiverem impedidos pela enfermidade, pelo ministério pastoral ou por razões de estudo. Contém a teologia da *"ora et labora"*, que teve um pequeno influxo no desenvolvimento do monaquismo ocidental (*Retract.* 2,21).

Escritos exegéticos (Quasten, 1978)

- De índole geral – sobre a doutrina cristã – 4 livros: a primeira parte (3, 25, 36) foi escrita em 397, e a segunda parte em 426-427, quando foi publicada a obra completa. Trata-se de uma obra muito importante por três razões: síntese dogmática embasada no *uti* e no *frui* (1,I), que servirá de modelo para as *Sententiae* medieval; a doutrina do sinal e da interpretação escriturística (11. II e III); princípios e exemplos da oratória sacra (1,IV) (*Retract.* 2,4).
- Sobre o Antigo Testamento: os livros do Antigo Testamento que chamaram a atenção de Agostinho, particularmente o Gênese: quatro vezes empreendeu a interpretação, duas em sentido alegórico e duas em sentido literal.
- Sobre o Gênese contra os maniqueus – 2 livros: escritos em Tagaste provavelmente no ano 389 e destinados a privar os maniqueus dos argumentos contra o Gênese; encontrando muitas dificuldades na interpretação literal, recorreu várias vezes à interpretação alegórica (*Retract.* 1,10; *De Gen. ad litt.* 8,5).

- *De Genesi ad litteram liber imperfectus*: primeira tentativa de interpretação literal empreendida em 393 e deixada imediatamente, chega até Gen. 1,26 (*Retract.* 1,18).
- *De Genesi ad litteram libri 12*: a composição dessa obra, entre as mais importantes de Agostinho, durou de 401 a 415, mas há razão para crermos que os primeiros nove livros (talvez os primeiros onze) tenham sido compostos em um tempo muito próximo da primeira data. A explicação chega até Gen 3, 24. Os livros 6, 7 e 10 contêm um amplo tratado de antropologia. Nessa obra, encontra-se ampla exposição à doutrina da criação simultânea e das razões seminais (*Retract.* 2, 24).
- *Locutionum in Heptateuchum libri 7* e *Quaestionum in Heptateuchum libri 7*: explica as expressões menos usadas – e por isso menos inteligíveis – dos primeiros sete livros da Escritura, além de propor e frequentemente resolver as questões que procedem da leitura destes (*Retract.* 2,54-55).
- *Adnotationes in Job liber 1*: anotações marginais ao livro de Jó, transcritas de outros e recolhidas em um volume, "suaves aos poucos que possam entendê-las" (*Retract.* 2,13).
- *De octo quaestionibus ex Veteri Testamento*: breves explicações de oito passagens do Antigo Testamento restituídas a Agostinho por De Bruyne.
- Sobre o Novo Testamento: as obras sobre o Novo Testamento mostram não menos que as do Antigo os laboriosos trabalhos de Agostinho no conhecimento da Escritura.
    - *De sermone Domini in monte libre 2*: dos primeiros anos do presbiterato; explicação do discurso da montanha, síntese das doutrinas morais; beatitude e dons do Espírito Santo (*Retract.* 2,19).
    - *Expositio 84 propositionum ex epistola ad Romanos* (*clavis* 286); *Expositio epistolae ad Galatas*; *Epistolae ad Romanos inchoata*

expositivo: três obras que mostram as primeiras tentativas de interpretação literal das Epístolas de São Paulo: a última foi abandonada pela dificuldade da tarefa. O estudo foi retomado pouco depois para as questões sobre a graça, por ocasião da resposta a Simpliciano, e, mais tarde, sobre a controvérsia pelagiana, particularmente na obra *De spiritu et littera*.

- *Quaestionibus Evangeliorum libri 2*, de 400: explicações de alguns textos de Mateus (47) e de Lucas (51), que lhes foram propostos por alguém em conversas familiares (*Retract.* 2,12).

4.2.6 Doutrina

Para Quasten (1978), o pensamento de Agostinho sobre o plano do método se resume em dois termos: *razão* e *fé*. Aos 19 anos, ele tomou uma colocação errada. Enganado pela propaganda maniqueia, transformou o binômio em um dilema e rejeitou a fé em nome da razão. O retorno para a Igreja Católica começou com a descoberta de que as relações entre a razão e a fé não devem ser vistas no plano de oposição, mas de colaboração. De fato, duas são as vias que conduzem o ser humano ao conhecimento da verdade: a autoridade e a razão. Na ordem do tempo, primeiro vem a autoridade, isto é, a fé; na ordem de importância, primeiro, a razão, a saber, a ciência (*C. Acad.* I3,20,43; *De Ord.* 2,9,26; *De mor. Eccl. Cah.* 1, 2,3).

A linha doutrinal de Agostinho passa entre o fideísmo e o racionalismo: "A quem quiser compreender sem crer, repete o *crede ut intelligas*, porque compreender é um prêmio da fé" (Quasten, 1978, p. 382, tradução nossa); defende a justeza desse princípio e desse método e escreve um livro sobre a utilidade do crer. A fé é útil para todos, também para o filósofo. É, com efeito, remédio que cura (C. 6,4,6), fortaleza que defende (Ep. 118, 32), ninho onde crescem as penas para o voo (*Sermo* 51 5, 6), atalho que permite conhecer rapidamente e sem esforço as verdades essenciais para conduzir uma vida sábia (Ep. 102, 38; *De com. Ev.* 1, 35 53).

Empenhou-se, de sua parte, em demonstrar a credibilidade da fé e aprofundar o ensinamento. Desde o empenho: "reconduzir os homens à esperança de encontrar a verdade" (Ep. 1,1); programa: adesão a Cristo e busca filosófica.

Para saber mais

Para um resumo dos motivos de credibilidade da fé católica, indicamos as seguintes passagens: *De mor. Eccl. Cath.* 1, 7,12; *Deutl. Cred.* 14, 30-17,35; Ep. 137, 4, 15-16; C. Ep. man. 4,5. Nessas obras, lê-se:

> Deixando de lado a pura e genuína sabedoria... que vós não credes que esteja na igreja católica, são muitas as razões que me entretêm no seu seio. Pende-me o consenso dos povos e das gentes; entretêm-me a autoridade fundada com os milagres, nutrida com a esperança, aumentada com a caridade, consolidada com a antiguidade; entretêm-me a sucessão dos bispos, da sede do Apóstolo Pedro, a quem o Senhor, depois da ressurreição, deu-lhe o encargo de apascentar as suas ovelhas, até o presente episcopado; entretêm-me finalmente o próprio nome de Católica, que não é sem razão que só esta igreja o obteve... Estes vínculos do nome cristão – tantos tão grandes e dulcíssimos – mantêm o crente no seio da igreja católica mesmo se a verdade, por causa da lentidão de nossa mente e da indignidade da nossa vida, ainda não aparece. (Quasten, 1978, p. 383, tradução nossa)

A quem nega os milagres, Agostinho replica: "A nós basta somente este grande milagre: que todo o mundo tenha crido sem milagres (*De civ. Dei* 22,5)" (Quasten, 1978, p. 383, tradução nossa).

O programa de pesquisa *Contra acadêmicos* está resumido na primeira de suas obras:

> todos sabem que nós somos estimulados ao conhecimento pelo duplo peso da autoridade e da razão. Tenho, pois, como certo definitivamente não dever afastar-me da autoridade de Cristo, porque não encontro outra mais válida. Estou atento, pois, a isto que se deve atingir com a acuidade da razão, tenho confiança de encontrar com a acuidade da razão, tenho confiança de encontrar, entretanto, nos platônicos aquilo que repugne aos sagrados mistérios da fé. Tal é, com efeito, a minha disposição atual que desejo aprender sem demora o verdadeiro, não só com a fé, mas também com a inteligência (C. Acad 3, 20, 43). (Quasten, 1978, p. 384, tradução nossa)

Essa busca será ao mesmo tempo filosófica, teológica e mística, três momentos na ascensão rumo à verdade que Agostinho não separa jamais. Seu método de fato se funda sobre três pressupostos: a utilidade da fé; o apelo pela evidência da razão, quando isso seja possível; a tensão para a sabedoria, que não é só conhecimento, mas amor, posse, gozo da verdade, que é o bem supremo do homem.

Cabe, portanto, abordarmos três fatores centrais: filosofia, princípios e temas. Sobre a filosofia, Agostinho, como jovem professor, leu e soube de memória muitas obras de filósofos como Cícero, Varrão, Apuleio, Sêneca, Aulio Gellio e Celso. Em Milão, leu Plotino e Porfírio, que se tornaram e permaneceram sempre seus preferidos. Então, que Agostinho tenha preferido os neoplatônicos entre todos os filósofos é notório: menos conhecido é até que ponto tenha corrigido e superado suas doutrinas. Preferiu-os por duas razões: porque mais próximos "de nós", isto é, da doutrina cristã, e porque tinham criado "um ensinamento comum da verdadeira filosofia", sustentando, além do mais, que Aristóteles e Platão – os dois sumos (*De civ. Dei* 8, 4,12) – estão tanto de acordo que só os menos perspicazes parecem discordantes (*C. Acad*. 3, 19, 42). Deles, porém, combateu e rejeitou os "grandes erros": a existência de deuses menores, a necessidade e a eternidade da criação, a preexistência e o pecado das almas, a teoria cíclica e metempsicótica da história, a concepção da união não natural e, por isso, violenta da alma com o corpo. Aliás, sobre alguns pontos, sua atitude tornou-se dura, por exemplo, quando declarou que é insipiência separar o corpo da natureza do homem ou que as doutrinas da reencarnação são delírios de grandes doutores *"magna magnorum deliramenta doctorum"* (*Sermo* 241, 6).

Nessa firme atitude, sustenta o esforço que a si propusera, e o sustentaram, em particular, aqueles ensinamentos da Escritura que tocam o campo da pura razão, como a doutrina da criação (Gen. 1,1; Jo 1,3) do homem à imagem de Deus (Gen.1,17, a noção de Deus Ser subsistente (Ex. 3,14)), a cognoscibilidade do Criador através das criaturas (Rom. 1,20). Esses ensinamentos que, como este último, Agostinho recorda frequentemente, ainda bem no meio das mais altas especulações filosóficas (*Conf.* 7, 10,16), estimularam-no a aprofundar alguns temas fundamentais de sua filosofia e a resolver as dificuldades dos platônicos (*De civ. Dei* 12, 17). Nasceu assim a nova filosofia, entre cujas fontes não é impróprio enumerar esses múltiplos estímulos do ensinamento cristão e que reusa a etiqueta de *platônica* ou *neoplatônica* – Agostinho não é menos antiatômico do que platônico – e admite somente aquela de cristã. A seguir, uma síntese sobre os princípios, os temas e as soluções essenciais.

Princípios

Para reconstruir as linhas fundamentais da filosofia agostiniana, é importante saber os princípios nos quais essa filosofia se inspira e dos quais é qualificada. São, na escolha de quem escreve, substancialmente três: interioridade, participação, imutabilidade.

1. O **primeiro princípio** é mais conhecido. "Eu o descobri lendo os platônicos e o aprofundei à luz da doutrina criacionista" (Conf. 7,10,16).

Agostinho começa a filosofar com um apelo do sujeito: "Volta para ti mesmo". Não, porém, para firmar-se no sujeito, mas para constatar que há nele algo que o transcende, a presença da verdade: "No homem interior habita a verdade" (*De v. rel.* 39,72). Essa verdade é interior e superior à mente, não é perceptível pelos sentidos, mas somente no intelecto e se apresenta com determinadas características, que são a objetividade, a necessidade, a universalidade e, por isso, com aquela da irrefutabilidade. De fato, a mente humana é de natureza inteligível e está conectada com as realidades não somente inteligíveis, mas também imutáveis, e as percebe com certeza, não apenas se volta para elas (*Retract.* 1, 8, 2; 1,4,4). Disso são provas os axiomas de matemática, as regras da dialética, os princípios fundamentais da ética. "Mesmo que o gênero humano fosse mergulhado no sono, seria sempre verdadeiro que três por três fazem nove" (*C. Ac.* 3,11,26). Caso específico dessa irrecusável percepção da verdade é a certeza de viver e pensar: "Sei que vivo, sei que penso" (*De b. vita* 7; *Solil.* 2,1,1), certeza de que a dúvida não pode abalar nem o erro dissipar. De fato, "se duvido, vivo" (*De Trin.* 10, 10,14; 15,11,21); "se me engano, sou" (*De civ. Dei* 11,26).

É esta a resposta a dar à insidiosa pergunta dos céticos "E se te enganas?" diziam. Agostinho responde: "se me engano quer dizer que sou. Que não é não mais enganar-se: pois sou, se me engano; e se é verdadeiro que sou se me engano, como posso enganar-me de ser, quando é certo que sou se me engano? Pois, dado que serei aquele que se engana ainda que me enganasse, quando conheço ser certamente não me engano". Com a mesma certeza sabe que pensa e ama. Tríplice certeza, pois que é uma arma eficaz contra o ceticismo porque indubitável; contra o materialismo, porque revela a natureza inteligível da verdade; contra o subjetivismo, porque certeza de que a mente "descobre e não cria" (*De v. rel.* 39, 73), reconhece que é, não faz que seja (Ep. 162,2; *De l. arb.* 2 12,24).

Ao princípio da interioridade, que tem um alcance metafísico, e não, como qualquer um poderia crer, psicológico, referem-se três das teses fundamentais da filosofia agostiniana: a demonstração da existência de Deus (*De l. arb.* 2,15,39); a prova de espiritualidade da alma (*De Trin.* 10, 8,11-10,6); e a prova da imortalidade (*Solil.* 2,13,24). A isso, pois, está ligada a explicação "psicológica" da Trindade, uma das doutrinas mais originais do bispo de Hipona.

2. O **segundo princípio** que entra no núcleo essencial da filosofia agostiniana é aquele da participação, também conhecidíssimo. Com referência ao *Demor. Eccl. cath.* 2,4,6, pode ser enunciado assim: todo bem ou é bem por sua natureza e essência ou é bem por participação; no primeiro caso, é o Bem supremo; no segundo, é um bem limitado. O mesmo princípio, com referência explícita à criação, é enunciado também de outro modo: "Todo bem ou é Deus ou procede de Deus" (*De v. rel.* 18, 35). Contudo, visto que, na unidade do espírito humano, a vida toma uma forma triádica, isto é, o ser, o conhecer e o amar, a mesma forma toma o princípio de participação, que toma por isso a participação do ser, da verdade, do amor. Da forma tríplice de participação provém a noção, tão frequente em Agostinho, de Deus causa do ser, luz do conhecer, fonte do amor (*De civ. Dei* 8,4; 8,10,2); provém, também, a divisão da filosofia: natural, racional, moral (*De civ. Dei* 2,7; 8,4); e, finalmente, a solução essencial de cada uma destas três partes: a criação, a iluminação e a felicidade, que são, portanto, três modos de exprimir a única doutrina da participação.

3. O **terceiro princípio** sobre o qual pouco ou nada os estudiosos insistiram, mas que, na verdade, ilumina e esclarece os outros dois, é o princípio que chamamos da *imutabilidade*. Agostinho o enuncia

assim: "o ser verdadeiro, genuíno, autêntico é somente o ser imutável" (*Serm.* 7,7; *Conf.* 7,11,17), porque somente esse é absolutamente simples (*De civ. Dei* 11, 10, 1). Só esse é o Ser por essência, o *ipsum esse* (*De Trin.* 5,2,3); "É tudo isto que há" (*De civ. Dei* 11,10,1). Na verdade, não existe em modo algum, em certa medida, mas é o Ser (*non aliquo modo est, sed est*: *Conf.* 13,31,46) "Como te chamas, Senhor nosso Deus? Chamo-me É. Mas o que significa me chamo É? Significa que permaneço eternamente, que não posso mudar" (*Sermo* 3,6). Disso segue que "qualquer coisa, por excelente que seja, se é mutável, não é verdadeiramente, porque não existe o verdadeiro ser lá onde existe também o não ser" (*In Io.* 38,10). O não ser é a imitação, a composição, a mutabilidade.

Portanto, esse princípio serve para distinguir o ser por essência do ser por participação, isto é, o Criador das criaturas: "O céu e a terra existem e proclamam que foram criados, *mutantur enim atque variantur*" (*Conf.* 11,4,6), serve para subir a Deus através dos graus dos seres, que são os graus de sua mutabilidade no tempo e no espaço ou somente no tempo (*Ep.* 18,2; *De Gen. ad litt.* 8, 20,39 – 21,41).

Temas

Inspirada nesses princípios fundamentais, a filosofia agostiniana se desenvolve em torno de dois temas essenciais, que são Deus e o homem. "Desejo conhecer Deus e a alma. Nada a mais? Precisamente nada" (*Solil.* 1,2,7). Desse enfoque que não exclui o conhecimento do universo sensível, mas o hierarquiza e o ordena para o homem, que é sua coroa e fim (*Conf.* 10, 18, 15; 13,33,48), tem origem a célebre oração: "Ó Deus que és sempre o mesmo, que eu me conheça e te conheça" (*Solil.* 1,2,7).

Os dois temas são distintos, mas inseparavelmente unidos na doutrina do homem como imagem de Deus: a imagem é inseparável do exemplar como este daquela. Por isso, Agostinho estuda o homem para conhecer Deus como nos últimos livros sobre a Trindade, estuda Deus para conhecer o homem e sua história como em *A Cidade de Deus*, estuda junto Deus e o homem como em muitas páginas das *Confissões* que são introduzidas, podemos dizer, por estas duas perguntas: "Que coisa és para mim (Senhor)?... E que coisa sou eu para ti?" (*Conf.* 1,5,3).

Por esse motivo, a insistência simultânea, que é uma característica tipicamente agostiniana, sobre a imanência e sobre a transcendência divina: Deus é o *"internum aeternum"* (*Conf.* 9, 44,10), "remotíssimo e presentíssimo" (1,4,4), "altíssimo e vizinhíssimo" (6,3,3), "mais íntimo de minha parte mais íntima e mais alto de minha parte mais alta" (3,6,11), "o mais interno de cada coisa, porque todas as coisas existem nele; e o mais externo, porque está acima de todas as coisas" (*De Gen. ad litt.* 8,26,48). Presente, pois, e ausente porque presente o conhecemos, porque ausente o procuramos.

Deus

O itinerário da mente para Deus é descrito frequentemente nas obras agostinianas, e há sempre um movimento que vai "das coisas exteriores, para as coisas interiores, das inferiores para as superiores" (*In os.* 14, 5, 5) ou, de modo mais geral, do mutável para o imutável (*Conf.* 7, 10, 16) Os momentos essenciais são três: interroga o mundo (*Sermo* 141,2), volta para ti mesmo, transcende a ti mesmo (*De v. rel.* 39,72).

O mundo interrogado com nossa atenção fixada sobre ele responde com sua própria natureza (*Conf.* 10, 6, 9), uma natureza que proclama com a mutabilidade à qual está sujeita de ter sido criada. Acolhida essa mensagem, a mente poderia concluir que, portanto, Deus, o Ser necessário que o criou, existe (*Conf.* 11, 4, 6). O itinerário agostiniano, ao contrário, continua, não é jamais só uma prova metafísica, mas é também uma ascensão interior que empenha todo o homem o qual deve reconhecer a si mesmo para encontrar Deus. E reconhece a si mesmo quando se intui como ser existente, pensante e amante. Pode, pois, subir a Deus por três vias: do ser, da verdade, do amor. Que seja mais frequente, e, portanto, típica, a segunda via depende do fato de que Agostinho ama partir das verdades mais indubitáveis, como a autoconsciência e a autovolição, para eliminar toda escapatória para o ceticismo. O texto mais célebre que indica essa via é aquele do *De vera religione* 39,72: "Não andas por fora, volta a ti mesmo, no homem interior habita a verdade; e se encontrares que a tua natureza é mutável, transcende a ti mesmo. Mas, recorda-te, quando transcendes a ti mesmo, que tu transcendes uma alma que raciocina. Tendas, pois, para lá onde se acende a luz da razão".

A respeito do conhecimento da natureza divina, isso coloca em relevo a incompreensibilidade e a inefabilidade, "a excelência supraeminente da divindade transcende a capacidade da linguagem humana. Quando se trata de Deus o pensamento" (*De Trin.* 7,4,7). "Por isso não é um pequeno início de ciência saber isso que Deus não é" (Ep. 120, 13).

> Concebemos, pois Deus, se podemos, por quanto o podemos, bom sem qualidade, grande sem quantidade, criador sem necessidade, no primeiro lugar sem colocação, contendo todas as coisas, mas sem exterioridade, todo presente por toda parte sem lugar, sempiterno sem tempo, autor das coisas mutáveis mesmo permanecendo absolutamente imutável e estranho a toda passividade. Quem quer que concebesse Deus neste modo, se bem que não possa ainda descobrir perfeitamente isto é que é, evita pelo menos com pia diligência, por quanto pode atribuir-lhe isto que não é, evita pelo menos com piedosa diligência, porquanto pode atribuir-lhe o que não é. (*De Trin.* 5,1,2)

É a douta ignorância (Ep. 130,28). Isso, não obstante, indica as vias para atingir o conhecimento positivo de Deus – são as vias da afirmação, da negação e da eminência, que ele mesmo percorre com frequência (*Conf.* 11,4,6) – e escreve páginas sublimes sobre as perfeições divinas (*Conf.* 1,4,4; 10,6,8; *De divv, qq ad S.* 2, q. 2,3 [ciência de Deus]).

A noção de Deus que habitualmente expõe é tríplice, como é tríplice a via para subir a Ele. Deus é o ser supremo, a primeira verdade, o eterno amor. Sobre o que insiste a mais não é possível dizê-lo. Frequentemente, nota-se o cuidado de apertar junto, como quando invoca Deus "eterna verdade e verdadeira caridade e cara eternidade" (*Conf.* 7,10,16).

O homem

O outro epicentro do pensamento agostiniano é o homem. Agostinho dele estuda com verdadeira paixão o mistério, a natureza, a espiritualidade, a liberdade. O homem é, para Agostinho, um *"grande profundum"* (*Conf.* 4, 12, 22) e, muitas vezes, uma *"magna quaestio"* (4, 4, 9): um abismo em razão da multiplicidade de sentimentos contrastantes e das riquezas inexauríveis da memória; um grande problema em virtude do enigma da dor e da morte. "A faculdade da memória é grandiosa. Inspira quase um senso de terror, Deus meu, a sua infinita e profunda complexidade. E isto é o espírito, e isto sou eu mesmo. Que coisa sou pois sou eu, Deus meu? Qual é a minha natureza? Uma vida variada, multiforme, de uma imensidade poderosa" (*Conf.* 10,17,26). "Na realidade eu não consigo compreender tudo isto que sou" (*Conf.* 10, 8, 15).

Caso particular desse mistério é a natureza do composto humano, que nos resultaria incompreensível se fôssemos nós mesmos seres compostos de dois elementos tão diferentes como o corpo e o espírito (Ep. 137, 3,11). A respeito da união desses dois elementos, contrariamente a quanto frequentemente se escreve, Agostinho superou em muito, como se disse anteriormente, o espiritualismo de tipo helênico, mesmo que tenha continuado aqui e acolá, em especial na pregação, usando essa linguagem. Não o corpo, mas o corpo corruptível é o cárcere da alma (*De civ. Dei* I 13,16; *In ps.* 141,18-19), a qual, nascida para informar o corpo, está ordenada por sua natureza a esse corpo e sem ele não pode ser beata (*De Gen. ad litt.* 2,27,38). Isso não impede que ele insista sobre a espiritualidade e sobre a imortalidade pessoal da alma, demonstrando a primeira com a intuição que a mente tem de si mesma – "quando a mente conhece a si mesma, conhece a sua substância" (*De Trin.* 10,10, 13-16) – e a segunda com a presença nela da verdade imortal (*Soli.* 2,13,24): "E se a alma morre? Então a verdade também morre" (Ep. 3,4).

Questão longa e tormentosa foi aquela da origem da alma. Estando seguro contra os maniqueus, o princípio diz que a alma não é uma partícula da substância divina nem procede por transformação de uma outra natureza, mas foi criada do nada (*De Gen. ad litt.* 7, 27, 43; Ep. 16,2) e, rejeitado com força o traducianismo material "do qual não se pode sustentar nada de mais errôneo" (Ep. 190, 4,14), Agostinho oscila sempre entre uma forma de traducianismo espiritual e criacionismo (*Retract.* 1,1,3). Parece-lhe que nem a razão nem a Escritura tinham argumentos decisivos *(De a. et eius or.* 1), todavia não escondeu suas simpatias pela segunda opinião (Epp. 166,25; 190,4,15) e procurou compreender a propagação do pecado original em ambas as duas (C. Iul. 5,4,17)

No entanto, a tese fundamental que ilumina o mistério do homem e revela sua grandeza é sua criação à imagem de Deus. Aliás, essa tese, podemos dizer, é a síntese do pensamento agostiniano. Agostinho estuda a noção de imagem (*De Gen.* ad litt. 57), demonstra que essa é própria do homem interior, isto é, da mente, e não do corpo (*De Trin.* 12,17,12; *In Io* 8,6), que está impressa imortalmente na natureza imortal da alma (*De Trin.* 14,4,14), que consiste na capacidade de ser elevado até a posse imediata de Deus, que o pecado a deforma e a graça a restaura (*De Trin.* 19, 13, 18; 14, 16, 22; 15, 8, 14). Portanto, o homem "é imagem de Deus enquanto é capaz de Deus e pode ser participante dEle (*De Trin.* 14,18,11)." Por isso, de fato, "é uma grande natureza, porque é capaz de ser partícipe da suprema natureza" (*De Trin.* 14, 4,

1). Do *capax Dei* provém o homem *indigens Deo*, enquanto "é constituído em tanta dignidade que, sabem que mutável, somente aderindo ao bem imutável, isto é, Deus, pode atingir a beatitude, dela pode saciar a sua indigência se não é beato; mas para saciá-la é suficiente somente Deus" (*De civ. Dei* 12, 1, 3). Essa é a razão profunda do célebre dito: "Fizestes-nos para ti, e o nosso coração está inquieto até que não repouse em ti" (*Conf.* 1.1.1).

Contudo, se imagem quer dizer semelhança, a imagem criada, que é o homem, diz também dissemelhança (*De Trin.* 15,11,21; *Conf.* 11,9,11). Ora, a semelhança explica a suprema conveniência da graça, enquanto a dissemelhança funda a gratuidade e a transcendência. A delicada questão do encontro do homem com Deus, Agostinho a vê sob esses dois aspectos que não são separados (*Sermo* 7,7; *In os.* 101, 2,10). Aí insiste quando, como teólogo, explica que o homem é imagem não só de Deus uno, mas também do Deus-Trindade, enquanto no homem "espírito, o seu amor e o seu conhecimento são três coisas, e estas três coisas não fazem dele senão uma e, quando são perfeitas, são iguais" (*De Trin.* 9,4,4).

Outros capítulos da antropologia agostiniana são aqueles da liberdade, das paixões e da linguagem. Defendeu energicamente a liberdade contra os maniqueus, não a negou, como se viu no embate contra os pelagianos. Ele a sentiu dramaticamente durante a luta interior que precedeu a conversão e dela fez objeto do estudo em *O livre-arbítrio* e em outras obras antimaniqueias. Então, advertiu que não havia nele duas almas, como queriam os maniqueus, mas uma só e uma só vontade. "Era eu a querer, eu a não querer; eu, eu era. Não queria plenamente nem plenamente não queria. Disto nascia a luta comigo mesmo..." (*Conf.* 8, 10,22). Mais tarde advertirá o povo para não encontrar desculpas para os próprios pecados, mas dizer simplesmente assim: "Deus me criou com o livre-arbítrio: se pequei... eu, eu, não o fato, não o acaso, não o diabo" (*In os.* 31, 2, 16). Em *O livre-arbítrio* (3,3,8), havia escrito: "A nossa vontade não seria vontade se não estivesse em nosso poder. Efetivamente porque está em nosso poder é para nós livre". Pela definição da liberdade e do pecado, esclarecidas e reconfirmadas nas *Retratações* (1,15), cf. *Le due na. c.i. Man* 10, 14, –11,15.

Aprofundou, como um psicólogo competente, o tema das paixões, reduzindo-as à raiz comum do amor (*De civ Dei* 14,6), distinguindo entre sentido e paixão (*C. IU I.* 4, 29, 4, 69) e prospectando três possibilidades: ausência de paixão; paixão ordenada, isto é, submissa à razão; e paixão desordenada ou cupidícia. Somente esta é um mal porque cria no homem "um a guerra civil" e tenta arrastá-lo para o mal moral.

Hoje é, na verdade, muito estudada a doutrina do sinal (*De doctr, chr.* 1,2, 2; 2, 1, 1) e da linguagem (*De magistro*) para uma releitura moderna de Agostinho.

Soluções essenciais

Aos problemas do ser, do conhecer e do amar, que são os três grandes problemas da filosofia, Agostinho oferece três soluções fundamentais: a criação, a iluminação e a sabedoria ou a beatitude.

Quanto à **criação**, trata-se de uma doutrina de fé e de razão (*De Gen. ad litt.* 1,14,28) que esclarece o problema da origem das coisas. Nosso doutor aprofundou-a e a defesa contra os maniqueus, que eram panteístas, e contra os neoplatônicos, os quais, mesmo admitindo, com eles pensava, a criação, e dela afirmavam a necessidade e a eternidade. Deus criou todas as coisas "não da sua substância, nem de qualquer coisa que ele não tivesse feito, mas do nada" (*C. Fel. Man.* 2,19). Criou todas as coisas, isto é, segundo todos os componentes de sua natureza, de modo que nada nelas fosse independente de sua ação, por fabricação ou por criação. No primeiro caso, é igual ao gerador; no segundo, supõe a matéria da qual foi fabricada; somente no terceiro, a ação atinge as raízes do ser e faz que seja isso que absolutamente não era.

> Isto que alguém faz, ou o faz da sua substância ou de qualquer coisa fora de si ou do nada. O homem que não é onipotente, da sua substância gera o filho, e, como artífice, da madeira faz a arca, mas não a madeira; pode fazer o vaso, mas não a prata. Nenhum homem pode fazer qualquer coisa do nada, isto é, fazer que seja isto que não é absolutamente. Deus, ao contrário, porque onipotente, e do nada sua substância gerou o Filho, e do nada criou o mundo, e da terra plasmou o homem. Há uma grande diferença entre aquilo que Deus gerou da sua substância, e isso que fez não da sua substância, mas do nada; isto é, fez que recebesse o ser e fosse colocado entre as coisas que são isso que absolutamente não era. (*C. Fel. Man.* 2,18)

Deus, portanto, criou juntamente, "concriou" a matéria e a forma, entre as quais não há relação de tempo, mas somente de origem e de causalidade (*De Gen ad litt.* 5,5,13-16; *Conf.* 12 29,40).

Agostinho sustenta, além do mais, segundo o ensinamento da fé cristã, que a criação aconteceu *in tempore*, aliás, *cum tempore* (*De Civ. Dei* 11,16), porque nada pode ser coeterno com Deus (2,15-16 *Conf.* 12,11,11). As dificuldades dos adversários são fortes porque levam o discurso sobre a questão difícil das relações entre o tempo e a eternidade, mas insolúveis. Não há, assim ele responde, um *prima* da criação, porque Deus não precede ao tempo com o tempo, mas com a eternidade (*Conf.* 11,10,12-13,16), nem a criação no tempo importa mutabilidade em Deus, porque Deus "sabe operar repousando-se e repousar operando e pode aplicar a uma obra nova um plano não novo, mas eterno" – o antes e o depois não estão nele, mas nas coisas que antes não existiam e depois começaram a ser (*De civ. Dei* 12,17,2). Explicações difíceis, mas não absurdas. "Que posso eu fazer, se os outros não compreendem?" (*Conf.* 1, 6, 10), pergunta-se Agostinho cônscio de sua força especulativa.

Deus cria do nada, e cria segundo as razões eternas que outras não são senão as ideias exemplares, existentes na mente divina; pela participação delas são todas as coisas que existem. O exemplarismo divino é uma das teses fundamentais do agostinismo e tem um valor metafísico e gnosiológico.

Outro capítulo da doutrina criacionista é aquele "das razões seminais" ou causais. Deus criou todas as coisas simultaneamente, mas não todas do mesmo modo: algumas criou-as em si mesmas, como a matéria e a alma humana; outras virtualmente, em germes invisíveis, quase "sementes de sementes". Destas depende o desenvolvimento progressivo (*De Gen. ad litt.* 5,23,44-45; 6,6,10-18; *De Trin.* 3,8, 13-9,16). Essa doutrina despertou muito interesse na época do evolucionismo, e ainda desperta atualmente.

Da doutrina criacionista deriva aquela da bondade das coisas e desta aquela do mal. Deus criou as coisas não por indigência, nem por necessidade, mas "porque quis"; e quis porque é bom e as coisas criadas são boas: "Não há razão mais justa do que esta, um Deus bom cria coisas boas" (*De civ. Dei* 11,21).

O mal não é uma substância (*Conf.* 7, 16, 22) – conclusão à qual Agostinho chega depois de tormentosas pesquisas (7, 5-5, 11) –, mas o defeito, a corrupção, a privação "ou da medida ou da beleza ou da ordem natural" (*De nat. boni* 4). Por isso não pode existir senão no bem. Não no Bem supremo, porque é incorruptível, mas no bem mutável, porque criado do nada:

> Pergunta-se: então donde a origem do mal? Respondamos: do bem, mas não do Bem supremo e imutável. Os males têm tido origem dos bens inferiores e mutáveis... Mas uma natureza não seria mutável se fosse proveniente de Deus sem ter sido criada do nada. Por isso Deus autor da natureza, é autor do bem; as coisas, sofrendo por sua condição uma provação de bem, não mostram

de quem foram feitas, mas de onde foram feitas. Ora, este de onde não é qualquer coisa, mas absolutamente o nada. (*C. Iul.* 1,8, 36-37)

O mal é de duas espécies: o mal que involuntariamente sofre e aquele que voluntariamente comete: o primeiro é o mal físico, como o mal da ignorância e da concupiscência; o segundo é o mal moral, como o pecado, que é iniquidade e injustiça. Um e outro dependem da defectibilidade das criaturas e têm por isso uma causa não eficiente, mas deficiente. "Ninguém procure a causa eficiente da má vontade; esta causa não é eficiente, mas deficiente; pois que, a vontade má não é uma eficiência, mas uma deficiência... Querer encontrar a causa desta deficiência... é como querer ver as trevas e ouvir e escutar o silêncio" (*De civ. Dei* 12,7).

Agostinho demonstra contra os maniqueus que a existência do mal não é um argumento contra a bondade de Deus, porque Deus não causa o mal, mas o permite apenas; e o permite porque "é onipotente e bom porque é capaz de extrair o bem mesmo do mal" (Em. 3,11). Falando não mais sobre o plano metafísico, mas sobre aquele existencial ou histórico, sustenta contra os pelagianos que os males no mundo têm um caráter claramente penal; supõe, portanto, uma culpa de origem, como ensina, a propósito, a fé católica. Nessa difícil questão, a doutrina agostiniana passa entre adversários opostos, evitando os escolhos dos erros opostos e será acolhida substancialmente pelos escolásticos.

À criação está ligada outra doutrina, e também esta não é fácil: aquela sobre o tempo, desenvolvida amplamente no 1, 11º das *Confissões*. Na realidade, o tempo é "um complicadíssimo enigma" (11, 22, 28). De fato, o passado não existe mais, o futuro ainda não existe, e o presente "tem como causa do seu ser o dever não ser". Uma coisa é certa: se não houvesse o movimento, não existiria o tempo (11, 14, 17). Igualmente é certo que não existiria o tempo se não existisse a memória do passado, a intuição do presente e a espera do futuro (11, 20, 26). Por isso o tempo não está propriamente nas coisas, mas no ânimo: esse não é outra coisa senão uma "distensão", "distensão do ânimo que recorda, intui e espera" (11, 26, 33-28, 37). Está no ânimo pois que se mede o tempo, no qual existe "o presente do passado, e presente do presente, o presente do futuro" (11, 20, 26): "Um longo futuro é a longa espera do futuro, assim... um longo passado é uma longa memória do passado", enquanto o presente "é a minha atenção pela qual o futuro se traduz em passado" (11, 22, 38).

Essas considerações filosóficas sobre o tempo, de fato, introduzem outras sobre "*intentio-distentio-extensio*" próprias do espírito humano propenso para a eternidade (11, 29, 39) ou sobre a vida que, ligada pelo tempo, não é outra coisa senão um som entre dois grandes silêncios (*In os.* 190,20), o silêncio do futuro que não existe ainda e o silêncio do passado que não mais existe (*De lib. arb.* 3,7, 20).

A **iluminação** é uma solução central da filosofia agostiniana: "A nossa iluminação é uma participação do Verbo, isto é, daquela vida que é a Luz dos homens (*De Trin.* 4, 2, 4)" (Quasten, 1978, p. 397, tradução nossa). Essa teoria constituiu o tormento dos intérpretes. Para facilitar ao leitor a inteligência (ou a compreensão), eis algumas linhas essenciais: sendo um aspecto da participação, a iluminação não se pode compreender sem aquela doutrina:

- Deus é a causa do ser, é também luz do conhecer. Por isso, o mestre interior que ensina ao homem a verdade (*De mag.* 12, 39-14, 46) é "o sol" da alma (*Solil.* 1,8,15), "no qual e do qual e por meio do qual esplende inteligivelmente a alma todas as coisas inteligíveis que conhece" (1,1,3).
- É "na própria Verdade..., em Deus que vemos o imutável ideal de justiça segundo o qual julgamos dever viver" (*De Trin.* 8, 9, 13).
- De fato, "se ambos vemos a verdade das tuas asserções e ambos vemos a verdade das minhas asserções, onde a vemos de graça? Certo, não

eu em ti, nem tu em mim, mas ambos precisamente na verdade imutável, que está acima de nossas inteligências" (*Conf.* 12, 25, 35).

- O texto clássico: "a natureza da alma intelectiva foi feita de modo que o olho carnal percebesse em uma luz incorpórea especial, do mesmo modo que o olho carnal percebe isso que o circunda, na luz corpórea tendo sido criado capaz desta luz e a ela ordenado" (*De Trin.* 12,15,24).

Essa doutrina foi interpretada na linha do platonismo, do ontologismo, do inatismo e da abstração escolástica. As primeiras três interpretações não correspondem aos textos. Com efeito, a iluminação foi proposta em substituição à reminiscência platônica; exclui o imediato conhecimento de Deus (Quasten, 1978).

Deus o conhecemos *per speculum*, isto é, através de imagens (12, 8, 14) e por isso exclui o conhecimento em Deus das coisas não somente sensíveis (*De Gen. ad litt.* 5, 16, 34), mas também inteligíveis (4, 32, 49); supõe que a mente não tenha em si as ideias pré-formadas, mas que as conquiste: "mente humana é assim feita que antes conhece como pode as coisas criadas, e depois procura as suas causas, existentes de todo exemplar e imutáveis no Verbo de Deus, tentando, de qualquer modo as perceber, e assim ver a realidades invisíveis. Por meio de coisas criadas".

Para a quarta interpretação, pelo contrário, é necessário distinguir. Se pensar na função iluminativa do intelecto agente dos escolásticos, entendido como "uma semelhança participada da luz incriada", a comparação pode se sustentar; porém, em se tratando na verdade de continuidade doutrinal; Agostinho sustenta com insistência que a mente humana não pode ser luz de si mesma; é luz que ilumina porque é iluminada, isto é, criada. Somente Deus é luz de si mesmo e, por isso, é a luz "verdadeira". A iluminação divina fundamenta a certeza de nossos julgamentos e suas características de universidade e de necessidade. É por isso que Agostinho insiste.

Contudo, quando se trata da passagem da percepção sensível para aquela inteligível, isto é, não mais do valor, mas da origem das ideias, a questão é outra. Agostinho distingue um tríplice conhecimento, que chama *corporal*, próprio dos sentidos, *espiritual*, próprio da imaginação, e *intelectual*, próprio do intelecto (*De Gen. ad litt.* 12,7,16). Descreve antes a primeira, explicando a respeito do conhecimento sensitivo, seja a certeza (*De civ. Dei* 19,18), seja o processo; descreve a segunda passagem, sobre a memória, indicando a passagem da primeira para a segunda; mas não fala da passagem do conhecimento imaginativo para o intelectivo; ao contrário, sublinha a distância: "A mente, como recolhe por meio dos sentidos do corpo os conhecimentos das realidades corpóreas, assim recolhe os conhecimentos das realidades incorpóreas por meio de si mesma (*De Trin.* 9,3,3). As realidades que não são "nem do corpo nem semelhantes ao corpo" a mente as vê "seja olhando em si mesma seja olhando naquela verdade que é a guia do espírito" (*De Trin.* 14, 7,9). Acrescente-se a conhecida distinção entre sapiência e ciência – "à sapiência pertence o conhecimento intelectivo das coisas eternas, à ciência, ao contrário, pertence o conhecimento racional das coisas temporais" (*De Trin.* 12,15, 15), bem como a outra, que é o fundamento delas, entre o intelecto e a razão: o primeiro intui a verdade inteligível e imutável, a segunda dá origem à luz para julgar e guiar a ação (*De Trin.* 12, 3,3).

Quanto à **beatitude**, para Agostinho, o homem tem a beatitude da mesma fonte da qual tem a força do ser e a luz do conhecer, isto é, de Deus (*De civ. Dei* 11,25), e tal beatitude não pode ser senão Deus mesmo. É essa a terceira grande solução da filosofia agostiniana, que o autor desenvolve amplamente abarcando o campo da moral, da pedagogia e da história.

Além disso, retoma a noção platônica da filosofia como pesquisa da vida beata, mas destaca-se profundamente dos platônicos sobre a natureza e as propriedades da beatitude (*Sermo* 141,6).

4.3 São Jerônimo

Considerado o príncipe dos tradutores, Eusebius Hieronymus nasceu nos limites do campo de cultura latina na cidadezinha fortificada de Stridonia, na divisa entre a Dalmácia e a Panônia, mais precisamente na fronteira da atual Croácia com a Sérvia. As datas-limite que os biógrafos de Jerônimo apresentam são 347-441. Essa pequena cidade foi destruída pelos Godos durante a vida de Jerônimo (por volta de 376), que parece ter sido fortemente ligado à cultura latina. Nas cidades próximas, Aquileia, Altinum, Concórdia, Haemona (Lubiana), Jerônimo conseguiu amigos e inimigos por toda a vida. A data de seu nascimento é controvertida, porque, mais tarde, Jerônimo sentiu tão fortemente o peso de sua idade que Agostinho, que nunca o tinha visto, afirma que morreu "velho decrépito", visto que a crônica de Próspero atribuiu ao velhinho 91 anos, dando como data seu nascimento o ano de 331. F. Cavalera recolheu uma grande quantidade de indícios que o levaram a supor o ano de 347 como termo que combina melhor com a data do nascimento de Jerônimo; todavia, não falta quem negue essa data, mesmo sacrificando qualquer indício da tradição. Jerônimo frequentou primeiro a escola local. Muito cedo ainda foi enviado para as grandes escolas de Milão e, sobretudo, para Roma, onde consolidou sua formação intelectual.

Seu irmão Paulineano e sua irmã mais jovem o seguiram na vida monástica; parece que seu pai Eusébio foi um cristão piedoso. Possuía bens, *villulas* (pequenas fazendas) (Ep. 66,14), cuja venda, em 398, exigiu uma viagem de Paulineano, estando estabelecido em Belém. Jerônimo recebeu de seu pai uma educação de boa qualidade. Permaneceu um provinciano sem brilho, obrigado a procurar constantemente benfeitores e benfeitoras, que devem ter influído em seu caráter, alternadamente entre a adulação e a susceptibilidade no máximo grau. "Nasci cristão, de pais cristãos; desde o berço fui nutrido com o leite católico".

Por volta dos anos 360 e 367, ainda muito jovem, foi para Roma, onde fez excelentes estudos de gramática e, depois, de retórica. Hélio Donato é o mestre ao qual Jerônimo manifestou seu reconhecimento, mas suas obras trazem a marca da familiaridade com os clássicos, sobretudo com Cícero e Virgílio, e de um vigor estilístico excepcional, que se tornou muito mais agudo pela polêmica. Mesmo tendo recebido iniciação ao grego, só no Oriente é que melhorou seu conhecimento do grego da época. Sempre ignorou a literatura clássica dessa língua. Na juventude, copiou de próprio punho uma biblioteca profana, que, mais tarde, lhe seria muito útil. Jerônimo jamais perdeu sua familiaridade com os clássicos latinos. Permaneceu durante toda a sua vida um literato clássico, com suas vantagens e falhas. Em Roma, Jerônimo cedeu às más influências, como ele mesmo declarou mais tarde, confessando dor e arrependimento em alusões posteriores. No final de seus estudos em Roma, recebeu o batismo. Em seguida, foi às Gálias, onde, provavelmente, sofreu influência dos monges de Treves e resolveu levar vida ascética. Foi para Aquileia, onde passou algum tempo, fazendo parte de um grupo de amigos dedicados à vida ascética. Rufino fazia parte desse grupo.

Repentinamente, Jerônimo decidiu empreender uma peregrinação a Jerusalém (373-374); foi retido por uma doença grave e permaneceu longo tempo em Antioquia. Foi um tempo rico em aprendizado, ouvindo os discursos exegéticos de Apolinário, bispo de Laodiceia, e aprendeu a fundo a língua grega, que conhecera superficialmente durante seus estudos feitos em Roma. Depois, viveu uns três anos (375-378) como eremita no deserto de Calcis, a leste de Antioquia, e aprendeu o hebraico com um monge de origem judaica. Paulino de Antioquia, reconhecido pelo papa Dâmaso, ordenou Jerônimo como presbítero. Partiu, então, para Constantinopla, onde ouviu os sermões de Gregório de Nazianzo e entusiasmou-se por Orígenes, do qual traduziu alguns textos para o latim. Teve relações de amizade com Gregório de Nissa (381). Foi um período muito importante na vida de Jerônimo; entrou em contato com aspectos importantes para seu futuro: adquiriu contato com o melhor que existia no campo da exegese, da filosofia e da teologia dos Capadócios, ainda em elaboração.

Em 382, convidado pelo papa Dâmaso, participou, juntamente de Paulino e de Epifânio de Salamina, de um sínodo romano, convocado para tentar pôr um termo ao desvio meleciano[3]. Jerônimo se tornou secretário e amigo do papa, permanecendo em Roma de 382 a 385. Foi encarregado pelo papa de fazer a revisão dos textos latinos da Bíblia, encaminhando-se, assim, para seu trabalho principal nos próximos anos. Este não impediu Jerônimo de ampliar seu apostolado nos salões da aristocracia feminina, em casa das viúvas Marcela e Paula, mãe da jovem Eustóquia. Jerônimo se tornou centro de nobreza romana. As exigências desses grupos bíblicos obrigaram Jerônimo a melhorar seu hebraico junto a um rabino que lhe dava lições e, até mesmo, ensinar a língua sagrada às suas nobres benfeitoras, que, certamente, já tinham uma formação grega. Em razão das duras críticas aos abusos existentes no clero romano (Ep. 22), foi abertamente combatido depois da morte de Dâmaso (384) e tornou-se alvo de suspeitas de sua amizade em relação às monjas. A cidade estava, então, invadida por uma propaganda de ascetismo, havendo correntes opostas,

---

3 Cisma meleciano provocado pelo bispo Melécio, no século IV. Foi consequência das perseguições.

contraditórias. As críticas recíprocas eram inevitáveis. Quando Blesila, filha de Paula, teve morte prematura, a indignação do povo, atribuída a seus jejuns, explodiu francamente contra a *"detestabile genus monachorum"* (Ep. 39,6). Jerônimo havia acalentado por algum tempo o desejo de se tornar sucessor do papa Dâmaso. Ainda com essa esperança, deixou Roma e, passando por Antioquia, partiu rumo aos lugares santos da Palestina. A seguir, foi para Alexandria e lá permaneceu 30 dias com Dídimo, o Cego. Então, foi visitar os monges do deserto da Nitria; no retorno, dirigiu-se a Belém e aí se estabeleceu para sempre.

Com o auxílio de Santa Paula, Jerônimo construiu mosteiros para mulheres e um para homens, que foi governado por ele mesmo. Construiu também alguns albergues para peregrinos e uma escola ligada ao mosteiro, na qual Jerônimo explicava os clássicos. Tinha à sua disposição uma biblioteca notável, organizada pelo próprio Jerônimo. Sua permanência em Belém, durante 34 anos, não foi tranquila. As querelas teológicas estavam criando confrontos sérios. A primeira controvérsia origenista gerou uma odiosa contenda entre João, bispo de Jerusalém, e a acerba inimizade com Rufino, seu amigo desde o tempo de juventude, que esteve em Jerusalém até 397. Houve, ainda, outras polêmicas contra Joviano (393) e Vigilâncio (404). Finalmente, a querela pelagiana alcançou a Palestina, com a chegada de Pelágio[4] (415). Houve violência no decurso dessa luta; um grupo de pelagianos incendiou seus mosteiros (416), e o próprio Jerônimo correu perigo de vida. Como se não bastassem os problemas de doutrina e a violência dos hereges, houve também a desgraça dos horrores da migração dos povos, que perturbou a tranquilidade do monge eremita de Belém. As hordas dos hunos (402), dos montanheses da Isáuria (405) e dos sarracenos saqueadores (410-412) ameaçaram as circunvizinhanças,

---

4 Pelágio, um monge bretão, e seus companheiros propagaram uma doutrina de qualidade aparente, focada na onipotência do livre-arbítrio.

obrigando Jerônimo a fugir precipitadamente. Conservou até o final de sua vida a penetração de espírito e o ardor combativo.

O caráter de Jerônimo manifesta um lado muito luminoso e outro com muitas sombras. Era de temperamento facilmente irritável; enfermidades e o severo ascetismo aumentaram sua irascibilidade. Para os outros, era agressivo e impetuoso, mordaz, irônico e ferino. Em relação a si mesmo, era suscetível a elogios, sensível às censuras, ciumento e rancoroso. Era um homem de seu tempo, de formação romana e latina. Entretanto, consideram-se muitas coisas como falhas típicas da retórica e da polêmica clássicas, que, por isso, são consideradas com maior indulgência. É necessário, porém, concordar que, não poucas vezes, Jerônimo faltou à justiça e à caridade para com amigos e inimigos. Jerônimo foi um grande homem, um grande sábio, um grande cristão envolvido em seu tempo e em suas circunstâncias. Com virtudes e defeitos, foi cristão e deixou para a posteridade cristã o fruto de seu trabalho e de suas lutas em defesa da fé cristã. A posteridade pôde silenciar tais fraquezas em face da importância maior das obras imortais e perenes com que a ciência de Jerônimo enriqueceu a Igreja. Sem sombra de dúvida, foi o mais erudito dos Padres da Igreja Latina e deixou como legado uma herança insubstituível por muitos séculos ao Ocidente e à Idade Média.

São Jerônimo teve sua vida toda dedicada ao trabalho em torno da Sagrada Escritura. Nessa tarefa, foi muito competente graças à sua formação humana e literária, como convinha ao jovem de classe média romana. Dividiremos a apresentação dos trabalhos do grande exegeta, Jerônimo, em partes, de acordo com a sequência histórica de sua vida.

Diante das diversas variantes nas diversas traduções latinas da Bíblia, supõe-se que eram traduções feitas a partir de um texto grego, e o papa Dâmaso encarregou Jerônimo de estabelecer um texto digno de confiança. Inicialmente, Jerônimo ficou responsável por fazer a revisão sobre um texto de uma versão latina antiga, a chamada *Vetus Latina* (Velha Latina). O trabalho de revisão começou pelo Novo Testamento. O texto estabelecido por Jerônimo do Novo Testamento é o mesmo que está na versão da *Vulgata Latina* atual; trabalho feito em Roma, em 385. Em seguida, foi revisado o Saltério. Esse texto, revisado na mesma época que o Novo Testamento, foi mantido somente na Igreja de São Pedro, em Roma, até 1568-1570, sendo conhecido como *Saltério romano*.

Depois de certo tempo, por razões que não conhecemos bem, Jerônimo, movido por devoção pessoal e compromisso de vida monástica com certas matronas romanas, resolveu se estabelecer em Belém. Antes de tudo, Jerônimo continuou seu trabalho de revisão dos textos bíblicos, com o auxílio dos textos hexaplares, oriundos de Orígenes e de alexandrinos judeus, refazendo o Saltério (*Psalterium galicanum*) diferente do texto hebraico, que é o atual da *Vulgata*. Jerônimo acabou de revisar todo o Antigo Testamento, mas esse trabalho se perdeu, exceto o livro de Jó.

Finalmente, por volta de 390, iniciou a tradução de todo o Antigo Testamento, como gostava de dizer, segundo a verdade hebraica, isto é, todo o antigo pacto, ou pelo menos os livros dos quais tinha o texto hebraico ou aramaico. Tobias e Judite foram traduzidos do aramaico, e as partes deuterocanônicas de Ester (Quasten, 1978) foram traduzidas do texto grego. Baruc e Macabeus I e II, o Eclesiástico e a Sabedoria foram omitidos, porque Jerônimo duvidava de sua canonicidade.

A nova tradução, terminada por volta de 405, foi sendo difundida pouco a pouco, não obstante os obstáculos que tiveram de ser superados, e, no final do século VI, era efetivamente adotada em quase todo o Ocidente. Recebeu o nome de *Vulgata* no século XIII. A *Vulgata* atual compreende, pois, quatro espécies de textos: O Novo Testamento, tradução feita por Jerônimo, o Antigo Testamento, tradução feita por

Jerônimo, exceto o Saltério, que reproduz a segunda revisão, os quatro deuterocanônicos, cujo texto é aquele da antiga versão latina, chamada de *Vetus Latina*.

4.3.1 Importância das obras de Jerônimo

Jerônimo teve um papel muito importante na transmissão dos textos bíblicos e patrísticos no Ocidente. Suas obras denotam o contato que manteve com a documentação grega, exegética, histórica e espiritual de grande riqueza. Na verdade, Jerônimo tinha recebido uma excelente formação latina, que se fez presente seja na vivacidade das polêmicas, como nas cartas, seja na demonstração de grande afeto e humanidade.

Jerônimo estava muito interessado pela difusão de suas próprias obras. Depois de ter copiado e recopiado muitos livros em sua juventude, com a finalidade de adquirir para si uma biblioteca, conseguiu, graças ao auxílio de sua amiga Paula, um grupo de copistas e organizou uma cadeia de difusão através dos amigos romanos e de seus correspondentes.

Os atritos provocados por seus trabalhos polêmicos podem ser considerados manobras publicitárias de livros, e quem sabe estas não tenham sido ampliadas com arte. Sua correspondência epistolar foi publicada com sua supervisão. A. Chastagnol pensa que, já em 392, as primeiras 45 cartas tinham sido usadas pelo redator da História Augusta (Quasten, 1978, p. 209, tradução nossa). Frequentemente, a Bíblia revisada por Jerônimo foi considerada como a edição oficial promulgada por Dâmaso, da Igreja de Roma, na verdade, de todo o Ocidente católico; porém, trata-se de um anacronismo, pois a *Vulgata* se tornou livro dedicado, vez por vez, a amigos. O nome do papa Dâmaso aparece efetivamente no início da revisão dos Evangelhos, revisão esta atribuída generosamente à iniciativa de Dâmaso, que, no máximo, limitou-se a aprovar o projeto do jovem amigo, ou talvez tenha manifestado algum desejo de ver produzir uma versão melhor: fazer profissão de humildade diante das ordens vindas de uma personagem de classe talvez não vá além de um lugar comum. Jerônimo tinha um temperamento forte e difícil, mas era muito bem educado e sabia do valor de seu trabalho.

4.3.2 Doutrina de Jerônimo

Jerônimo não demonstrou nem interesse nem pendor para a teologia especulativa, apesar de admirar seus contemporâneos gregos. Por essa razão, evitava raciocínios filosóficos. Sua argumentação se apoiava quase sempre sobre material positivo, como a Sagrada Escritura, a tradição, a liturgia, a vida prática. Quanto à ética, era rigorista, pelo menos teoricamente; moderado na casuística e compreensivo em face das exigências e dificuldades da vida.

Inspiração

Em seus primeiros trabalhos, Jerônimo se mostra adepto da interpretação alegórica da Sagrada Escritura; todavia, aos poucos, sob a influência de seus trabalhos filológicos, foi se tornando familiarizado, cada vez mais, com o sentido histórico-gramatical das palavras. No entanto, jamais desistiu inteiramente do método dos alexandrinos. Concordava com o axioma de Orígenes de que uma narrativa escriturística, interpretada literalmente, podia conter algo de ridículo ou blasfematório. Procedendo sem princípios hermenêuticos determinados, encontram-se em seus escritos muitas contradições e uma atitude inconsequente em questões fundamentais. Jerônimo professa a total e absoluta inerrância da Sagrada Escritura, porém não ensina a inspiração verbal. Ensina a inspiração real do texto original. Seguindo o modo de ver de seu tempo, admitia que a tradução grega da Bíblia, a LXX (*Septuaginta*), e os setenta tradutores eram inspirados (*Filem. prol.*). Também em passagens como Jer. 28,10, não fala de influxo de ideias populares errôneas nessas narrativas, mas apenas de adaptação ao modo de falar geral. Por influência judaica, reconhece unicamente os livros protocanônicos do Antigo Testamento.

Liberdade e graça

São elementos igualmente necessários na ordem da salvação. Em diversos lugares, Jerônimo parece não reconhecer a necessidade da graça previamente: "*Nostrum [est] incipere, illius [sc. Dei] perficere*" (*Pelag.* 3,1) e: "*Grandis clementia Dei, ut exspectet mostram poenitentiam et donc. nos a vitiis convertemur*" (Is. 30,18); em outros trechos, porém, afirma: nossa vontade também se apoia no auxílio de Deus (Jer. 24,1ss); não poderíamos nem sequer fazer penitência, se Deus não nos convertesse (31,18ss). "*Velle et nolle nostrum est; ipsumque quod nostrum est, sine Dei miseratione nostrum non est*" (Ep. 130,12).

Jerônimo procura demonstrar, contra Pelágio, que o homem não pode manter-se sem pecado; só Deus é impecável, o homem só pode sê-lo apenas por um lapso de tempo e com o auxílio da graça de Deus (*Pel.* 2,16; 3,4). Exigir de um homem a impecabilidade seria como fazer dele um deus (2,4). À objeção de que, nessas condições, os mandamentos de Deus não teriam finalidade alguma, Jerônimo contestou: "Deus, com efeito, só ordenou coisas possíveis; isto admito; mas não está ao alcance de cada um de nós cumprir todas essas coisas possíveis" (1,23).

Relações entre o papado e o episcopado

Ao contrário da convicção de outros Padres de sua época, Jerônimo, citando Filipenses 1,1 e Atos 20,17-18, opina que o episcopado monárquico não é de "direito divino", mas foi introduzido por lei da Igreja, para impedir sobretudo o perigo da divisão nas comunidades. A preeminência dos bispos repousaria, portanto, "mais no costume do que na disposição da verdade divina" e "o presbítero é a mesma coisa que bispo" (Tit 1,5); no entanto, unicamente o bispo tem o poder de conferir a Ordem (sacerdotal) (Carta 146,1), e os bispos são os sucessores dos Apóstolos (Carta 41,3).

Escatologia

Como Santo Ambrósio, Jerônimo escreve que todos os negadores de Deus sofrerão as penas eternas do inferno, mas não os cristãos, mesmo se "pecadores"; estes escutarão no juízo uma sentença "moderada e temperada de clemência" (Is 66,24). Declara na Carta 119,7: "Quem confia totalmente em Cristo, o homem que cometeu alguma falta morrer em pecado, pela sua fé vive para sempre". É uma atitude de comiseração, à qual Jerônimo sucumbiu, mesmo quando vinha combatendo seu grande mestre de exegese, desde muito tempo, outrora muito estimado. As penas do inferno não são, como muitos pensam, só interiores e espirituais (Ef. 3,5,6).

4.4 Gregório Magno

Com Gregório Magno, encerra-se uma era e abrem-se as portas para outra época repleta de problemas, inovações e coisas melhores.

Gregório nasceu por volta do ano 540. Filho de uma família pertencente à antiga nobreza romana, fez parte da alta administração e, em 572-573, foi prefeito da cidade de Roma, com encargo cheio de responsabilidade naqueles tempos difíceis, marcados por problemas gravíssimos como as incursões dos lombardos, grande pobreza e epidemias. Tendo optado por uma vida religiosa mais intensa e comprometido com o serviço do mundo, procurou primeiramente combinar com a vida interior o serviço de Deus. A tensão entre ocupações tão distintas o fez decidir por deixar a carreira política e abraçar a vida religiosa.

Ingressou como monge no monastério de Santo André, que estabeleceu em seu palácio do Célio de Roma. Sua vida ascética era tão rigorosa que arruinou definitivamente sua saúde; porém, foram três ou quatro anos que considerou como sendo os mais felizes de sua vida. Foi arrancado de seu retiro quando o papa Bento I o ordenou como um dos sete diáconos regionais de Roma.

O sucessor de Bento I, o papa Pelágio II, enviou-o como apocrisiário (núncio) na corte de Constantinopla, onde permaneceu durante seis anos (579-586). Durante esses anos publicou os 35 livros de *Moralia in Job*. Na carta dedicatória a São Leandro de Sevilha, Gregório expõe a ocasião, o método e o objetivo de sua obra. São homilias pronunciadas em Constantinopla aos monges do Célio que o haviam acompanhado, cujos retoques datam de seu pontificado. Depois de seu retorno a Roma, Gregório continuou sendo conselheiro de Pelágio II. Após a morte de Pelágio, em consequência da peste, em 590, Gregório foi eleito seu sucessor, apesar de sua relutância; foi ordenado a 3 de setembro de 590 e faleceu a 12 de março de 604.

Em meio à decadência da Itália, causada pela invasão e pelas guerras dos séculos V e VI, Gregório se esforçou para melhorar a situação econômica e social, reorganizando as imensas propriedades territoriais da Igreja romana (*Patrimonium Petri*), protegendo os colonos contra a exploração e empregando as rendas para aliviar a miséria. Gregório conseguiu um acordo pacífico com os longobardos que ameaçavam Roma, em 592-593. Manteve relações amigáveis com o reino dos francos e dos visigodos da Espanha, que vinha se afastando do arianismo desde Ricardo (586). Na Itália, conseguiu apaziguar o cisma existente na província eclesiástica de Milão, desde a querela dos Três Capítulos.

Enviou Agostinho, prior do mosteiro de Santo André, com 40 monges para cristianizar os anglo-saxões.

A oposição entre Roma e Constantinopla tornava-se cada vez mais difícil. Como havia feito seu predecessor, Gregório protestou contra o patriarca de Constantinopla, que assumiu oficialmente o título de *oikoumênicos* (do mundo inteiro), que os patriarcas trazem até hoje. Gregório sentiu como uma presunção e um ataque ao seu primado. Significativamente opôs a isso o título de humildade usado pelos papas até os dias de hoje: *servus servorum Dei* (servo dos servos de Deus).

A respeito da vida e da obra de Gregório, as informações que temos são três Vidas, em parte lendárias, escritas respectivamente por um monge inglês desconhecido, em cerca de 713, por Paulo Diácono e por João Diácono (872-82). A fonte mais segura, portanto, são as obras do próprio Gregório e também notícias contemporâneas de Gregório de Tours, as observações do *"Liber pontificalis"* e de Isidoro de Sevilha.

4.4.1 Gregório diácono e escritor

Os escritos de Gregório são importantes porque nos revelam traços de sua vida desde o diaconato até sua morte como papa, que encerra o período da patrística e abre as portas para a vida da Igreja no limiar da Idade Média.

Cartas

Conservam-se, ao todo, 854 cartas transmitidas, na maioria (848), em três coleções extraídas do registro original do arquivo do Latrão; são acrescentadas ainda algumas cartas do papa Pelágio II, com toda a probabilidade redigidas por Gregório, quando era diácono. Elas constituem a prova da atividade oficial do papa e, apesar de revestirem, em grande parte, caráter puramente administrativo, dão-nos a conhecer também os traços pessoais de Gregório; portanto, têm não apenas importância histórica, mas também literária.

Os escritos de Gregório são consagrados especialmente a questões pastorais práticas.

Liber Regulae Pastoralis (Livro da Regra Pastoral)

Essa obra teve importância fundamental para o clero secular, importância esta comparável ao que foi a *Regra de São Bento* para os monges da Idade Média. De fato, durante séculos, essa regra veio a ser o manual básico de espiritualidade e de pastoral para bispos e sacerdotes e, ainda enquanto Gregório era vivo, difundiu-se pela Itália, Espanha, França e Inglaterra. Foi traduzida para o grego, por ordem do imperador Maurício, ainda durante a vida de Gregório, ordem dada a Anastásio II, patriarca de Antioquia. A obra foi conhecida também em Constantinopla, Alexandria e Jerusalém. Infelizmente, essa tradução se perdeu.

Redigida em 4 livros, por ocasião de sua eleição ao papado, essa obra é um programa e, ao mesmo tempo, um exame de consciência; nela Gregório traça o ideal do pastor de almas. O conteúdo da obra consta de quatro questões capitais: (1) disposições e motivos determinantes de quem deseja cuidar de almas, "a arte das artes" (1,1); (2) virtudes indispensáveis ao pastor de almas; (3) tarefa de ensinar e cuidado vigilante das almas que lhe foram confiadas, do ponto de vista pastoral e pedagógico; (4) necessidade da meditação e do exame de consciência cotidiano.

Moralia in Job (A moral do livro de Jó)

Durante sua estadia em Constantinopla, como apocrisiário (núncio), a pedido de seu amigo Leandro de Sevilha, que lá estava, deu palestras à comunidade de monges que ali vivia sobre o livro de Jó. Mais tarde, ele completou, revisou e unificou estilisticamente um comentário contínuo em 35 livros, como ele mesmo escreve a Leandro na carta que acompanhava o exemplar (Ep. V,53 a). Porém, não é possível precisar quando a obra foi publicada na versão completa como é conhecida hoje.

Na exposição que Gregório faz sobre o livro, fica evidente que a figura de Jó serve para uma exegese moral. Inicialmente, Gregório propõe uma interpretação segundo o triplo sentido da Escritura: literal, alegórico e moral. Vejamos um exemplo do método usado por Gregório: Jó é o tipo do Redentor; a mulher de Jó é o tipo da vida carnal; os amigos de Jó representam figuras de hereges; os 7 filhos de Jó representam, no sentido moral, as sete virtudes principais e, no sentido alegórico, os 12 apóstolos, porque $3 + 4 = 7$ e $3 \times 4 = 12$.

Mencionam-se, ainda, como genuínos um *Comentário dos Cânticos* e um *Comentário do 1º livro dos Reis*.

40 Homilias e 22 Sermões

Há, também, uma coleção de 40 homilias, a maior parte breves, sobre perícopes evangélicas, 22 sermões mais extensos pronunciados em 593, que são uma explanação continuada de Ezequiel 1-3 e 40. Conjectura-se terem sido pronunciadas as homilias sobre o Evangelho durante um ano litúrgico (590 e 591) e publicadas em 592. Há notícias sobre a saúde do papa que estava bastante doente e se apresentava aos fiéis amparado, em uma cadeira. O papa ditou as primeiras 20 e mandou-as ler, em sua presença, por um notário eclesiástico; as 20 restantes foram pronunciadas por ele mesmo.

- ***Dialogi de vita et miraculis Patrum Italicorum*** (593-594): narram, revestidos de antiga forma artística do diálogo, milagres, profecias e visões que exerceram profunda influência na espiritualidade nos cristãos medievais, estimulando particularmente sua sede pelo que é milagroso. O quarto livro relata aparições de defuntos, querendo provar com isso a imortalidade da alma; 4,55 constitui a origem das chamadas *missas gregorianas*.

- **Textos litúrgicos**: com certeza, Gregório compôs, também, textos litúrgicos. Existem, no entanto, sérias dúvidas de que haja ele redigido também um Sacramentário, que foi perpetuado realmente em substância no *sacramentarium gregorianum*, transmitido até nós. É possível que este provenha de Gregório II (715-31), tendo sido enviado por Adriano I, em 785-786, a Carlos Magno, que o fez conservar em sua biblioteca imperial, em Aquisgrana, para ser copiado (exemplar primitivo de Aquisgrana). Gregório compôs textos litúrgicos para serem cantados em Roma (*Antiphonarium missae*). Não há provas de que ele tenha criado melodias e seja o autor do Canto Gregoriano.

Síntese

Neste capítulo, abordamos os grandes representantes patrísticos da Igreja Latina, iniciando com Santo Ambrósio de Milão, que foi teólogo, pastor, compositor de hinos religiosos e de uma liturgia. Em seguida, tratamos de Santo Agostinho de Hipona, convertido por Ambrósio após uma vida tumultuada do ponto de vista moral e filosófico, encontrando na busca da verdadeira filosofia a fé verdadeira. Agostinho, depois de convertido, tornou-se bispo, pastor, monge e escritor. No final de sua vida, deixou uma valiosíssima contribuição para o pensamento do cristianismo ocidental. Por sua vez, São Jerônimo, homem culto, tornou-se monge e, encarregado pelo papa da época, foi o revisor da tradução latina da Sagrada Escritura; seu trabalho final é conhecido como a *Vulgata Latina*, que é a bíblia oficial da Igreja Romana. Encerramos o estudo sobre os últimos Padres da Igreja com Gregório Magno, que é considerado o derradeiro representante do pensamento antigo cristão e introdutor dos primeiros passos do cristianismo na Idade Média.

Indicações culturais

PASTORAL DA CULTURA. **Santo Ambrósio**: "Aquilo que o amor faz, o medo jamais poderá realizá-lo". Disponível em: <https://www.snpcultura.org/santo_ambrosio.html>. Acesso em: 6 jun. 2022.

UM EXEMPLO: Santo Ambrósio. História da Igreja. Daniel Rops. Disponível em: <https://www.youtube.com/watch?v=x4rXC-ZR8y0>. Acesso em: 6 jun. 2022.

Atividades de autoavaliação

1. Assinale alternativa que expressa corretamente as atividades e as obras de Ambrósio:
    a) A intensa atividade pastoral, social e política do bispo Ambrósio se exprime também por meio de seus escritos, que, ainda hoje, não são fáceis de serem datados; é também difícil, às vezes, estabelecer se determinada obra é homilia ou tratado. As outras obras de Ambrósio são classificadas habitualmente como escritos morais e ascéticos, dogmáticos, discursos, cartas e hinos.
    b) Ambrósio se exprime por meio de seus escritos, porém sem atividades pastorais. As obras de Ambrósio não são classificadas.
    c) Ambrósio não teve obras a serem mencionadas, mas teve intensa atividade pastoral, social e política.
    d) A intensa atividade pastoral, social e política do bispo Ambrósio se exprime também por meio de seus escritos, que se resumem a homilias ou tratados.

2. Assinale alternativa que expressa corretamente como foi a formação básica e superior de Agostinho:
   a) Os pais de Agostinho tinham muitos recursos e procuraram dar ao filho, que se mostrava com capacidade de um futuro digno de um cidadão judeu, todo o indispensável para seguir uma carreira profissional como professor, advogado ou político.
   b) Agostinho não teve uma formação como deveria; sua função era apenas o aprendizado em aritmética.
   c) O programa da educação começava com o ensino superior em Jerusalém, na escola elementar; consistia em aprender a ler, escrever e fazer contas. Essa etapa constava de dois estágios: os estudos da língua e da literatura com o *Grammaticus*. O programa da segunda etapa era mais completo: abrangia dialética, retórica e artes liberais, que incluíam aritmética, música, geometria e filosofia, ministradas pelo *rhetor*; para completar sua formação, foi necessário mudar, possivelmente em 370, para a capital da Grécia.
   d) Os pais de Agostinho tinham recursos limitados, mas procuraram dar ao filho, que se mostrava com capacidade de um futuro digno de um cidadão romano, uma formação indispensável para seguir uma carreira profissional como professor, advogado ou político. O programa da educação começava com o ensino na escola elementar, cujo programa consistia em aprender a ler, escrever e fazer contas. Essa etapa constava de dois estágios: os estudos da língua e da literatura com o *Grammaticus*. Essa etapa Agostinho concluiu em Tagaste, onde nascera. O programa da segunda etapa era mais completo: abrangia dialética, retórica e artes liberais, que incluíam aritmética, música, geometria e filosofia, ministradas pelo *rhetor*; para completar sua formação, foi necessário mudar, possivelmente em 370, para a capital de província, Cartago, centro político e cultural da África do Norte.

3. Assinale alternativa que expressa corretamente a conversão de Agostinho e a nova etapa de sua vida:
   a) A conversão de Santo Agostinho, em 386, marcou uma reviravolta decisiva que se manifestou em vários aspectos da sua vida: religioso, moral, social, filosófico, cultural; uma ruptura quase completa com a cultura literária. Foi uma conversão para a filosofia que não é um fato isolado, mas situado em uma ampla tradição. O problema central do pensamento agostiniano é o da felicidade e, nesse particular, ele é herdeiro de toda a tradição da filosofia helenista. Para Agostinho, a felicidade se encontra na sabedoria, que é a posse de um conhecimento que sacia nossa aspiração de beatitude. Sabedoria é um dos nomes de Deus.
   b) Santo Agostinho não teve uma conversão, mas, em particular, ele é herdeiro de toda a tradição da filosofia helenista. Para Agostinho, a felicidade se encontra na sabedoria, que é a posse de um conhecimento que sacia nossa aspiração de beatitude. Sabedoria é um dos nomes de Deus.
   c) A conversão de Santo Agostinho teve um problema central do pensamento agostiniano, que é o da felicidade e, nesse particular ele é herdeiro de toda a tradição teológica. Para Agostinho, a felicidade se encontra na sabedoria, que é a posse de um conhecimento que sacia nossa aspiração de beatitude. Sabedoria é um dos nomes de Deus.
   d) A conversão de Santo Agostinho, em 386, marca uma reviravolta decisiva que se manifestou em vários aspectos da sua vida política: uma ruptura quase completa com a filosofia. O problema central do pensamento agostiniano é o da sabedoria e, nesse particular, ele é herdeiro de toda a tradição da filosofia helenista. Para Agostinho, a sabedoria se encontra na cultura literária.

4. Assinale alternativa que expressa corretamente a herança de Agostinho para o cristianismo e suas qualidades:
   a) Agostinho foi o grande professor e teve atividade social intensa; contudo, muitas de suas obras são contemporaneamente contestadas.
   b) Agostinho teve uma personalidade forte e qualidades que se completavam reciprocamente e fizeram dele um exímio pastor, mas com produção autoral limitada.
   c) Agostinho não deixou heranças importantes para o cristianismo, mas foi um grande pensador cristão.
   d) Agostinho teve uma personalidade complexa e profunda: foi filósofo, teólogo, místico, poeta, orador, polemista, escritor e pastor.

5. Assinale alternativa que expressa corretamente a doutrina de Santo Agostinho:
   a) O pensamento de Agostinho sobre o plano do método resume-se nestes dois termos: *razão* e *fé*. Aos 19 anos, tomou uma colocação errada. Enganado pela propaganda maniqueia, transformou o binômio em um dilema e rejeitou a fé em nome da razão. O retorno para a Igreja Católica começou com a descoberta de que as relações entre a razão e a fé não devem ser vistas no plano de oposição, mas de colaboração. De fato, duas são as vias que conduzem o homem ao conhecimento da verdade: a autoridade e a razão. Na ordem do tempo, primeiro vem a autoridade, isto é, a fé; na ordem de importância, primeiro, a razão, a saber, a ciência.
   b) Agostinho não deixou um registro exato de sua doutrina, mas um método filosófico.
   c) A doutrina para a Igreja Católica começou com a descoberta de que as relações entre a razão e a fé não devem ser vistas no

plano de oposição, mas de colaboração. De fato, duas são as vias que conduzem o homem ao conhecimento da verdade: a autoridade e a razão. Na ordem do tempo, primeiro vem a a razão, a saber, a ciência; depois a autoridade, isto é, a fé.

d) O pensamento de Agostinho sobre o plano do método se resume nestes dois termos: *razão* e *fé*. Aos 19 anos, tomou uma colocação errada. Enganado pela propaganda maniqueia, transformou o binômio em um dilema e rejeitou a fé em nome da razão, tornando-se quase um ateu convicto, título este que carregou até o fim da vida.

Atividade de aprendizagem

Questão para reflexão

1. Como podemos avaliar a importância de Agostinho para a Igreja contemporânea? Quais aspectos de sua doutrina você considera que foram fundamentais para a Igreja?

Considerações finais

Na presente obra, apresentamos nossa visão sobre os Padres da Igreja, ou Pais da Igreja, que foram importantes teólogos e mestres cristãos e, na grande maioria, importantes bispos.

Abordamos a Igreja cristã durante os três primeiros séculos de seu nascimento; acompanhamos sua vida perpassada de fé sólida e lutas de todo tipo, da opressão à morte, sempre aceita com coragem e amor. Consideramos que esses primeiros séculos foram o tempo em que a expressão da fé era manifestada pelo sangue derramado por amor ao próximo e para testemunhar a fé no ressuscitado. Esse primeiro período foi dominado pelas pequenas comunidades surgidas como resultado de pregação apostólica ou pela missão de algum discípulo dos Apóstolos.

Os Padres que apresentamos nesta obra deixaram sua marca na história; foram homens que viveram a cultura e a política social de seu tempo e usaram seu saber e engajamento de fé para defender o ser humano e sua liberdade. Eles se serviram de seus conhecimentos filosóficos e literários e, iluminados pela fé, legaram-nos o saber que chamamos, hoje, de *teologia*.

Estudando a história, conseguimos acompanhar o nascimento, a juventudes e a maturidades desses homens, bem como o encontro da fé com o pensamento grego, que gerou uma espécie de conflito. Então, surgiram os apologistas, que se dividiram, conforme a cultura, em gregos e latinos.

Com os apologistas, aprendemos a argumentar em defesa da fé. Os apologistas foram escritores gregos e latinos que, no final do século II, por um lado, procuraram demonstrar a inocência dos cristãos para obter a tolerância das autoridades constituídas e, por outro, buscaram provar a verdade de sua fé para conquistar prosélitos. Entre os apologistas latinos, vimos, por exemplo, que Tertuliano nos deixou traçado o quadro no qual a teologia ocidental iria desenvolver-se. Ele também nos informou que Santo Irineu de Lião, que era grego, introduziu no Ocidente a teologia asiática. Já os apologistas gregos nos ensinaram como lidar com conceitos e ideias sob uma ótica filosófica, mas a serviço da compreensão do dado da fé. É o encontro da fé com a cultura que está procurando um caminho que ainda não chegou ao fim.

Na sequência, com os Padres Apostólicos, conhecemos a *Didaqué*, também conhecida como *Ensinamento dos Apóstolos*. Trata-se de um documento pequeno, simples, que descreve a vida e o funcionamento de uma comunidade cristã primitiva. Nesse documento constam a menção da eucaristia como sacrifício celebrado pela comunidade, informações sobre instrução e batismo dos convertidos, regras de comportamento, a descrição de uma Oração Eucarística, com seu ritual, bem como a menção do bispo que preside.

Avançando mais no tempo e no espaço, encontramos a famosa escola de Alexandria, importante cidade egípcia e grande centro cultural no Egito. Essa escola tem uma longa tradição no tempo. Teria sido fundada por um certo Panteno, oriundo da Sicília, que teria sido missionário no Oriente, na Índia e na Arábia, chegando, por fim, a Alexandria, onde também militou o judeu Fílon, contemporâneo de Cristo, que escreveu comentários alegóricos sobre Gênese. Quanto a Panteno, diz-se que, por volta de 180, converteu-se ao cristianismo e foi ordenado presbítero da cidade. Clemente, fundador de uma escola católica, foi aluno de Panteno.

Clemente de Alexandria segue a linha de Justino, abrindo-se ao pensamento grego. Ele apresenta o cristianismo com sentimento de superioridade e tranquila segurança. O centro da história está ocupado pelo Verbo de Deus. O batismo e a gnose causam o amadurecimento na caridade pela ação de Deus, que habita o verdadeiro crente, tornando sua vida uma festa contínua.

A figura mais conhecida, ilustre e polêmica da escola de Alexandria foi Orígenes, que nasceu em 185 e morreu em 254. Filho de Leandro, que foi martirizado, Orígenes foi o escritor antigo mais fecundo que se conhece e o grande mestre responsável por uma edição da Bíblia em seis colunas. Além de escritor fecundo e grande mestre, foi também um místico. Alexandrino de nascimento, não fala da gnose tanto quanto Clemente, mas, porque sendo um vocábulo suspeito, orienta sempre o seu pensamento, em grande parte como preparação de conhecimentos substanciais que são a marca da elite cristã. A exegese cristã deve muito a Orígenes.

Entre os alexandrinos, há um que não pode ser esquecido: Santo Atanásio. Nascido em Alexandria em 295, foi secretário, como diácono, do bispo Alexandre no Concílio de Niceia (325), no qual disputou bravamente contra os arianos. Em 328, tornou-se sucessor de Alexandre. Quando recusou readmitir Ário na comunhão eclesial, no Sínodo de Tiro (335), sofreu acusações falsas dos melecianos, foi deposto por

Constantino e exilado em Trevis, na Europa. Voltou para Alexandria em 337, mas sofreu novamente a deposição e o exílio. Dessa vez, foi para Roma junto ao papa Júlio I. Atanásio sofreu cinco exílios, sempre em razão de denúncias e intrigas dos arianos. As causas dos exílios de Atanásio foram suas atitudes intransigente em face da heresia ariana. Finalmente, após a morte de Juliano, voltou definitivamente para Alexandria, onde pastoreou até a morte, em 373. Ponto fundamental da doutrina de Atanásio é a doutrina da Trindade, especialmente a respeito da Redenção, que é o verdadeiro núcleo do pensamento de Atanásio, o qual não se cansa de enunciar, sob todas as formas e em todas as ocasiões, os dois princípios que, para ele, resumem o seguinte mistério: o Filho procede do Pai, por geração e não por criação, portanto pertence à mesma substância do Pai. De sua parte, o Espírito pertence à substância do Filho, de quem Ele recebe, e, assim como o Filho está no Pai, do mesmo modo o Espírito está no Filho, do qual é a imagem. Consequentemente, existe na Trindade uma união de natureza, que, em uma substância comum, produz uma operação comum e que não é união puramente moral. Para os arianos, a doutrina do Verbo tinha por princípio a transcendência divina e a necessidade de um mediador (demiurgo) entre Deus e a criatura. A essa doutrina filosófica de Atanásio opõe-se uma doutrina revelada, isto é, o mistério da Redenção.

Atanásio combate os arianos porque se negam a reconhecer Cristo como Deus, roubam-lhe, por assim dizer, seu Salvador. Ario era um filosofo grego muito inteligente. Atanásio foi o primeiro escritor eclesiástico que desenvolveu os motivos de Encarnação, colocando um ponto de vista que foi seguido pela maioria dos Padres gregos. Quanto ao ato mesmo da Redenção, Atanásio o individua na união do Verbo com a humanidade. Quanto à espiritualidade de Atanásio, ela se resume na deificação em Jesus Cristo, que tem como termo necessário a nossa perfeita união (moral) com Ele e, por meio dele, a união com o Pai, com o Filho e com o Espírito Santo. Para Atanásio, essas palavras não são realidades puramente abstratas, mas realidades concretas.

A escola de Antioquia, mais modesta do que a de Alexandria, teve também sua importância no desenvolvimento da patrística, procurando compreender e justificar o dado da fé em uma visão cada vez mais ampla e precisa, apesar ou em razão dos desvios heréticos. As disputas a respeito das heresias e a busca da fé ortodoxa são divididas em três períodos.

O período de formação (260-360) compreende as origens da escola sob a influência dos sacerdotes Luciano e Doroteu e seu desenvolvimento no século IV, com os primeiros discípulos de Luciano, entre os quais se recrutaram partidários do subordinacionismo ariano.

Durante o período de esplendor (360-430), a escola produziu mestres famosos, não igualmente seguros na doutrina: Flaviano, Deodoro de Tarso, Teodoro de Mopsuéstia e, sobretudo, João Crisóstomo.

Finalmente, adveio o período de decadência, após 430, em decorrência do descrédito lançado pelo nestorianismo sobre os métodos da escola.

A escola teve uma fase muito proveitosa, quando fez oposição à escola de Alexandria, para reagir aos abusos do alegorismo no estudo da Bíblia. Houve um esforço digno de nota, pois procuraram estabelecer regras precisas para o estudo da exegese bíblica.

A estrela maior da escola antioquena foi São João Crisóstomo, que merece uma reflexão à parte, pois é um dos autores mais importantes do século IV. Crisóstomo, mais que um teólogo, foi um orador, em especial para fazer homilias. No campo da moral, é, talvez, mais um diretor de almas do que um explicitador de disciplina. No entanto, sua importância de doutor não é menos considerável, seja porque é visto como testemunho da fé tradicional, seja porque é estudado como protótipo de um verdadeiro pastor, que é sempre o mesmo como mestre na doutrina. Mesmo não sendo levado à especulação sobre os dons divinos, ele tem deles uma ideia muito elevada. Mais do que examinar especulativamente os dons sobrenaturais, ele os considera como vida de sua vida. Crisóstomo, como bom antioqueno, sempre insistiu na santíssima humanidade de Jesus, em sua vida e em sua morte, bem como nos divinos atributos de Cristo. É muito importante a doutrina de Crisóstomo, pois é a testemunha clássica da Antiguidade Cristã sobre a eucaristia; foi também o Padre que mais profundamente escreveu sobre o sacerdócio. Ainda, foi um grande defensor dos pobres e humildes.

Por fim, esperamos, caro leitor, que esta obra tenha contribuído para a ampliação de seus conhecimentos sobre a trajetória da teologia católica investigada por meio das obras dos Padres da Igreja.

Referências

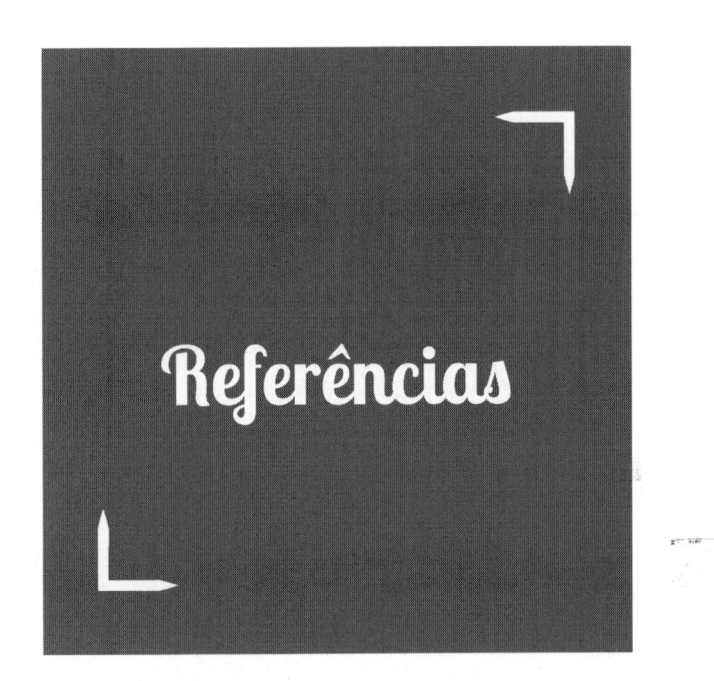

AGOSTINHO. **Confissões**. São Paulo: Paulus, 1997. (Coleção Patrística).

ALBERIGO, G. **História dos concílios ecumênicos**. São Paulo: Paulus, 2015.

ALTANER, B.; STUIBER, A. **Patrologia**. São Paulo: Paulinas, 1972.

ARNS, P. E. (Trad.). **Cartas de Santo Inácio de Antioquia**. Petrópolis: Vozes, 1970.

ARNS, P. E. (Trad.). *Carta de São Clemente Romano aos Coríntios*. Petrópolis: Vozes, 1971.

BÍBLIA. Português. **Bíblia Sagrada**. Tradução de Centro Bíblico Católico. 34. ed. rev. São Paulo: Ave Maria, 1982.

CLEMENTE DE ALEJANDRÍA. **El pedagogo**. Madri: Ciudad Nueva, 2009.

COMBY, J. **Para ler a história da Igreja I**: das origens ao século XV. São Paulo: Loyola, 1993.

COMBY, J. **Para ler a história da Igreja I**: das origens ao século XV. São Paulo: Loyola, 1984.

DANIÉLOU, J.; MARROU, H. **Nova história da Igreja I**: dos primórdios a São Gregório Magno. Petrópolis: Vozes, 1966.

DANIÉLOU, J.; MARROU, H. **Nova história da Igreja I**: dos primórdios a São Gregório Magno. Petrópolis: Vozes, 1985.

DROBNER, H. R. **Manual de patrologia**. Petrópolis: Vozes, 1994.

DI BERADINO, A. (Ed.). **Dicionário patrístico de antiguidades cristãs**. São Paulo: Vozes/Paulus, 2002.

DIDAQUÉ. **Catecismo dos primeiros cristãos**. Petrópolis: Vozes, 1970.

EUSÉBIO DE CESAREIA. **História eclesiástica**. São Paulo: Templus, 2020.

FISCHER, J. A. Die Synoden im Osterfestrei de Jarhunderts. **AHC**, v. 8, p. 15-39, 1976.

HAMMAN, A.-G. **Para ler os padres da Igreja**. São Paulo: Paulus, 1995.

HARRINGTON, W. **Nouvelle introduction à la Bible**. Paris: Du Cerf, 1971.

GOMES, D. F. **Antologia dos Santos Padres**. São Paulo: Paulinas, 1973.

ORÍGENES. **Contra Celso**. São Paulo: Paulus, 2004.

PADOVESE, L. **Introdução à patrística**. São Paulo: Loyola, 1999.

PAILLARD, J. **Règlement de Comptes avec Saint Paul**. Paris: Édition Du Cerf, 1969.

PATROLOGIA – INSTITUTUM PATRISTICUM AUGUSTINIANUM. I Padri Latini (Secui IV-V). Roma: Marietti, 1978.

QUASTEN, J. **Patrologia**: i primi due secoli (II-II). Casale Monferratto: Marietti, 1980.

QUASTEN, J. **Patrologia**: Padri latini (sec. IV-V). Casale Monferratto: Marietti, 1978.

SANTO ATANÁSIO. **Contra os pagãos**: a encarnação do Verbo – apologia ao imperador Constâncio – apologia de sua fuga – vida e conduta de S. Antão. São Paulo: Paulus, 2002.

SÃO JERÔNIMO. **Apologia contra os livros de Rufino**. São Paulo: Paulus, 2013. Coleção Patrística.

TACIANO. **Padres apologistas**. São Paulo: Paulus, 1995. (Coleção Patrística).

TERTULIANO. **"Prescripciones" contra todas las herejías**. Madrid: Ciudad Nueva, 2020. Disponível em: <https://ciudadnueva.com/pdfprimeras/FP14-2ed.pdf>. Acesso em: 6 jun. 2022.

THEOLOGICA LATINOAMERICANA. **Patrística – patrologia**. Disponível em: <http://theologicalatinoamericana.com/?p=598>. Acesso em: 5 jun. 2021.

THOMAS, P. C. **Os concílios gerais da Igreja**. Aparecida: Santuário, 1999.

Bibliografia comentada

COMBY, J. **Para ler a história da Igreja I**: das origens ao século XV. São Paulo: Loyola, 1993.

Das muitas obras de Jean Comby, destacamos o primeiro volume de *Para ler a história da Igreja*, no qual o autor expõe os problemas da Igreja até o Concílio de Niceia.

QUASTEN, J. **Patrologia**: Padri latini (sec. IV-V). Casale Monferratto: Marietti, 1978.

No volume II da obra *Patrologia*, Quasten apresenta cuidadosamente a patrística clássica. No volume III, o autor aborda do Concílio de Niceia (325) ao Concílio de Calcedônia (451).

EUSÉBIO DE CESAREIA. **História eclesiástica**. São Paulo: Paulus, 2000. (Coleção Patrística).

Nessa coleção, a obra *História eclesiástica*, de Eusébio de Cesareia, é a primeira que aborda a história da Igreja desde a sucessão dos apóstolos até a vitória de Constantino Magno.

STONIOLO, I. **Padres apostólicos**. São Paulo: Paulus, 2008. (Coleção Patrística).

Nessa obra, o autor aborda a vida e a obra de seis Padres Apostólicos e a *Didaqué*, que significa a doutrina dos doze apóstolos.

DROBNER, H. R. **Manual de patrologia**. Petrópolis: Vozes, 1994.

Nessa obra, o autor apresenta uma visão de conjunto, com uma apreciação crítica da patrologia.

DI BERADINO, A. (Ed.). **Dicionário patrístico de antiguidades cristãs**. São Paulo: Vozes/Paulus, 2002.

Essa obra reúne textos de estudiosos de diferentes nacionalidades, constituindo-se em um dicionário preciso sobre os oito primeiros séculos da história do cristianismo. Trata-se de um livro indispensável para o estudo da teologia.

ARNS, P. E. (Trad.). **Cartas de Santo Inácio de Antioquia**. Petrópolis: Vozes, 1970.

Nesse livro, o autor aborda a trajetória da vida de Inácio de Antioquia, bem como sua morte, no Coliseu de Roma, comido pelos leões.

Capítulo 1
Atividades de autoavaliação
1. a
2. d
3. d
4. a
5. a

Capítulo 2
Atividades de autoavaliação
1. c
2. a
3. c
4. b
5. a

Capítulo 3
Atividades de autoavaliação
1. d
2. b
3. a
4. c
5. d

Capítulo 4
Atividades de autoavaliação
1. a
2. d
3. a
4. d
5. a

Sobre o autor

Antônio Quirino de Oliveira (Frei Eduardo O.P.) é sacerdote da Ordem Dominicana, graduado em Filosofia pela Faculdade Salesiana de Filosofia, Ciências e Letras de Lorena e em Estudos Bíbicos pela Pontificia Commissio de Re Biblica. É mestre em Teologia pela Pontificia Universitas Sancti Thomae Acuinatis (Urbe, Roma, Itália). É especialista em Élève Titulaire de L'École Biblique pela Escola Bíblica de Jerusalém e em Filosofia da Educação pela Pontifícia Universidade Católica do Paraná (PUCPR). Foi professor de Sagradas Escrituras e Filosofia no Seminário Pio XI, em São Paulo; de Patrologia no Studium Theologicum, em Curitba (PR); e de Filosofia, Sagradas Escrituras e Exegese BÍblica na PUCPR. Nessa mesma instituição, foi chefe do Departamento de Filosofia e do Departamento de Teologia, bem como diretor do Centro de Teologia e Ciências Humanas. Entre suas produções bibliográficas e traduções estão: A organização por trás do espelho, de 2001 (prefácio); *Navegando nos caminhos da fé*, de

1998 (prefácio); *Bíblia: notas à carta de São Paulo aos Romanos*, de 1983 (tradução); *Tradução ecumênica da Bíblia, os livros de Juízes e Daniel*, de 1994 (tradução); *A Bíblia e a palavra de Deus*, de 1996 (tradução); e *Sacerdócio: fonte de espiritualidade*, de 2009 (artigo).

Impressão:
Agosto/2022